卓越组织

美的 持续精进的组织逻辑

刘欣◎著

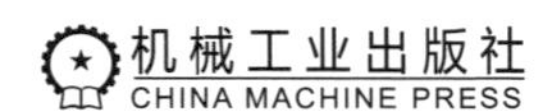
机械工业出版社
CHINA MACHINE PRESS

图书在版编目（CIP）数据

卓越组织：美的持续精进的组织逻辑 / 刘欣著 . 北京：机械工业出版社，2024. 11（2025.3 重印）.
ISBN 978-7-111-76728-2

Ⅰ. F426.6

中国国家版本馆 CIP 数据核字第 2024LY2149 号

机械工业出版社（北京市百万庄大街 22 号　邮政编码 100037）
策划编辑：张　楠　　责任编辑：张　楠
责任校对：高凯月　张慧敏　景　飞　　责任印制：张　博
北京联兴盛业印刷股份有限公司印刷
2025 年 3 月第 1 版第 4 次印刷
147mm × 210mm · 12 印张 · 1 插页 · 238 千字
标准书号：ISBN 978-7-111-76728-2
定价：69.00 元

电话服务
客服电话：010-88361066
010-88379833
010-68326294

网络服务
机　工　官　网：www.cmpbook.com
机　工　官　博：weibo.com/cmp1952
金　　书　　网：www.golden-book.com
机工教育服务网：www.cmpedu.com

JOINT RECOMMENDATIONS —— 联合推荐

（排名不分先后）

作为一家传统的家电巨头，美的在管理上具有强烈的“现代感”，比如很早就成功完成了信息化和数字化改造，为佛山的制造业输送了大批数字化人才；很早就平稳完成了从家族管理到职业经理人管理的转型交接。

这本书从组织结构的视角分析了美的的进化过程，对很多正在经历数字化转型和交班传承之痛的企业来说有很强的现实性和落地性。

——香帅，经济学家

战略和组织的矛盾关系是推动企业成长的基本动因之一，战略和组织的动态匹配是企业持续增长的关键因素。

美的几十年快速发展的实践证明，在所有的企业资源中，人力资源和组织资源是最主要也是最重要的资源。就人力资源而言，美的主要采取内生式的学生兵模式，通过有效的人才开发体系，形成人才梯队。就组织资源而言，美的非常重视体制机制设计，注重管理体系的构建和优化，以及组织活力的保持和提升。

本书作者曾长期在美的工作，总结概括出美的打造卓越组织的经验及过程。本书实例丰富、逻辑清晰，从组织角度揭示了美的的独特发展之路，是学习、借鉴美的管理经验和方法的重要参考文本。

——施炜，华夏基石管理咨询集团领衔专家

美的成长为一家卓越企业以其卓越管理为支撑，而其管理体系的有效运行以其所设计的卓越组织为支撑。这本书基于作者长期在美的的工作经历，是作者持续深入研究美的的结果，从美的的成长实践和具有普遍性的理论原理出发，对美的是什么样的组织以及美的如何打造卓越组织，做出了思路清楚、逻辑严谨、系统完整、结论简明的研究总结。

美的所设计的组织，目标牵引、分权得当、内控协调、生命旺盛、持续进化。美的打造了极简、实用的组织，通过适应战略目标来确立组织框架，以划定经营权的清晰边界为基准做好企业分权，从组织与业务匹配及人才与发展匹配等方面打造企业的组织能力，通过保持危机感促使组织进化。

这本书有利于学习思考参照，亦有助于实际操作借鉴，强烈推荐阅读。

——齐东平，中国人民大学商学院（荣誉）
教学杰出教授、《大数投资》作者

这本书是刘欣先生介绍著名企业美的的第二本书。作者从组织设计、组织运作和组织进化三个层面系统介绍了美的组织持续精进的过程。

这几十年来，美的组织变革不断，大大小小几百次，通过持续试错、认错和纠错，让自己的组织更适应国内外市场的急剧变化，更适应日益激烈的同业竞争，更适应不断改变的人性需求。这本书以简洁、流畅和逻辑清晰为特色，自然地展示了一家著名大企业的组织精进历程，十分值得众多成长中的企业学习借鉴。

美的的组织变革经验是任何企业不可照搬的，但其中的变革逻辑却是所有企业可以效仿的。正所谓"戏法人人会变，各有巧妙不同"。变—敢变—会变—善变，是我通读这本书最深刻的体会，其中的奥妙只有在读过这本书后才能悟到。

——李葆文，中国设备管理协会特邀副会长、
国际维修联合会（IMA）中国区主席、
人机系统 TnPM 管理体系创始人、广州大学教授

企业是不断进化的物种，而进化主要体现在组织的精进上。美的的实践是朴素的、真实的、符合常识的。常识即本质，相信刘欣老师直击本质的阐述一定会助力企业有机体的成长进化。

——薄连明，深圳明微管理咨询有限公司创始人

"一个亿"的组织打不了"十个亿"的江山，"十个亿"的组织打不了"百亿级"的天下，做全国市场就要用全国人才，

做全球市场就要用全球人才。

组织的本质是排兵布阵，用新组织导入新能力、执行新战略，什么时候导入事业部制，什么时候建设研究院，什么时候启动产融结合……美的是最早实施事业部制的中国企业之一，也是最早建设二级集团的上市公司之一，过亿破十、跃百进千、迈向万亿经济王国，美的是我们身边跨量级组织进化的绝佳案例。

好书是拿来用的。将这本书置于案头，企业家在求索增量突破之时，随手翻翻、细读深悟，必有灵感乍现、豁然开朗之获。

——祖林，启势商学董事长、《增量突破》作者

美的作为一家享誉全球的卓越企业，在过去半个世纪的发展中，始终与时俱进，不断进行战略上的调整与革新。在一系列成功转型的背后，是其组织能力的不断优化与匹配。

刘欣老师以丰富的第一手经验撰写此书，深入剖析了美的如何在关键战略时刻重塑与强化其组织能力。书中案例丰富，叙述生动，语言通俗易懂，为那些致力于构建卓越组织的中国企业家提供了宝贵的参考与启示。

强烈推荐给每一位有志于推动组织持续进步的管理者阅读。

——邓斌，华为原中国区规划咨询总监、

《华为管理之道》作者

很荣幸收到刘欣老师的力作。这本书写的是美的几十年精

耕细作、不断迭代精进、打造卓越组织的变革案例，整本书透射出来的信息和力量，对中国企业，特别是对民营企业自身组织的发展、变革与管理，有着极大的学习和借鉴意义。刘老师以其丰富的实践经验和独到的见解，将复杂的管理理论转化为通俗易懂的文字，便于读者迅速理解并运用这些宝贵的组织智慧。这本书让人读有所得、学有所获，是一本难得的企业组织建设与管理指南。

——楼城，宁波金田铜业（集团）股份有限公司董事长

美的的发展成就令世人瞩目，深入探究其卓越背后的底层逻辑，核心之一在于它几十年来持续不断地打造卓越组织。

美的是如何打造卓越组织的？刘欣老师以“过来人”的身份，从组织设计、组织运作和组织进化三个维度为我们完整、清晰、系统地阐释了美的持续精进的组织逻辑和组织智慧。这本书读后令人豁然开朗、受益匪浅，值得企业经营管理者认真研读和学习借鉴。

——吴立群，绿旗科技集团有限公司董事长

与刘老师交流，感受到美的人务实、低调的风格，这本书亦是如此。

在这本书中，刘老师以亲身经历者的视角出发，结合大量经历与案例，解析企业动作背后的背景、组织背后的逻辑、机制背后的目的，将通过大量尝试探索出的一套适合中国企业的

组织运营模式，用最简单的语言高效表述出来。强烈推荐中国企业管理者阅读。

——蔡长乐，汇美控股有限公司董事长兼总裁

初识刘欣老师，是在正和岛组织的活动中看到了《卓越运营》这本书，当时就惊叹他能把复杂的管理问题用这么通俗的语言讲清楚。整本书读下来一气呵成，一点都不像一般的管理书那么艰涩难懂，我想这也许就是有企业实干经验的人写书的好处。

这次很荣幸收到刘欣老师新的力作《卓越组织》。做企业的核心，无非就是正确的业务战略和有战斗力的组织，而打造企业的组织能力因为涉及“人”这个最复杂的因素，往往是做企业最头痛、最难的问题。美的之所以做得这么成功，一定有它的原因。刘欣老师用通俗易懂的文字，将美的的成功管理经验展示给大家，让人读有所得、学有所获。

——陈智松，亿联网络董事长

一个美的、一个体系、一个标准，“三个一”的战略组织变革让美的实现十年高增长，市值一度高达 4475 亿元。

居安思危、以变制变的文化基因让美的时刻保持危机感和紧迫感，不断地调整和变革，保持组织的活力、机制的活力。

虽然熵增定律让规模以上企业发展陷入停滞，但企业通过塑造卓越组织，并使其不断变革、进化、自驱，则可破局直至基业长青。刘欣老师以第一视角来剖析美的的组织变革，并将

美的成功的基因总结凝练、娓娓道来，赋予了灰色理论鲜活的生命力。

书中极简和实用主义的模型让组织变革不再知易行难，对中国企业各发展阶段的组织结构都有指导意义，是企业管理者打造卓越组织最实用的战略宝典和方法论。

——万金刚，广东骆驼服饰有限公司董事长

推荐序 —— FOREWORD

2022 年 9 月，好友刘欣先生发来《卓越运营：美的简单高效的管理逻辑》(以下简称《卓越运营》) 的书稿，邀我为其写序。刘欣先生从管理逻辑的高度，透过纷繁复杂的管理表象，直达管理的本质，对美的卓越运营进行了简要而深刻的剖析，其缜密的思维、通透的阐述、独到的观点、简洁的表达，不仅令我印象深刻，而且在多次阅读后仍感悟收获良多。我很认真地写序，认为将此书推荐给更多的人是一件很有意义的事。

近期，我又收到刘欣先生《卓越组织：美的持续精进的组织逻辑》(以下简称《卓越组织》) 的书稿，再次邀我为其写序。我惊喜之余，也有一丝疑惑与担心：刘欣先生这些年一直马不停蹄地奔走于全国各地做咨询，为企业家答疑解惑、指点迷津，如此之忙何来时间静心写书？当下风气浮躁，一切求快而不求质，莫非刘欣先生也染上此“疾”？但是，当我打开书稿仔细阅读时，两年前阅读《卓越运营》的美好感觉再现了：这又是一本值得好好一读的书！

如果说《卓越运营》是从底层逻辑上对美的卓越运营进行总体剖析，从而让我们对美的几十年成功发展的路径、过程、推动的力量有一个完整认识的话，那么这本《卓越组织》则让我们具体看清了美的是如何通过打造卓越组织来实现卓越运营与卓越绩效的，特别是通过对美的组织成长与组织变革的细致剖析，揭示了长盛不衰的企业与做不大、大而不强、做不长，尤其是那种“火箭式上升，雪崩式垮塌”的企业，在组织设计与发展的理念、模式、机制及具体运作上的巨大差别。

我从事管理研究与教学、管理咨询与培训30多年，看到过许多企业商海成败的案例。读完此书，我有三点特别的感悟。

其一，多年来，我们无论是在理论研究还是在企业实践上，比较多关注的都是战略、商业模式。从前些年强调发现商业机会、赢得先机，一直到当下流行的“风口”理论，那句“站在风口上，猪都能飞上天”让多少人竭尽全力寻找风口，却很少考虑怎样才能在风口上站住而不会被风卷上天再重重摔下，如何能够御风而上、长久坚守。

许多企业的失败并不是因为没有找到机会，而是自身无力把握住机会，而其重要原因之一就是企业的组织不行，组织承载不了战略。而在当下的商业环境下，企业家们需要关注的正如作者所提醒的那样：“如今企业的发展已经从依靠机会红利走向了依靠组织红利。”“商业环境的变化远快于自然界，对身处其中的企业来说，小胜可以靠运气，大胜需要靠实力，长胜则要靠组织，而且是不断进化的组织。”

其二，这些年来，企业家都非常重视企业的人力资源管理，人力资源管理咨询几乎是企业管理咨询的必选项。然而，越来越多的企业发现，单纯地优化人力资源管理，哪怕企业做了很大的投入，其效果常常不如预期，原因就在于组织！

因为人是组织中的人，而组织决定了权力、资源和利益的分配，决定了企业内部各业务与管理机构及其岗位的价值定位、价值产出与评价，从而也决定了人力资源的效能发挥。没有组织的优化，单纯在人力资源上做文章，其效果是有限的。在这背后，起作用的正是“战略决定组织、组织决定人力资源”的原则和逻辑，而这也是这本书用美的几十年的管理实践所揭示和验证的。

其三，这本书中提到的美的管理实践中运用的许多理念、方式、方法，其实很多企业也都知道，也在运用，但为什么没有取得美的那样的效果？

我认为问题出在两个方面。

首先，问题出在系统性上。在这本书中我们可以看到，美的很少孤立地推出某一个管理理念、管理方式或方法，而是成体系配套推出。比如，组织设计同时关注结构、权力、人才，关注三者之间的协调配套；组织运作同时关注活力、能力、耐力，因为它们对组织运作效果的影响是不一样的，对组织的要求和实现的方式手段也是不一样的，但它们共同构成组织运作的整体能力，因而缺一不可；组织进化要同时做到试错、认错、纠错，不试错就不知道错，知道错未必会认错，而不知道错或知道错而不认错，纠错就无从谈起。

这种系统性还集中体现在美的管理中的“心法”与“打法”的结合配套上。比如，美的就权力上的“集”与“分”、“收”与“放”、“统”与“授”，形成的“集权有道、分权有序、授权有章、用权有度”的16字方针是心法，而不断迭代的《分权手册》和各项保障机制是打法，心法与打法的有效结合和深入应用，使得美的在数次的组织变革中都没有出现“一放就乱、一收就死”的极端情况，相反还能促进组织的稳健增长、不断发展。

在我看来，美的的所谓“心法”就是管理的目标、原则和逻辑，而“打法”则是遵循逻辑和原则、为实现目标而具体选择使用的路径、方式、方法与工具。没有“心法”只有“打法”会失去目标，不讲道理，甚至任性而为地乱干一气；而只有“心法”没有“打法”，管理的目标、原则和逻辑就会永远飘在空中，落不了地。“心法”与“打法”的统一和有机结合，就是管理的“章法”。

其次，问题出在主要领导者的决心和坚守上。组织的惰性、对变革的抗性都是客观存在的，克服惰性和抗性不仅难度大，有时付出的成本也很高，甚至还面临较大的风险。对此，领导者需要智慧，更需要推进变革的决心与坚定不移的韧劲。美的几十年持续变革的成功，许多管理理念、方式、方法的有效运用，与两代主要领导者何享健和方洪波的决心与坚守有着很直接的关系。

这本书有价值的看点颇多，下面列举一些。

例如，作者提出了组织发展规律，即从无到有，要进行组织设计；从小到大，要推动组织运作；从弱到强，要实现组织进化。因此，组织设计、组织运作、组织进化就构成了组织发展的滚动循环。持续打造卓越组织，就是要形成这样一个滚动循环，然后不断前行，永不止步。因为，当前再好的组织形态也只是短暂的“中间态”，而不是“终极态”，与时俱进、因变而变、主动求变、不断“折腾”，是组织发展的常态。

组织设计，侧重于结构、权力、人才；组织运作，关注活力、能力、耐力；组织进化，要做到试错、认错、纠错。

特别是关于组织进化，作者提出从原有的组织运作走向组织进化，需要克服巨大的组织惰性。美的之所以能够克服组织惰性，一开始是在外界的压力下背水一战，之后则是通过主动的自我否定和大胆变革，一次次突破组织瓶颈，从而不断蜕变、破茧成蝶。

组织进化就是企业不断试错、认错、纠错的过程，不怕犯错，就怕不认错。作者根据美的的经验特别指出：组织能否做到认错，主要取决于1号位（企业主要领导者）是否敢于认错。这也告诫企业家：自己是变革的起点，组织进化必须从自己开始。

美的也通过“三追三不追”做到“简单粗暴”的极简主义和“直接有效”的实用主义，形成了独具特色的管理风格。

作者对美的组织结构变化的深层逻辑进行了总结：结构是阵型，战略是导向，效率是核心，权力是本质，结果是证明。这是美的组织成功的逻辑。如果抛开美的的企业特性，它也许就是企业组织架构演变的一般逻辑或共性逻辑。

纵览这本书，诸如上述给人启迪、催人思考的精彩观点还有许多，在此就不一一列举了。

这本书不仅有理论、方法和工具，还有过程和细节，相信无论是从事理论研究、管理咨询，还是企业实践的人员，都能通过阅读这本书而有所收获。

应该承认，相对于战略、商业模式、人力资源、企业文化等方面的研究，我们对企业组织的研究尤其显得不足，特别是对那些经过长时间实践检验，经历过复杂、多变环境的考验，企业由小变大、由弱变强，业务和管理由简单变复杂的中国本土企业案例缺少系统的深入研究。正是基于这一点，我认为刘欣先生这本《卓越组织》难能可贵。

期待刘欣先生有更多更好的研究成果与我们分享！

南京大学商学院教授

中国企业联合会管理咨询委员会副主任

南京东方智业管理顾问有限公司董事长

成志明博士

2024 年 6 月 10 日（端午节）写于金陵江湾城

前言 —— PREFACE

我的上一本书《卓越运营》2023年出版之后，得到了许多企业界朋友包括很多美的同仁的认可，在市场上的表现也超出了预期。

欣喜之余，内心更多的是愧疚和责任。因为我自己知道，当初为了克服大而全的弊端，力求聚焦，把美的最基本的管理逻辑说清楚，用更简洁的方式传递美的“大运营”之道，在反复修改之后，不得不舍弃了相当数量的内容。

现在回头来看，这种删繁就简的做法，倒也符合美的简单高效的管理逻辑。只是，美的确实还有很多值得总结的方法和实践，我在管理咨询中也多次验证，它们对不少企业都非常有效。无法在《卓越运营》一书中将它们一一呈现，让我感到愧疚，也成为我放不下的责任。

因此，我一直在努力为新书《卓越组织》做准备，希望这本书能够弥补前作中的遗憾，并深入探讨美的持续精进的组织智慧。

书名上的不同你已经看到，本书与《卓越运营》有明显的区别。《卓越运营》注重解析美的整体运营的大逻辑，着重阐述战略、管控、业务三者之间的关系，以及各自具体的运转。本书则专注于探讨美的的组织打造，详细解读美的在组织设计、组织运作、组织进化上的企业实践和深层逻辑。

尽管《卓越运营》一书中谈到了美的的事业部制、分权授权、激励考核、变革转型等与组织相关的内容，但并未具体展开，也没有从组织逻辑的角度进行深入分析，这些内容都将在本书中呈现。而对于《卓越运营》一书中已经有重点章节介绍的美的战略、文化、机制等内容，本书虽然也会将其作为组织打造中的要素有所提及，但不再用独立的章节进行阐述，以便节约大家的宝贵时间。

比较后我们就会知道，本书并不是《卓越运营》的延伸和补充，而是完全基于“打造组织”的独有视角，对美的持续精进的组织逻辑进行的挖掘和总结。

“打造组织”这个命题是每一家企业时刻都要面对的，美的也不例外。

美的成立于 1968 年，何享健带领 23 位村民，集资 5000 元艰难创业。美的一路上历经风雨，曾多次陷入危机和困境，但终于从一粒种子长成一棵大树，到 2023 年总营收达到 3737 亿元。

美的和很多初创企业一样，也是从无到有、从小到大、从弱到强，不断发展的。但美的如何在半个多世纪的时间里从竞争惨烈的家电行业里脱颖而出，成长为一家近4000亿元规模的头部企业？美的是如何打造自身这个组织的？

这非常值得研究。我在美的工作了17年，在集团和事业部做过，在大家电和小家电做过，在管理岗和业务岗做过，我和很多美的人一样，都是在这个组织中成长起来的，也亲历了这个组织的成长。

作为“过来人”，我知道美的这个组织并不完美，不断出现这样或那样的问题，但美的胜在对自身进行坚持不懈的打造，从不停歇。这也是我在书名中用到“持续精进”的原因。

从无到有、从小到大、从弱到强，持续精进是要遵循组织发展规律的。从无到有，要进行组织设计；从小到大，要推动组织运作；从弱到强，要实现组织进化。组织设计、组织运作、组织进化，构成了组织发展的滚动循环。持续打造卓越组织，就是要形成这样一个滚动循环，然后不断前行，永不止步。

本书按照组织设计、组织运作、组织进化的逻辑来谋篇布局。

在开篇（组织之本）部分，第一节的内容是本书的总纲，简要讲述了美的在组织设计、组织运作、组织进化上的逻辑思路和重点内容，第二节和第三节总结了美的在组织打造上的管理风格。设计篇（第一章～第三章）详细阐述了美的在组织结构、分权管理、人才发展三方面的具体实践和深层逻辑。运作篇（第四章～第六章）着重介绍了美的在组织能力打造、有效控制、灵活运作等方面的管理动作和关键打法。进化篇（第七章～第九章）主要分析美的在组织上的转型升级、大胆变革、认错纠错的成长实践和方法。

通过本书，我希望能让美的持续精进的组织逻辑清晰呈现，能为组织管理者和从业者提供更为实用的组织管理参考，能帮助更多企业打造卓越组织。

感谢你的关注和支持，让我们一同探索和实践，共同追求卓越！

2024 年 4 月于广州

目录 —— CONTENTS

进化篇

开篇　组织之本

第一节 管理的根本是打造组织

这几年，我们都有一种同样的感觉，就是变化越来越多、越来越快。例如，新冠疫情的冲击、战争的影响、政策的调整、技术的进步、出海的加速，等等。外部种种不确定性所带来的挑战不是越来越小，而是越来越大。再想像过去一样，企业仅靠抓住外部市场机会就实现增长和盈利的时代已经不复存在了。

如今，企业的发展已经从依靠机会红利走向了依靠组织红利，也就是说，“拼内功”的时代到了。

我在做企业咨询的实践过程中，也发现越来越多的企业开始将眼光向内看，要让那句喊了很多年的“向管理要效益”真正落地。

然而，想归想，做归做。对很多长年习惯于外部打拼的企业老板来说，他们在转身面对内部管理时，或眉毛胡子一把抓，或攻其一点，不及其余，虽然因为管理变得更加忙碌，却没有要到什么效益。

为什么多数企业会是这样的结果？

因为管理的范围太大、太广，很容易深陷其中迷失方向。做过管理的人也都有这样的体会：哪怕你不去找事做，事也会找到你头上来。

为了摆脱这种困境，我们要不断拷问自己：管理的根本，到底是做什么？

我就这个问题问过不少企业高管。有人回答得很模糊，“是为了实现目标”；有人回答得很常规，“是为了满足客户”；

还有人回答得很直接，“是为了赚钱”。需要引起注意的是，我们这里既不是要给管理下定义，也不是要给管理上价值。我们是从企业实践的角度出发，问的是“做什么”。

在“华与华”方法论中，有一句话说得很精彩，我也很喜欢，“所有的事都是一件事”。总结优秀企业的成功实践，我们会发现管理的根本也都是在做一件事：打造组织，持续打造组织，持续打造卓越组织。

只有持续打造卓越组织，才能实现目标，才能满足客户，才能“顺便”赚钱。持续打造卓越组织，是管理者要做的最根本的事，这个是“因”，其他三个都是最后的“果”而已。吉姆·柯林斯和杰里·波勒斯通过长期对照研究，在《基业长青》一书中早有结论，“最为高瞻远瞩的公司能够持续不断提供优越的产品和服务，原因在于它们是杰出的组织，而不是因生产优越的产品和服务才成为伟大的组织”。

我曾经尝试过统计美的历年来人员的流动情况，后来却不得不放弃。因为我发现，时间跨度已经长达数十年（按美的上市时间算超过30年，按美的成立时间算超过半个世纪）。当然这还不是最主要的原因，最主要是由于美的变革频繁导致人员流动快，上至董事会成员、高级副总裁，下至毕业生、一线工人，每年上千人进进出出，有的年份达到上万人。别说是所有人员的变化，哪怕只是中高层干部的流动情况都难以统计。这么多年下来，从美的“毕业”的人数是一个非常庞大的数字，我粗略地保守估计，至少是10万。

一方面是大量、快速的人员流动，另一方面是长期保持增长且已近4000亿元的营收规模，这样的结果充分说明：美的打造了一个卓越的组织。因为美的的发展不再单纯依赖人，而是更多依赖组织。正是通过卓越组织的打造，美的走出了“人治”，实现了“法治”。

2012年，美的创始人何享健正式与方洪波完成了交接，迄今已整整12年。这12年里，何享健一次都没有复出过，具体的经营管理也从来没有参与过，但美的依然持续发展，并拉开了与竞争对手的差距。

毫不夸张地说，“何方”的交接，不仅顺利，而且成功。这个顺利且成功的交接同样说明了美的在组织打造上所下的功夫是有效的，而不仅仅是外界认为的“找对接班人”这么简单。值得一提的是，方洪波在接班之后，更是反复在组织上发力，不断将美的打造为一个卓越组织。

说到这里，我们就必须回答一个问题，也是这本书要回答的问题：美的到底是如何打造卓越组织的？

今天回头来看美的的组织成长历程，它遵循了组织发展规律，因为它没有一蹴而就，而是呈现为一个持续精进的过程，这个过程符合组织设计、组织运作、组织进化的循环发展逻辑，而且在这三个方面，美的通过实践形成了自己简单高效的心法和打法，从而打造出卓越组织。我们从整体的组织逻辑以及这三个方面，分别来看一下。

1. 组织逻辑：设计、运作、进化的循环发展

如图0-1所示，任何卓越组织的打造，都是从设计到运

作，再到进化，然后又开始新的设计、运作、进化的循环发展的过程，这也是组织持续精进的内在规律。

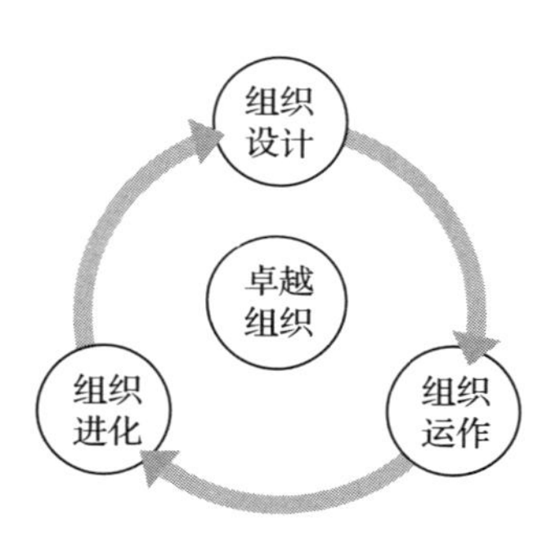

图 0-1　持续精进的组织逻辑

美的从来不认为自己的组织是完美的，哪怕是对于被外界称道的事业部制，美的也仍然在不停地进行优化。因为美的始终抱着一个观念：当前再好的组织形态也只是短暂的“中间态”，而不是“终极态”。这也使得美的从设计到运作，再到进化的组织逻辑不断运转起来。

美的以变革著称，其多变、善变的组织风格，导致很多人以为美的没有太多的组织设计，而总是在行动中随机应变。这其实是一种误解。美的确实多变、善变，也确实具备很强的随机应变能力，但这只能说明美的敢于变革、善于变革，而不能说明美的随意变革、轻易变革。

美的做组织变革，每一次都不是心血来潮，更不会视同儿戏。它不仅会针对关键问题进行组织设计，而且有多部门多轮次的研讨。以我自己为例，我在美的 17 年，不论是在集团总裁办，还是在事业部的营运与人力资源部，除了刚开始的几年资格还不够以外，后面十来年的时间，我每年都会参与多项变革的组织设计工作。

美的在组织设计上虽然不是每一次都成功，但从结果来看，绝大多数都是成功的，特别是在几个重大的转折点上，美的的组织设计都是成功且及时的，这个我们在后面的章节中会陆续讲到。

特别要说明的一点是，美的的组织设计和组织运作并非泾渭分明，而是互有影响和交叉。这主要是因为美的在组织设计完成后，不会畏首畏尾地犹豫不决，而是会快速地推进新的组织运作。这样一方面通过实际的运作，尽快达成组织设计的目的；另一方面也是通过实际运作来验证设计方案，并根据具体情况在过程中不断优化。优化的过程也是新的组织设计和组织运作交织进行的过程。

因此，组织运作非常体现美的"运用之妙，存乎一心"的实践智慧，既是美的组织逻辑的试金石和磨刀石，也是实现组织进化的现实依据和坚实基础。

从原有的组织运作走向组织进化，需要克服巨大的组织惰性。美的之所以能够克服组织惰性，一开始是在外界的压力下背水一战，之后则是通过主动的自我否定和大胆变革，一次次突破组织瓶颈，从而不断蜕变、破茧成蝶。

2. 组织设计：结构、权力、人才

美的在组织设计上非常聚焦，主要侧重于三个方面：结构、权力、人才。三方面又彼此相关，形成循环（见图 0-2）。

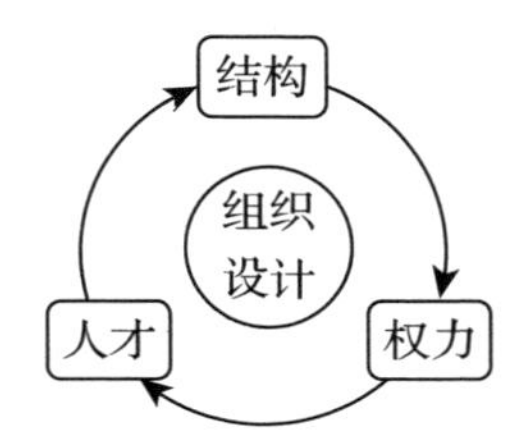

图 0-2 美的组织设计的三个侧重点

- **结构**

一家企业的组织结构就好像一支军队的作战阵型。面对不同的战况，必然需要不同的阵型。美的深谙其道，所以在组织结构上，美的从来没有“以不变应万变”，而是经常通过主动调整内部组织结构去应对外部变化，可谓是“以变制变”“以快打快”。

或分拆，或整合，或扩充，或精简，美的组织结构之变既灵活又坚守。灵活，体现为快速多次的组织调整；坚守，体现为以事业部制组织模式为核心的不断深化。这方面内容，将在第一章中详细说明。

- **权力**

先强调一下，这里说的是权力（power），而不是权利（right），也就是说与决策控制相关，与权益、利益无关。

权力看不见却影响重大，是组织设计中极为关键的隐性要素。毫不夸张地说，如果不是有很好的权力设置，美的无法激发强大的组织活力，更无法在快速增长中保持长期稳健。

美的在权力上的“集”与“分”“收”与“放”“统”与“授”，可以说有非常独到的成功实践，由此形成的“集权有道、分权有序、授权有章、用权有度”的16字方针是心法，不断迭代的《分权手册》和各项保障机制是打法，心法与打法的有效结合和深入应用使得美的在数次组织变革中都没有出现“一放就乱、一收就死”的极端情况，相反还能促进组织的稳健增长、不断发展。第二章将会重点介绍这方面内容。

- **人才**

人才对于组织的重要性毋庸置疑。很多企业对于人才却是既重视又困惑，重视自不必说，困惑则在于人才的投入成本高、周期长、易流动。

美的对待人才的态度和做法一直非常鲜明且坚持，就是两个基准点：组织的发展、个人的业绩。符合组织的发展需要，个人还能达成业绩结果的，在美的就是人才。

正是基于这两个基准点，美的在人才机制的设计上，始终坚持不断引入、长期投入、实战赛马、保持流动、抓住少数、灵活激发等一系列方式、方法，才形成了足够的人才厚度和密度，也才产生了“组织发展人才、人才促进组织”的正向循环。关于这部分内容，将在第三章进行集中阐述。

3. 组织运作：活力、能力、耐力

虽说熵增定律已经给多数组织判了“死刑”，但没有一家企业愿意倒在对手之前，这就要求组织的生命力足够顽强，而不论一开始组织设计得多么完美，在运作过程中都需要不

断强化组织的生命力。

从美的长期实践来看，我们把强化组织生命力分成三个方面：激发活力、提升能力、保持耐力，并将它们统称为组织运作的“三力”（见图 0-3）。

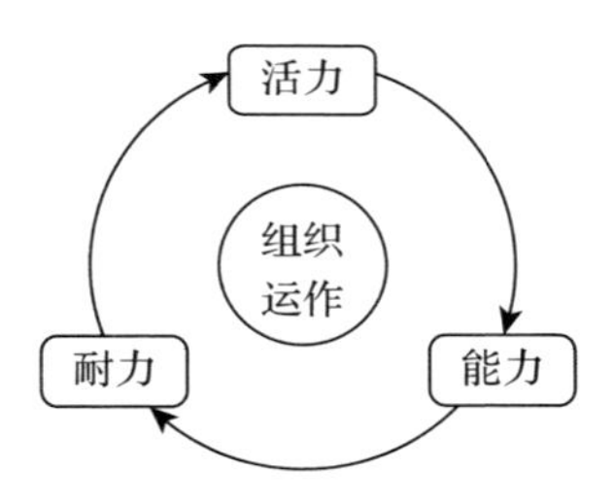

图 0-3　美的组织运作的“三力”

这“三力”是有先后顺序的：先要激发组织的活力，让组织活起来、动起来，再谈提升组织能力的问题，在激发活力和提升能力之后，为了让组织的生命力足够顽强，还需要具备耐力并保持住，才能够做得长久。

- **活力**

美的始终将激发组织活力放在首位，创始人何享健早在1999年就说过，“关系到美的今后经营成败的最大问题是什么？是机制能否保持活力，管理能否保持先进。要认识到机制的重要性、活力的重要性”。何享健之所以非常重视机制建设，其根本原因就在于活力。

而为了不断激发组织活力，美的主动开放、持续变革、外部对标、内部赛马、大胆用人、大方分享、坚持流动、保持年轻……在活力这方面，美的可以说是千方百计、竭尽所能，而且一直不敢松懈。

• 能力

如果说活力是解决“想做”和“敢做”的问题，那么能力就是解决“会做”和“做成”的问题。

美的不论是在单品类规模增长的过程中还是多元化扩张的道路上，都需要组织能力的不断提升。这就使得美的既要在战略、市场、营销、研发、制造、供应链、财务、人力等多个专业线上提高，又要在风险管控、机制建设、业务协同、管理一致、文化认同等集团管控上同步跃升。

战略和方法可以模仿，但是能力如同肌肉，只能靠自己长出来。

美的在长期的组织运作中，每隔三五年就会推动一次大范围的管理提升，这实际就是在打造整体的组织能力。这样做产生了两方面的效果：一方面，在日常的经营管理中，经营为重、管理为轻，确保管理不会限制业务的正常发展；另一方面，在业务快速发展到一定程度后，管理开始出现滞后或风险时，集中发力突破管理瓶颈，实现组织能力的整体提升，从而支撑业务下一阶段的持续发展。

• 耐力

做企业不是百米赛跑，而是一场马拉松，跑得快固然好，但跑得久更重要。而决定能否跑得久的关键，要看耐力。

美的保持组织耐力不是靠被动守成，而是靠主动求变。说得通俗一点是靠“折腾”，而且是不断挑战自我的“折腾”，但恰恰是经过这种一次又一次的“折腾”，才使得组织耐力逐步得到提升。真是越“折腾”，越经得起“折腾”。

一名初练马拉松的运动员不可能每次只练5公里，而是在能跑5公里的基础上，去尝试8公里、10公里、20公里、30公里……不断提升极限值，耐力才会越来越强。

美的的组织耐力在平常不容易体现出来，但是在面对困难、面对危机的时候，会体现得尤为明显。对于每一次的环境变局，每一次的行业周期，每一次的竞争加剧，美的不仅当作考验，而且当作锻炼，考验是对当前耐力的实测，锻炼是对今后耐力的强化。每一次寒冬来临，美的过冬的方式不是冬眠，而是冬泳，不是在温室中躲避风雪，而是在寒潮中中流击水。

所以，美的的组织耐力不是靠时间积累起来的，而是靠主动“折腾”锻炼出来的。

4. 组织进化：试错、认错、纠错

如同自然界的生物需要不断进化才能适应环境变化从而生存一样，企业也需要实现组织进化才能应对不断变化的商业环境，从而生存和发展。按照吉姆·柯林斯的说法，“高瞻远瞩的公司是在模仿生物物种的进化”。

美的正是因为实现了几次重大的组织进化，才得以在众多家电品牌不断衰落之际，穿越周期成长为头部企业。

经常会有人问我，美的在这个过程中有没有运气成分？因为现在有很多商界大佬在接受采访时，都会说到自己的成功很大程度是因为运气好。这一方面是他们自谦的表达，另一方面在市场初期阶段，运气确实是重要因素。但是，对美的所在的家电行业来说，这是一个足够“内卷”的自由竞争的红海市场，而且拉长时间周期到数十年来看，想要长期在这样一个市场上依靠运气胜出，哪怕我敢说，都没人敢信。

毫无疑问，商业环境的变化远快于自然界，对身处其中的企业来说，小胜可以靠运气，大胜需要靠实力，长胜则要靠组织，而且是不断进化的组织。

众所周知，生物的进化无法提前设计，而是通过多个方向的试错来完成。与之相比，美的在长年的组织变革中，虽然有一定的方向和目标，但同样少不了试错的过程。难能可贵的一点是，美的会主动试错、多次试错，从而不断找到适应发展的组织状态。《基业长青》一书把这一过程称为“有目的的进化”。

试错就难免出错，只要能及时纠错，就不会付出过大的代价，也就不会出现致命的错误。但纠错有个前提，就是要能认识到自己的错误。只有勇于认错，才会自我纠错；如果不肯认错，只会一错再错。

美的在内部反复强调“自我否定”，就是要在主观意识上先做到不怕认错、敢于认错，然后再通过自我纠错，实现整个组织的转变和进化（见图 0-4）。

- **试错**

我在拙作《卓越运营》一书中，曾写过“美的犹如一条停不下来的鲨鱼，变革超过 500 次”，从最早的集权式直线职能制组织，到分权式事业部制组织，再到事业本部的出现，以及后来深化分权的多事业部演进、产业集团的成立、扁平化的组织变革、业务平台的组建运作、中国区域与国际市场的营销整合等。大大小小成百上千次的组织变革，我们都可以将其理解成不断试错的过程。

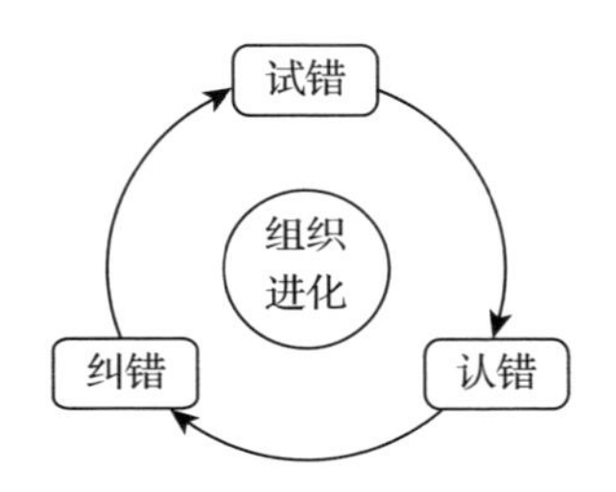

图 0-4　美的组织进化的“三错”

美的的试错不仅体现在组织结构上，也体现在人才任用上，还体现在业务范围上，这部分内容会在第七章和第八章中展开。

试错既是在寻找战略和业务方向，也是在扩大组织和能力边界。毫不夸张地说，没有试错，就没有美的多元化的发展；没有试错，也没有美的组织进化的可能。

- **认错**

不怕犯错，就怕不认错。

而一个组织能否做到认错，主要取决于 1 号位是否敢于认错。

美的能认错，是源自 1 号位的率先垂范，不论是创始人何享健还是现任董事长方洪波，都具备非常强烈的自我否定精神。何享健曾说：“很多事情，当时我坚持推动。现在要调整，也是我自己否定的。我能做到这一点，能肯定自己、否定自己，与时俱进。”方洪波也多次公开讲过：“在美的，没有什么是不可以否定的。否定一下自己又有什么好怕的呢？”

一家企业最大的天花板，就是1号位的认知。而1号位的认知天花板，不是学识也不是经验，而是能够坦然面对自身的不足和错误，敢于认错、勇于认错。

我经常和老美的人交流，他们中很多人已经在其他企业任高管。问到前后对比最大的感受是什么，他们会说现在的企业老板犯错了，下面人不敢说，老板自己也闭口不谈，但是在美的，不仅大家会主动说问题，而且领导也从不避讳谈自己的问题，这都是从何享健与方洪波身上一脉相承而来的。

• 纠错

“知错能改，善莫大焉”，说起来是人人都知道的道理。

但是，我在《左传》中看这句话的原文时，看到的却是一个“知错不改”的历史记录。晋国大臣士季进谏晋灵公时，晋灵公虽然态度不好，但还是主动承认了错误：“吾知所过矣，将改之。”士季马上磕头，说出了流传至今的这句箴言：“人谁无过？过而能改，善莫大焉。”不过，晋灵公认错归认错，但就是不改。

在现代社会，领导者知错不改、让下属噤声的情况也并不少见。我在一家上市公司，就碰到过老板不让其中一个高管参加某专项会议的情况，因为这个高管在这件事上一直持反对意见，老板宁肯一错再错，也不想听到反对的声音。

美的在纠错这件事上，同样有赖于何享健与方洪波以身作则。他们不仅知错就改，而且在内部打造了主动发现问题、检讨问题、及时纠错的机制和文化。同时为防止陷入自身的信息茧房，他们还不断借助外部力量，用别人的镜子来反观自己，从而提升自我纠错的能力，促进组织的一次又一次进化。这部分内容在第九章中还会详细说明。

内容小结

管理的根本，就是在做一件事：持续打造卓越组织。

美的在打造卓越组织的过程中，遵循了组织设计、组织运作、组织进化的循环发展的组织逻辑，这也是美的持续精进的组织逻辑，如图 0-5 所示。

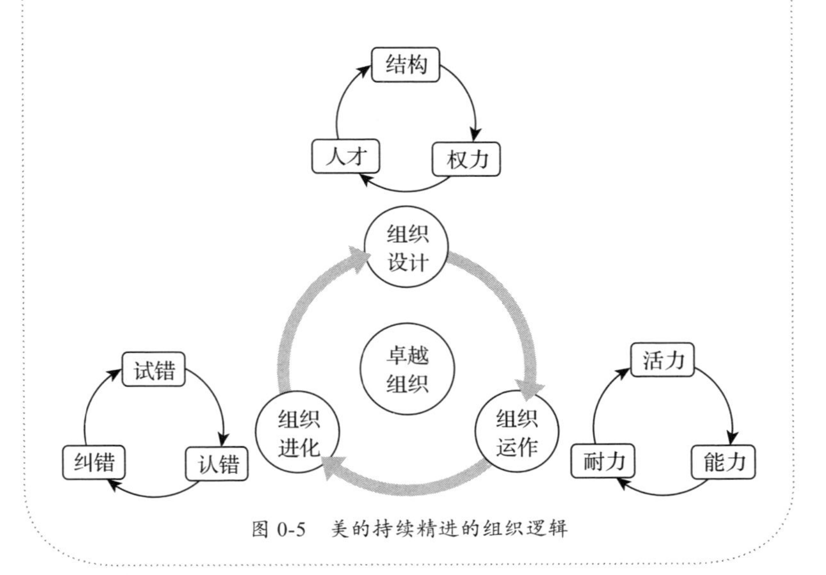

图 0-5 美的持续精进的组织逻辑

组织设计，侧重结构、权力、人才。
组织运作，关注活力、能力、耐力。
组织进化，做到试错、认错、纠错。

第二节 极简主义的组织

介绍完整体的组织逻辑框架，在进行具体的内容展开前，我觉得十分有必要先对美的的管理风格做一个说明，这样更有利于理解美的在组织打造中的种种做法。

美的的管理风格，如果用最简单的说法来概括，就是极简主义和实用主义。我们在下一节里，再去讲美的管理的实用主义，这一节重点来说美的管理的极简主义。

我在美的工作近 20 年，集团从上至下并没有运用过什么复杂的管理方法。到今天，美的已经有近 4000 亿元的营收规模，仍然非常推崇“管理要简单”。这种以简驭繁、追求结果的管理方式，我们曾在内部戏称为“简单粗暴，直接有效”。但恰恰是这种极简主义的管理风格，做到了以轻量级管理，撬动重量级规模，实现跨量级增长。

美的管理的极简主义体现为“三追三不追”。

- 追求简，不追求繁。
- 追求少，不追求多。
- 追求轻，不追求重。

1. 追求简，不追求繁

在 2023 年美的经管年会上，方洪波引用法国作家加缪的话，“每当我似乎感受到世界的深刻意义时，正是它的简单令我震惊”，以此来告诫所有中高管：坚持简单，不搞复杂。

从创始人何享健到现任董事长方洪波，在“追求简单”上可以说是一脉相承。

就以最常见的开会为例。

原来我在集团总裁办工作时，曾有幸作为毫不起眼的“跟班”，多次跟随何享健听取各事业部的汇报。何享健听汇报一贯简单直接，上来就看财务结果，然后直奔问题，紧接着就看总经理准备怎么干。如果哪个总经理汇报兜圈子或者几句话讲不出重点，就会被他打断，要求直接说重点。

何享健开会的风格就是有一说一、有二说二，直来直去。看数据、说问题、谈改善，不听解释，下面的人也不用解释。

方洪波不仅延续了这种会议风格，而且做出了具体而微的量化要求。年终述职时，大事业部汇报不能超过 30 分钟，小经营单位不超过 20 分钟，各单位汇报资料不超过 10 页 PPT。每个月的经营分析会上，各经营单位发言控制在 5 分钟之内，诸如此类。极其有限的时间和篇幅就是要求：简单、简单、再简单。

开会是每家企业最常见的管理动作，开会的作风在某种程度上反映了企业的管理作风。我们无法相信，经常性的繁杂会议背后，会是简单的管理作风。

举了开会的例子，我们再往大了说，来看看美的在管理机制上的一些表现。

美的在管理机制上的成功是有目共睹的，而美的所形成的管理机制，同样追求简单，能一招解决的绝不用两招。

○ 在目标牵引上，以事业部的年度经营责任制为主。

○ 在经营管控上，以基于预算的月度经营分析为主。

○ 在干部管理上，以职业经理人为主。

○ 在组织模式上，以分权的事业部制为主。

○ 在文化打造上，以业绩导向的“赛马”文化为主。

……

很多企业经常讲“聚焦”“抓重点”“抓主要矛盾”，但如果把管理搞复杂了，这些是不可能做到的。只有追求简单，才能聚焦，才能突出重点，才能抓住主要矛盾。

2. 追求少，不追求多

20 多年前，美的集团请国内顶尖的咨询公司帮忙设计各事业部的考核指标。咨询公司最后给出的方案，考核一个事业部就足足有 28 个指标。

何享健一看这个方案就直接驳回，说指标太多了没法操作，明确要求对各事业部经营团队的 KPI 考核指标不能超过 5 个。极其精简的 KPI 考核一直沿用至今。

美的虽然在战略上走的是多元化道路，但是在管理上却和设计 KPI 指标一样，追求少，而不追求多。

我再举几个例子，你就更容易看出这一点了。

例如，在管理职位的设计上，除了集团设副总裁、事业部设技术副总以外，其他管理职位，非特殊情况，不允许设副职。比如，有HR总监，没有HR副总监；有品质总监，没有品质副总监；有高级业务经理，没有高级业务副经理；有采购经理，没有采购副经理……副职数量的减少和控制，是因为美的认为管理职位多，不仅会导致官多兵少，而且会造成管理内耗加大。

再来看组织结构的设计。

我经常见到很多企业叠床架屋的复杂结构。不到百亿元的规模，一张A4纸上密密麻麻的小字，也只能画得下一级结构，连二级结构都画不下。

美的从营收几十亿元到上百亿元，再到过千亿元，直至近4000亿元，组织确实在不断变革调整，部门数量也的确有所增加。但是部门数量的增加远远比不上企业规模的增长，而且一旦发现组织层级变多、部门数量变得膨胀，美的马上就会进行变革，快速精简组织。

最典型的做法，就是美的2012年的战略转型，组织上变为“小集团、大事业部”的管理方式，既减少组织层级，也缩减部门数量，双管齐下，效果明显。对于组织结构上的内容，我们在第一章里还会进一步说明。

“追求少，不追求多”与“追求简，不追求繁”，二者是表里如一的关系。“少”，是看得清楚、数得出来的“表”，是外在。“简”，是想得清楚、感受深刻的“里”，是内核。

有些企业嘴上说要管理简单，一到落地又陷入纷繁复杂，这就是表里不一。美的在这一点上，做到了表里如一。

3. 追求轻，不追求重

我在做管理咨询的过程中，接触过不少企业领导者，其中有些人的变化非常耐人寻味。

在创业初期，他们多为营销高手或技术高手，对于内部管理的态度是可有可无，甚至不屑一顾。但是，在企业达到一定规模之后，他们开始意识到管理的重要性，于是在外面参加了一些管理培训，有些还读了总裁班或 EMBA 课程。回来后，对待管理的态度发生了一百八十度大转弯，有的人立刻在内部明确 10 大管理职能、设置 8 大管理部门，企业上上下下进入到强化管理的运动之中。

从轻视管理到重视管理，这本没有错，但是在做法上，却从一个极端走向了另一个极端。

美的以机制建设、组织变革、分权管理、职业经理人管理等多种管理方式著称，但内部却不会设置繁重的管理部门。也就是说，美的看重管理，但不做重管理。

以美的各业务板块和经营主体为例，最主要的职能管理就是专注于人力、财务、营运这三大抓手，分别从人、财、事三方面，对战略做承接和推动，对业务做支持和监管。而“人力”和“营运”在结构上，还会合并为一个管理部门。

在出现组织合并和人员优化的时候，最先进行合并和优化的部门，肯定是管理部门。至于业务部门是否要做合并和优化，还要看它们接下来的战略方向和具体的业务表现。

美的在具体的职能管理上追求轻而不追求重，这也是我在本节开头称美的为“轻量级管理”的原因。做轻管理，从而进一步实现简单高效，美的的管理颇有一种“四两拨千斤”的味道。之所以会出现这样的管理设置，是因为在美的，大家对待管理有一个基本的共识：管理必须服务于经营。如果按照“赋能”的说法，那就是：管理可以给业务赋能，但不可以给业务负重。

内容小结

管理对企业来说至关重要，这已经成为很多企业的共识。但是，如何避免不恰当的管理伤害到组织，也是企业不得不面对的真实问题。

美的在实践中给出了自己的答案，即“三追三不追”的管理极简主义：追求简，不追求繁；追求少，不追求多；追求轻，不追求重。

以轻量级管理，撬动重量级规模，实现跨量级增长。

第三节　实用主义的组织

说完了美的管理的极简主义，我们再来看美的管理的另一个非常典型的风格，甚至有些美的人认为这才是美的更重要的管理风格，那就是实用主义。

前面我们曾提到，美的内部人戏称自己的管理方式是“简单粗暴，直接有效”，如果将极简主义对应到“简单粗暴”，那么可以将实用主义对应到“直接有效”。

我们也用“三追三不追”的说法，来概括美的管理的实用主义。

- 追求实，不追求虚。
- 追求快，不追求慢。
- 追求好，不追求全。

1. 追求实，不追求虚

美的务实而不务虚的管理风格源于创始人何享健先生。他曾一再说过，“我们要清醒地认识到，做企业一定要务实，要实在，美的几十年如一日地脚踏实地、不搞浮夸、不图虚荣、不搞形式主义、不跟风”。务实的做法不仅被反复强调，而且被一以贯之地执行。

会议是管中窥豹的典型体现，我们还是先以开会为例。

估计不少人都开过类似于沟通会、协调会等大部分时间都在扯皮的会议。我在美的工作了 17 年，其中有 3 年在集团总裁办，但不论是集团还是事业部，从上至下都很少召开什么共识会、沟通会、协调会等务虚的会议，更多的是开分析会、项目会、专题会等务实的会议。反倒是我在做管理咨询的过程中，参加了不少企业扯皮的务虚会。

美的之所以务虚的会少、务实的会多，是因为美的在管理上始终以问题为导向，通过解决实际问题来提高组织绩效。

不论是会议讨论、总结汇报，还是日常工作沟通，基本都是从问题出发。

“以问题为导向，以绩效为目标”，这是美的在管理上能做到“追求实，不追求虚”的原因，如果再往深挖一层，那就是从何享健到方洪波，再到每一级管理者，始终都在践行这一理念。

正所谓，“上有所好，下必甚焉”。如果老板喜欢玩虚的，那么高管就会玩虚的，下面员工自然也都务虚不务实。但如果老板是务实的，那么高管必然也务实，下面员工也只能务实而不敢务虚。

我们再以定目标为例，来说明务实的做法。

美的每年都会定目标，也都会做三年滚动的战略规划，这些规划和目标往往都极具挑战性，但这个过程绝不会虚无缥缈地给大家“画饼”，更不会热血沸腾地讨论一番就束之高阁。每年的规划和目标在讨论完后会进行正式发布，然后在年度预算中进行详细的分解，同时形成各经营单位和各部门的考核指标，而且白纸黑字地说清楚：目标达到什么程度会有多少的绩效奖励，达不到就会打折甚至为零，严重的还会进行岗位调整或降级，等等。这样定出来的目标就是实的，不是虚的。

再比如做库存管理。

美的不像有些企业那样，一说强化库存管理，就开始策划立体仓库、智能仓库等，大搞仓库基建和IT系统，看上去似乎很先进，但当前管理能力不匹配，最后只是花钱凑了个热闹。

美的会坚持做好库存盘点，确保账实相符；做好先进先出、有序调拨等进出库的管控；财务部门还会组织销售和采购部门，进行超期库存和呆滞库存的定期处理等一系列具体工作。至于建不建立体仓库，怎么实现智能仓库，则是水到渠成的工具手段，而不是一上来就要穿戴的光鲜外衣。

管理动作，要么不做，要做就要有用，没用的即使再好看，都应被抛弃。说到底，里子要比面子更重要。

我们前面说美的管理能做到简单，就是务实不务虚的结果。因为美的从来不用高大上的或出身“名门”的管理招式装点自己，反而尽可能去掉各种形式上的东西，以确保每一种管理方法、每一个管理动作，都有利于解决问题、达成目标，从而形成了施炜老师所形容的“恪守企业本位，理性务实，质朴低调”的管理风格。

2. 追求快，不追求慢

有人看到这个标题会说，企业当然是追求快了，哪有追求慢的？

还真不完全是这样。

我见过很多企业老板，嘴上都说着要“快速”“高效”“立刻”“马上”，但那只是他们想快速要结果而已。真到了决策时，往往犹豫不决；到了行动时，经常慢条斯理。有时候，我在咨询辅导时实在受不了，就不断追问进度，他们还美其名曰“慢工出细活”“要给下面员工足够的接受时间”等，实际上无非就是：思想上，前怕狼后怕虎的观望心态；行动上，走不出舒适圈的路径依赖。

美的做管理，追求实用，强调实际效果。但这有个前提，就是敢于行动，而且敢于快速行动。

很多人会说，要想清楚才能行动。不过，实际中我们会发现：很多时候，我们没法做到完全想清楚。这个时候，美的的做法不是继续冥思苦想，也不是反复研讨，更不是所谓的等待时机，而是先动起来再说。

我曾经和很多客户都说过美的组织变革的频次之多，每半年变一次是最起码的做法，至今从上至下的变革已经有成百上千次。很多客户都对此表示难以置信，每次都会质疑，“变革不是要小心谨慎吗？”“听说何享健有句名言是‘宁可走慢一步两步，也绝不能走错半步’，那美的怎么会不停地变呢？”，这和我刚进美的那几年的疑惑是一样的。

不过，经历的多了，我就发现：美的在战略方向的选择上确实会比较谨慎，比如说不做黑色家电，不做手机和电脑等3C产品；但是在战术的具体打法上就会追求快速行动和不断尝试，比如说组织结构的调整，这是战术上的管理动作，美的是宁肯做错了再改回去，也要在变革的时候快速果断，而不是犹豫不决。因为战术上决策与行动的缓慢带来的更多只是等待和观望，这个时候越想越焦虑，越看越模糊，反倒不如快速动起来，更有利于看清楚、想明白。

除了变革，美的在各方面的管理动作，“快”几乎就是一个必然的要求。

工厂生产要快，产品迭代要快，物流交付要快，项目推进要快，流程审批要快，工作沟通要快……

追求快、追求效率，是美的做管理的突出表现。这也是美的人会觉得，“时间紧、任务重”是工作中的常态的原因。

有人会问，追求快难道不会导致更容易犯错吗？这一点必须承认，不仅做多容易错多，做快也容易错多。但相比“做多错多、做快错多”来说，低效和观望难道不是更大的错误吗？

只要还有容错空间，快速行动、不断尝试就应该被倡导。美的不会花过多时间去书面论证某种管理方法是否有效，而是直接通过行动来验证是否有效，而且经常根据实际情况不停修改，看能否变得更加有效。

快速试错、快速调整，可以说是美的管理上的一大特色。

3. 追求好，不追求全

美的在管理中还有一点值得一说，就是不执着于某种方法的全套和完整，而更愿意抓住最有用的部分，做深做透。我将其称为“追求好，不追求全”。

比如说，事业部制管理，最早是何享健从松下借鉴而来的，但美的并没有全套使用松下的事业部制管理方式，特别是对于事业部职业经理人的管理方式，则更多学习了通用电气的激励和约束做法。

再比如，2013 年，美的花重金请麦肯锡做流程框架项目。麦肯锡的方法论可以说是非常具有体系性和完整性，美的在推行过程中，还是根据实际情况在后期做了大量内化和简化的工作，以确保其最有效，而不是最完整。

2015 年年底，美的引入丹纳赫的精益管理方法，开始全面推行 MBS 项目。从方法论上来说，丹纳赫的精益管理包含了战略部署、人才育成、日常管理三个核心，但美的在实际应用中发现，战略部署这一部分相对复杂，并不适用于美的，在使用了一段时间后，仅保留了人才育成和日常管理两个部分，并最终沉淀为聚焦现场的标准化的周改善方法。

类似的做法还有很多，以上三个案例只是冰山一角而已。不过，我们已经可以看到，美的做管理，始终在追求结果有效，而不是追求某种体系；始终在追求好，而不是追求全。这也是外界有些人会觉得，美的的管理方法不太成体系的原因所在。是否成体系，美的不太在意，能否取得好结果，才是关键。当然，如果为了取得好结果，一定要建体系的话，美的也会不遗余力地去做，只是必须先搞清楚哪个是目的、哪个是手段，不能本末倒置。正如管理大师德鲁克所说，检验管理成败的唯一权威是绩效。绩效，就是拿结果，而不是为了形成某种体系。

我见过不少上规模的企业把管理目标定为用几年建成 IPD 体系，用几年完善财经体系，用几年建成风险管控体系，等等。建体系只是管理手段，而不是管理目的。不同的体系是企业发展到不同阶段的产物，但永远不应该成为目的。体系还是要为结果服务，因为说到底，做企业是奔着结果去的，而不是奔着某个体系去的。能取得持续的增长和盈利，远比某些体系的完整性更重要。

比如，很多中国企业都做了ISO体系认证，ISO体系足够完整了，但其中又有多少企业是能完完全全遵照执行的呢？再退一步来讲，如果真的全部按ISO体系的要求走，那一大堆洋洋洒洒大而全的程序文件会让大多数企业的效率直线下降，成本直线上升。管理是成体系了，生存变得困难了，这样的结果难道是企业想要的吗？

我一点都不反对建体系，更赞成企业管理要逐步地体系化，只是在这个过程中，我们不能把体系本身当成目的，更不能被体系所“绑架”。正所谓不忘初心，方得始终。走得再远，也不要忘了出发的目的。就好像看一本书一样，我们只要在其中找到对自己有用的内容，获得成长就好，何必非要从头到尾，把每一个字都看一遍、都背下来，而不知不觉变成一个两脚书橱呢？

内容小结

美的做管理，是典型的实用主义。甚至可以说得更重一点，是超级实用主义。至于外界怎么说、怎么看，美的不太在乎。因为美的做管理，始终从自身的结果出发，以问题为导向，以绩效为目标。

美的管理的实用主义体现为“三追三不追”：追求实，不追求虚；追求快，不追求慢；追求好，不追求全。

设计篇

如果组织是一艘船，作为领导者最重要的角色是什么？

是船长吗？是舵手吗？

也许都是，但还有一个更重要的角色：设计师。

因为设计师决定了这艘船是战舰还是渔船。如果设计成了渔船，就只能打鱼，不能打仗。如果要想打仗，得按照战舰来设计。

吉姆·柯林斯对此早有忠告："如果你正致力于构建和管理一家公司，这种转变对于你如何分配时间有重大的意义，要求你花较少的时间思考特定的产品线和市场策略，多花时间思考组织设计。"

因此对企业来说，不论是野蛮生长的初创阶段，还是高速增长的发展阶段，抑或战略调整的转型阶段，组织设计都十分关键，因为它在不同阶段先天决定了企业的结构基础、权力分配和人才塑造。

但永远没有完美的组织，美的的应对之策是：抓住深层逻辑，坚持动态设计。

CHAPTER 1 —— **第一章**

结构之先

第一节 结构设计的“五部曲”

管理学上有一条原则：能用结构解决的问题，就不用制度；能用制度解决的问题，就不用开会。

这的确是一条行之有效的管理原则，它直截了当地告诉我们在组织中解决问题的优先顺序。这一点在美的身上也得到了很好的印证，因为美的就是一家善于先从结构入手来解决问题的企业。

那结构设计应该从“理想的组织”开始，还是应该从“实用主义”出发？

管理大师德鲁克认为，组织理论家们对这个问题二选一的争论没有意义，因为他发现：“‘理想的组织’与‘实用主义'，这两种方法都需要，而且必须平行应用。”也就是说，组织设计既要充分从现实出发，也要有一定的框架和原则。

我在开篇中写到美的是非常典型的“实用主义”，不过在每一次组织结构的变化设计上，美的恰如德鲁克所说的“平行应用”，即在践行“实用主义”的同时，也会非常重视基于“理想的组织”的框架和原则。所以美的设计组织结构，既不会一上来就画组织结构图，更不会调完结构就了事，而是在经过多年的积累沉淀后，形成了自己的框架和原则，并约定俗成地贯彻至今。

虽说美的内部从来没有正式公布过，但在历次的实践中，基本上就是在遵循着这样一种逻辑方法，我称之为组织结构设计的“五部曲”，分别是明确战略目标、设计框架结构、确定管理班子、设定分权流程、持续调整优化（见图 1-1）。

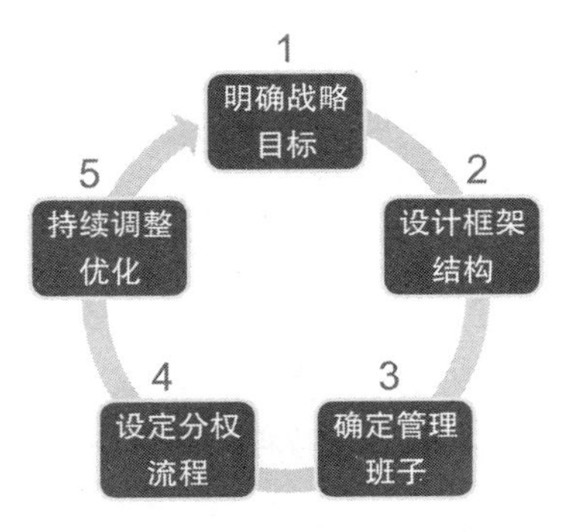

图 1-1 组织结构设计的“五部曲”

1. 明确战略目标

“重组是要解决今天的问题，设计是要探索明天的可能性”，这是谷歌在 2019 年变革与设计论坛上的口号，当时的主要推动人克劳迪·朱尔斯进一步阐释说：“领导者设计组织，要满足未来的需求，而不仅仅是修缮当下的‘破败’。”而满足未来的需求，实际就是要着眼于战略目标。

美的创始人何享健也很早就认识到，组织结构是实现战略目标的重要保证，他说：“发展战略及规划目标如何从体制上、机制上、组织结构上得到保障，你看我都没怎么上过学，20 世纪八九十年代，我自己看书，非常重视组织结构、组织人员配备、战略发展的问题。”

回想美的历年来的组织结构设计，虽说也有一些确实是在解决眼前的问题，但更多还是为了实现当时提出来的战略目标。所以，明确战略目标是结构设计的首要工作。换句通俗的话来讲，身体活在当下，但眼睛要看向未来，身体怎么动，要看未来往哪走。

例如，1992 年美的进行股份制改造，就是先确立了通过上市来建立现代企业制度的战略目标，再进行组织结构的改造设计。何享健回忆说：“1992 年股份制改革时，我什么都不懂，因为我就读了 6 年的书。但我清楚这个战略，我对美的有个愿景，要规范化发展，上市是最好的手段，钱是第二位的。”

我再举一个具体案例。2012 年 8 月，方洪波提出了全集团“产品领先、效率驱动、全球经营”三大战略主轴，而 2014 年在集团层面成立中央研究院，就是从研发端的组织保障上来支撑“产品领先”战略的落地。

当然，战略目标经过细化后可以包含更明确的业务需求，企业可以根据这些业务需求再来考虑更具体的组织结构支撑，这一点我们接下来马上就会说到。

2. 设计框架结构

战略目标明确后，组织就有了方向，就可以来设计整体的框架结构了。

之所以说是框架结构，还无须明细到岗位，是因为这一步的主要任务就是集中精力先厘清整体布局、核心职能、关键角色，以及大体的运作方式，其中包括组织层级的设计、经营单元的设置、职能部门的安排，职责划分、关联关系、信息流动等，但不包括定岗定编的工作。就好像一栋建筑，要先把四梁八柱定下来，确保整体框架结构是稳固的、合理的，至于装修和家具等细节后面再去考虑。

比如，2012 年在方洪波“一个美的、一个体系、一个标准”的战略要求下，美的确定了“小集团、大事业部”的组织模式，并不断重组演变形成了“789”的框架结构（具体内容本章第二节会进一步展开）。

再比如，前面提到的中央研究院的成立，是为了支撑“产品领先”战略的落地。美的之后进一步提出产品要从跟随模仿走向自主创新，这就将战略目标细化为一个很明确的业务需求，也需要更具体的组织结构支撑。中央研究院为此建立了创新中心，创新中心主要下设三大平台：用户研究、工业设计、产品创新，这三大平台对应于创新所需要的三大模块技术：用户洞察、产品形态创意、突破性技术和工程实现。

类似于这样的框架结构设计，在本章后面几节的内容里还会有更多的实际案例分析。

3. 确定管理班子

设计完组织的框架结构，接下来要做什么？

在一些介绍组织管理的书里，很少会把人的因素放进来，至少没有放到比较靠前的位置，而只是就组织谈组织，这多少有些过于理论化了。

美的在设计完大体的框架结构后，马上就会面临关键负责人的选择问题，主要是确定新组织的管理班子。如果是集团层面，称之为“执委会”（执行委员会的简称）；如果是事业部层面，称之为“管委会”（管理委会员的简称）。执委会最核心的人，自然是集团总裁；管委会最核心的人，自然是事业部总经理；如果再往下一个层级，即子公司或部门，则是第一负责人最重要。

例如，2002年家庭电器事业部成功分拆成四个事业部，也得益于当时能够快速确定四个事业部的总经理，如果找不到四个合适的人选，分拆的方案肯定会做调整。在确定四个总经理之后，再由每个总经理和集团一起，确定各自的管委会成员。然后，管委会成员会协助总经理细化事业部的组织结构，这个时候就涉及定岗定编的工作了。

4. 设定分权流程

美的在组织上是典型的分权管理模式，特别注重分权授权的配套支撑，所以每次确定完框架结构和管理班子之后，都会立刻进行分权流程的梳理和确定。

如果说在设计框架结构环节明确了主要职责，在确定管理班子环节明确了主要人员，那么在设定分权流程环节则明确了主要权限。分权流程的确定以最新《分权手册》的发布为标志，与之相关的各项制度也会相应地进行修订和发布（第二章将对分权做重点说明）。

这里有必要多说一句，除了分权流程以外，主要的业务流程也会在这一环节进行梳理和明确，以确保最新的组织有利于业务的畅顺和高效。

5. 持续调整优化

到了这一步，很多管理者会掉以轻心，经常只是嘴上说说，实际并没有真正做到持续调整和优化，但这一步恰恰可能决定成败。美的之所以在组织上有很强的支撑力和灵活度，就是因为能够持续对组织结构进行调整和优化。不奢求一次设计到位，但要求持续调整到位。

战略的变化会影响结构，人员的变化会影响结构，流程的变化会影响结构，这些日益加速的变化都要求组织结构的调整跟得上节奏。

一谈到结构调整，很多人往往会想到大刀阔斧的组织变革，实际上重大变革并不会经常碰到，只是因为被很多人反复提到而造成了一种错觉。即使是以变革著称的美的，在其半个多世纪的发展历程中，能够称得上整个集团层面的重大变革也不超过 20 次。重大变革当然影响深远，此外美的还胜在每年都会在不同层面、不同幅度、不同范围内进行各种调整和优化，今天动动这里，明天动动那里，正所谓“半年一小变、一年一中变、三年一大变”。

正是这种持续不断的调整优化，才逐渐形成了变革文化，才让美的在重大变革时下得了手，才造就了美的灵活机动的组织特性。在后面的章节中，你还会多次看到这方面的内容。

内容小结

兵马未动，粮草先行。组织欲动，结构先行。

那什么才是好的组织结构？

按照德鲁克的说法，能够完成工作的最简单的组织结构，就是最佳的组织结构。所谓“好的”组织结构，就是不会制造问题的组织结构。结构越简单，组织出错的可能性就越小。

正所谓，简单的才是美的。但做到结构的简单高效，这件事本身却不简单。因为一张组织结构图，不论怎么画都是平面的，但好的结构设计却需要立体的结构化思考。

美的在实践中形成了结构设计的“五部曲”的逻辑方法：明确战略目标、设计框架结构、确定管理班子、设定分权流程、持续调整优化。

第二节 合久必分，分久必合

我在拙作《卓越运营》的第三章里，已经专门梳理过美的组织结构变化的八个阶段，这里再谈美的组织结构的内容时，可能组织结构图的表现形式会有些相同，但绝不会简单重复，而且会在原来的基础上透过现象看本质，更多地从组织结构变化的背景、根源，以及结构变化下的组织逻辑等方面出发，重新进行解读，以期获得更深刻的认知。

对组织结构变化产生困惑的企业不在少数。有一位董事长和我说起他做组织调整遇到的问题："刘老师，组织变来变去，无非就是分分合合，也没有更多的花样。但关键是每一次变的时候，不好把握。到底是应该分还是应该合？分要怎么分？合又要怎么合？真正做起来有太多影响因素，不容易啊！"

这个问题很直接，也很现实。

"分"与"合"二字，让一些企业走出了组织的困局，但也让更多的企业折戟沉沙。

美的在这方面积累了非常多的经验和教训，因为在 56 年的发展历程中，分分合合的组织变革数不胜数。所以，我就从分与合的角度，来总结一下美的组织的变化及其逻辑，相信可以给你提供一些参考和借鉴。

从大的时间尺度上来看，美的分分合合的组织变化如图 1-2 所示，可以分成 5 个阶段：集权统合、由合到分、上合下分、扁平整合、合旧分新。

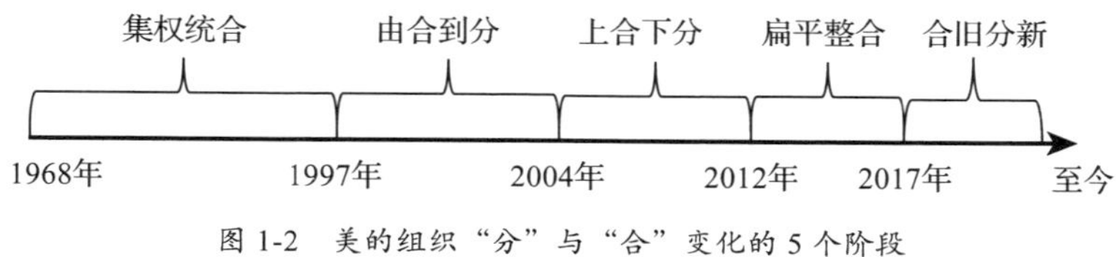

图 1-2 美的组织“分”与“合”变化的 5 个阶段

我们逐个阶段来看。

1. 集权统合，1968 ～ 1996 年

• **企业背景**

美的从 1968 年做塑料瓶盖开始，到 1980 年之前，长期处于生产自救阶段。

1980 年生产电风扇（简称“风扇”），正式进入家电领域。1985 年，进军空调行业。1992 年，借助改革春风进行股改。1993 年成功上市，跳出乡镇企业局限，走上现代企业发展的快车道。

这一阶段，是美的艰苦创业和实现上市的阶段，是从无到有、从小到大的初始阶段。

• **结构变化**

从 0 到 1，在组织结构变化上，自然是巨大的。

从最早 1968 年 23 人成立的“北滘街办塑料生产组”，到 1975 年转为公社企业，到 1980 年变更为“顺德县美的风扇厂”，再到 1986 年初步形成直线职能制结构（见图 1-3），1992 年股改后，又形成股东大会下相对规范的直线职能制结构（见图 1-4），此后几年直到 1995 年组织结构都没有做太大的调整。

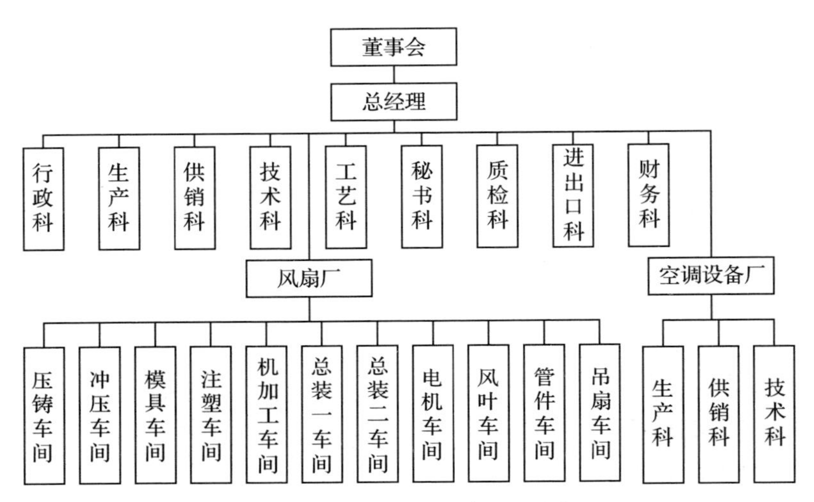

图 1-3 美的集团 1986 年组织结构

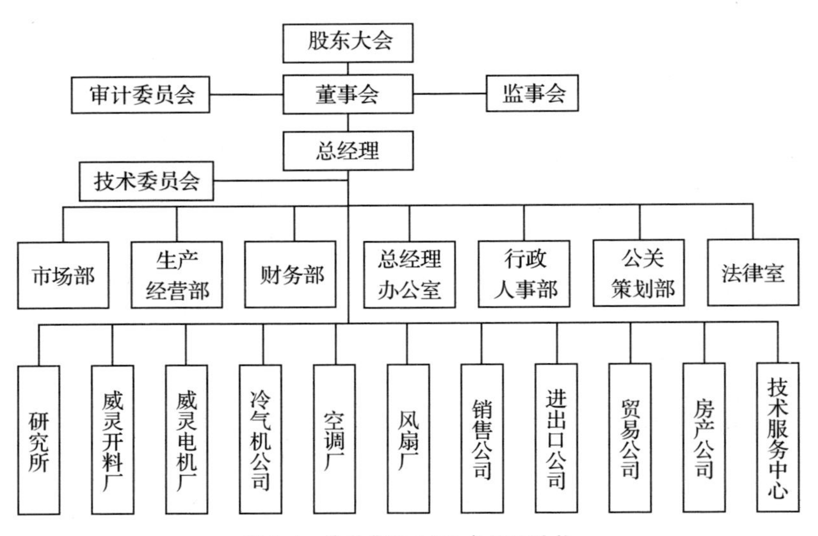

图 1-4 美的集团 1992 年组织结构

虽说这一阶段组织结构的变化是巨大的，但这仅仅是指部门与层级的数量变化。如果从组织的底层控制来看，不论是上市前还是上市后，其集权统合的组织设置是没有发生根本变化的，“统购统产统销”的本质也是不变的。

简单来说，这一阶段是“合”的做法。

- **组织逻辑**

初创企业的组织逻辑往往都是“一切行动听指挥”，老板就是指挥中心。这种组织管理的思路遵循从上至下、指挥官式的逻辑。从最早的老板全权负责，到不论大事小情老板都通过直线职能制的组织来形成控制，并进行最终决策，这种方式在企业初创期往往能带来决策高效、反应迅速的效果。

美的在这一阶段所采取的集权统合的组织结构，也是这种组织逻辑的产物。

2. 由合到分，1997 ～ 2003 年

- **企业背景**

1993 年的成功上市为美的带来了连续 4 年的高速发展，企业规模从 1992 年的 4.87 亿元，飞速增长到 1996 年的 25 亿元，4 年增长 4 倍多。

然而，规模的快速增长带来了新问题：不断增加的产品品类，让原有的集权统合的组织管理模式开始失效。

为什么这么说？原因有三。

○ **品种激增**：1996 年，美的已生产包括空调、风扇、电饭煲在内的五大类产品，品种多达 1500 多个，大一统

的集权管理无法兼顾多元化的品类。

- **责权失灵**：当时美的有1万多名员工，所有部门事无巨细，都向何享健一人汇报，等待何享健一人指示。集团总部既是决策中心，又要直管生产、经营及全面协调。何享健作为一家之主，事事亲力亲为，但下面人却不担责，不主动解决问题，各部门之间相互推诿，整个责权体系失灵。
- **经营下滑**：1996年，美的的空调业务从行业前三下滑到第七。1997年，美的电器的营收从上一年的25亿元下跌到21.8亿元，而且当年利润仅来自一些投资收益。

经过分析，何享健找到了要害所在，“企业大了，整个体制不适应，也是大企业病，体现了高度集权，但没效率，下面没动力、没压力、没激情”。

- **结构变化**

“高度集权”成了症结所在，实施分权管理的事业部制就势在必行。

随着何享健力排众议地全力推动，事业部制改革在1996年进行了试点，美的合并小家电公司和电饭煲公司，成立小家电事业部，空调、风扇厂暂时不变。

1997年，事业部制改革全面推行。

从原来大一统的集权统合模式，改革成分权的事业部制模式，美的形成了以产品为中心的空调、风扇、电饭煲、电机、小家电五大事业部（见图1-5）。

之后几年，随着多元化品类的不断增加，各事业部名称几经变化，由合到分的事业部制组织模式成了这一阶段的主导。

例如，2002 年 6 月，家庭电器事业部“一分为四”，分拆为风扇、电饭煲、饮水机、微波炉四个事业部；2002 年 10 月，冰箱事业部从空调事业部中拆分出来；2002 年 11 月，洗碗机公司从厨具事业部分离出来，独立运作；2003 年，厨具事业部分拆，部分产品与日用电器公司的产品进行整合，成立厨具公司、日用电器公司、热水器公司；同一年，空调事业部从股份公司独立出来，成立制冷事业本部，同时将空调事业部分拆，分别成立家用空调事业部、商用空调事业部，各自独立运作。

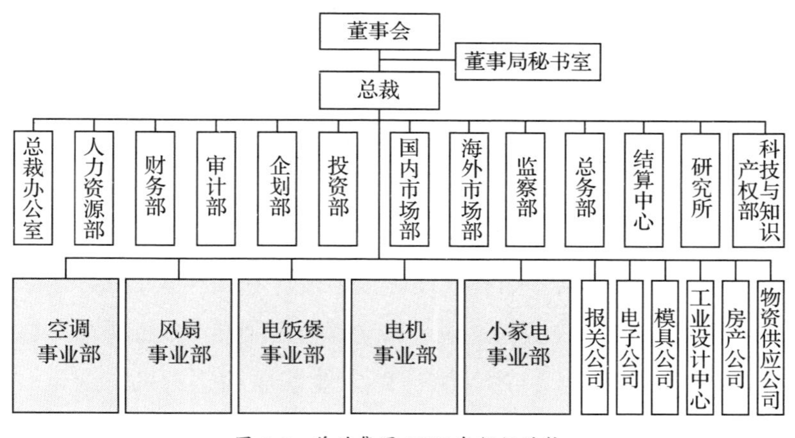

图 1-5　美的集团 1997 年组织结构

虽然在 2003 年，集团层面已经成立了股份公司本部、制冷事业本部、威尚本部，出现了整合管理的迹象，但这很大程度上是基于上市公司“三分开”的监管要求，而不是出于整合管理的目的，所以总体来说，这一阶段还是以细化分拆、深化分权为主旋律。

从规模增长来看，美的电器营收在1997年为21.8亿元，2000年达到88亿元。而美的集团整体营收在2000年突破了100亿元，2003年达到175亿元。可以说，不断分拆的事业部制组织不仅立见成效，而且让美的实现了连续多年的快速增长。

• **组织逻辑**

这一阶段由合到分的结构变化，主要是多元化战略下的高速发展催生而成的。

先是由集权的统一管理，转变为分权的事业部制管理，再将大事业部进一步分拆为小事业部，不断划小经营单元，并同步下放经营管理权，实现了每一个经营主体的责权利明确、研产销一体，不仅更加贴近市场，而且这种独立核算、独立经营的分权做法极大地激发了下面的经营活力，支撑了多元化的发展战略。

在将日常经营权进行下放后，集团将更多的精力放在治理结构、管理机制、品牌建设等顶层设计和长远发展上。

为了保证分权后的事业部能够顺畅运作，《分权手册》在这一时期应运而生，这是事业部制能够成功运行的"法宝"，是由合到分的组织逻辑发挥作用的重要支撑。关于分权的内容，我们在第二章中还会详细介绍。

3. 上合下分，2004～2011年

• **企业背景**

从1997年到2003年，分权的事业部制改革使得美的突破了组织管理瓶颈，一路高歌猛进。然而，事业部制并不是

万能的，同样会有相应的弊端。

如图 1-6 所示，到 2003 年的时候，股份公司本部下属经营单位多达 11 个，如果再加上制冷事业本部的家用空调、商用空调、冰箱等经营单位，以及威尚本部的物流、房产、电工材料等独立公司，整个美的的经营主体超过 20 个。

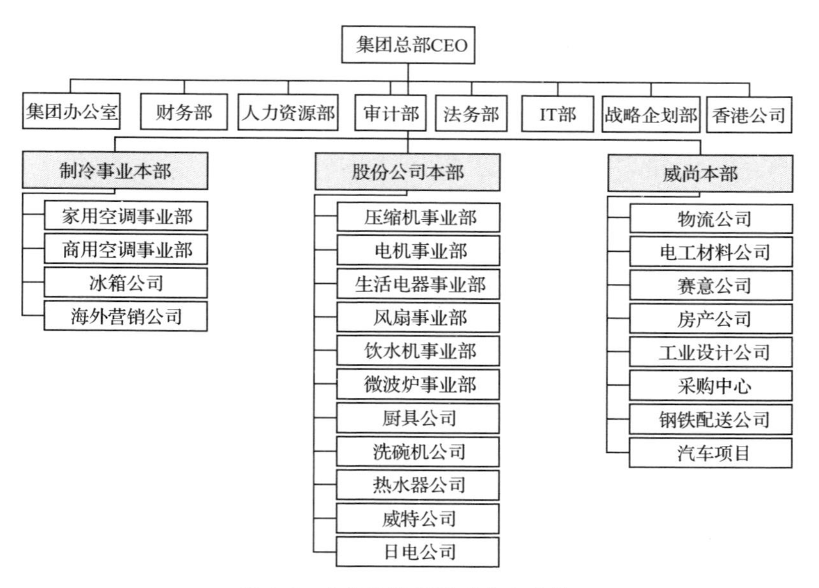

图 1-6 美的集团 2003 年组织结构

虽然，美的由于非常重视机制建设与职业经理人管理，内部并没有出现明显的“山头主义”“藩镇割据”等诸侯文化，但是主体众多、资源分散、协调困难、管理复杂等情况日益严重，集团管理成本远超从前。

在保持事业部继续扩张的同时，解决综合统筹、产业规划、资源共享等横向管理问题，成了组织变革的方向。

- **结构变化**

2004年，在集团总部层面，美的做了大范围的组织变革，撤销了威尚本部，并按照产业发展的思路，在原来制冷事业本部和股份公司本部的基础上，正式成立4个二级产业集团，分别是制冷家电集团、日用家电集团、电机事业本部、房产事业本部（见图1-7），并将原下属各经营单位重新划分至相关二级产业集团。

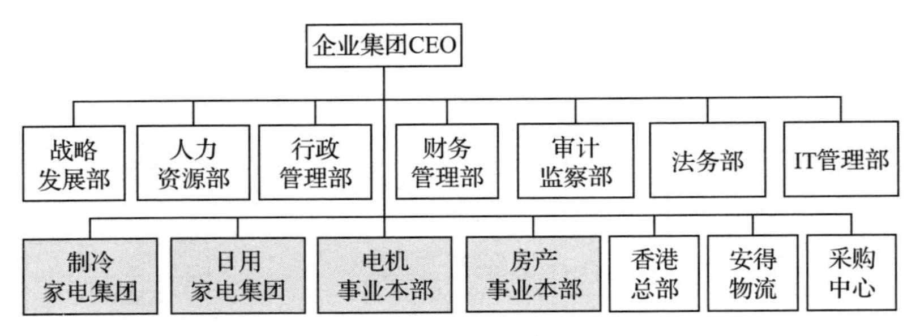

图1-7 美的集团2004年组织结构

二级产业集团成为企业集团的下设管理平台，之后电机事业本部和房产事业本部进一步演变并分别更名为机电装备集团和地产发展集团。

2004～2011年，在集团层面进行产业整合的同时，每个二级产业集团之下的事业部依然保持了分拆扩张、持续做多的态势。例如，制冷家电集团通过收购无锡小天鹅，形成洗衣机事业部；日用家电集团从生活电器事业部中分拆成立精品电器事业部；机电装备集团按照电机品类形成空调电机事业部、洗涤电机事业部、清江电机事业部，并收购正力公司。整体组织结构如图 1-8 所示。

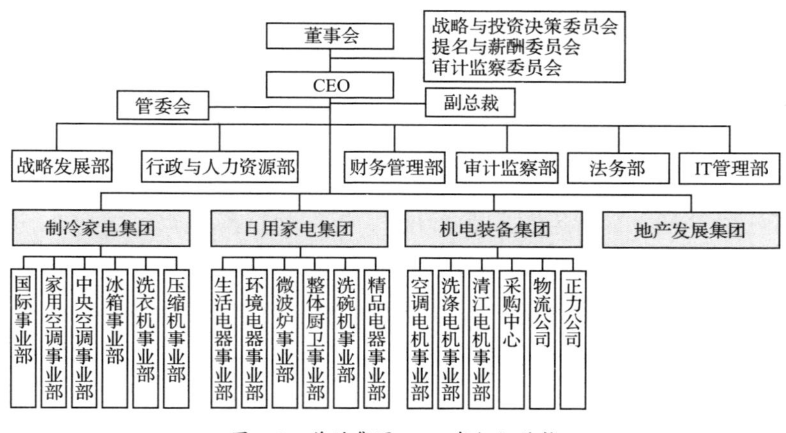

图 1-8　美的集团 2008 年组织结构

这一阶段集团整体营收规模依然实现了高速增长，2004 年突破 300 亿元，2010 年突破 1000 亿元。

- **组织逻辑**

上合下分的组织结构调整，其内在逻辑是确定不同管理层级的组织定位和发展方向。

通过这一阶段的运作，企业集团层面向二级产业集团放权，二级产业集团则向三级经营单位收权，从而形成了一级集团做大价值、二级产业集团做大产业、三级经营单位做大市场的新的组织定位和管理模式。

对企业集团来说，二级产业集团的设立减轻了集团总部对众多经营单位的管理压力，在二级产业集团内部实现统筹管理和协调一致，也在一定程度上克服了事业部各自为政的弊端。而二级产业集团也正是在“做大产业”这一组织定位之下，才会不断加快扩张和分拆的步伐。

4. 扁平整合，2012 ～ 2016 年

- **企业背景**

二级产业集团，这种管理平台的组织设置从 2004 ～ 2011 年走过了 7 个年头，为美的的产业扩张和发展做出了巨大贡献，不仅助力美的实现了千亿元规模的突破，也为之后美的置业的独立发展上市创造了有利条件。

但是这种产业管理平台到后期出现了两个新问题：一是，二级产业集团间的资源共享、横向协同出现割裂；二是，二级产业集团的管理变得越来越重，四个二级产业集团再加上企业集团，仅集团级的管理班子就有五套人马。内耗变大，管理成本急剧上升，不断分拆增多的事业部，也使各自为政的情况日益严重。

从外部来看，虽然 2010 年美的营收突破千亿元，2011 年更是达到 1340.5 亿元，但实际上家电行业跑马圈地的时代结束了，猛冲猛打的野蛮增长模式开始失效了，美的面临着利润率不断下降的局面。

为了应对变化的外部环境，改变原有的发展模式，方洪波在 2012 年正式执掌美的之后，推动了前所未有的战略转型，从追求规模转向追求利润、追求经营质量。

- **结构变化**

在“一个美的、一个体系、一个标准”的战略要求下，

美的进行了有史以来最大规模的组织变革，整体方向是扁平整合。

具体操作上，取消了四个二级产业集团，大幅缩减集团总部职能部门，合并甚至裁撤下属经营单位，建立以产品和用户为中心的“小集团、大事业部”的组织模式。

为强化资源共享与协同，除保持原有的物流、采购、国际平台以外，先后成立了不同性质的业务整合平台，如金融、电商、客服、创新平台等，最终形成了“789”的组织结构：7 个业务平台、8 个总部职能、9 个事业部（见图 1-9）。

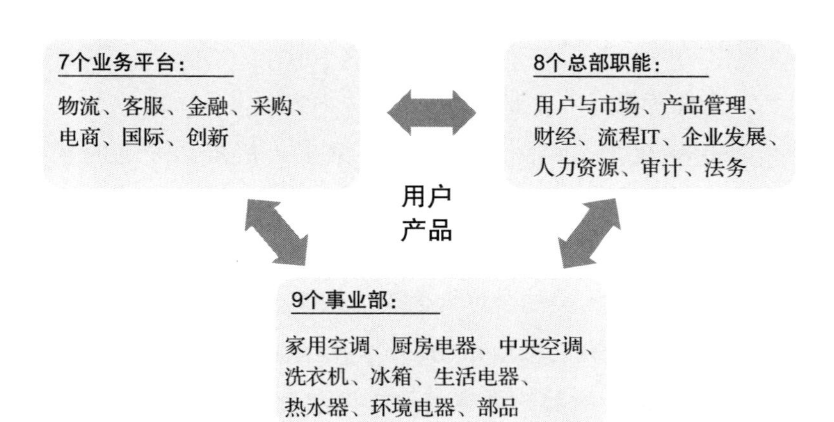

图 1-9　美的集团 2015 年“789”组织结构

• 组织逻辑

杰克·韦尔奇说过：“管理层次就像羊毛衫，当你穿了好多件时，你就不知道外面到底冷不冷。”美的这个阶段的管理层次明显比之前要多。

扁平整合的组织变革，首先要压缩管理层级，提高管理效率，降低管理成本，加快反应速度；其次要统一管理标准，加强业务协同，通过多个业务平台的逐步组建，在价值链上不断进入到事业部的业务运作环节中，打破事业部间沉积已久的组织壁垒，消除各自为政的亚文化管理方式，真正形成一体化的管控、协同与合力。

这一阶段，为保证扁平整合的组织逻辑能够发挥作用，美的在流程管理、干部管理、数字化建设、考核激励、文化再造等多个方面，同步做了艰苦卓绝的努力和转型。

5. 合旧分新，2017 年至今

- **企业背景**

在层级过多、组织复杂、SKU 繁多、扩张无序的时候，进行强有力的收缩整合，以退为进是有效的，因为退一步是为了进两步。在完成扁平整合的一体化管控之后，如何推动再次增长，就成为美的必然要面对的问题。

一方面，原有的家电市场已经从增量竞争走向存量竞争。另一方面，企业内部的降本增效可以改善盈利情况，但不能解决增长问题。因此，美的除了加强原有家电产品的智能化、数字化改造以外，将目光从 To C 转向了 To B，通过一系列收购兼并，先后进入了机器人与自动化、楼宇电梯、新能源、IoT、医疗等领域。

- **结构变化**

原有以家电为主的组织结构已经无法支持新业务的发展。

美的在2017年年报中正式提出了4大业务板块：消费电器、暖通空调、机器人与自动化系统、智能供应链（即物流业务）。2019年4大业务板块演变为：消费电器、暖通空调、机器人与自动化系统、数字化业务，最主要的变化是将智能供应链升级为数字化业务。2020年12月，4大业务板块进一步扩大为5大业务板块：智能家居事业群、机电事业群、暖通与楼宇事业部、机器人与自动化事业部、数字化创新业务。之后，机电事业群更名为工业技术事业群，暖通与楼宇事业部更名为楼宇科技事业部。

5大业务板块中，原来以To C为主体的家电品类各事业部被全部放进智能家居事业群，并不断进行各种整合：将厨房电器事业部的洗碗机、油烟机、灶具、消毒柜等品类并入热水器事业部，形成厨房和热水事业部；将清洁电器事业部与微蒸烤事业部（原厨房电器事业部）合并成为微波和清洁事业部；将环境电器事业部并入生活电器事业部；将美的国际（MIB）、东盟和印度业务整合成为新的美的国际；将电商中心、国内运营中心、工程公司整合成为中国区域。

通过这一系列的动作，原有家电业务不论是在品类上，还是在国内市场和海外市场的运作上，都朝着整合的方向大幅迈进，这也是我把这一阶段称为“合旧分新”中“合旧”的原因。

说完“合旧”，我们再来看“分新”。

除智能家居事业群以外，其他4大业务板块全部聚焦在To B领域，也是美的重点开拓的第二增长曲线，其中既有衍生独立出来的公司，如空压产品公司、冰压产品公司、美垦半导体公司、美仁芯片公司、安得智联、美云智数、美智光电等，也有收购兼并形成的新业务，如库卡机器人、以色列高创、合康新能、菱王电梯、万东医疗等。对比 To C 板块下家电业务的不断整合，这些在 To B 板块下的业务则以崭新的方式开枝散叶、分而治之。

同时，集团职能部门也在原有基础上强化了品质与智能制造、数字化、供应链管理等职能。在协同平台上，通过中央研究院、软件工程院、AI 创新中心等组织的设立，进一步加强了数字化和科技属性。这些分别成立的组织，也都是针对新业务发展、新管理要求的结构变化。

至此，包含经营主体、协同平台、集团职能三大部分在内的整体组织结构正式形成了，如图 1-10 所示。

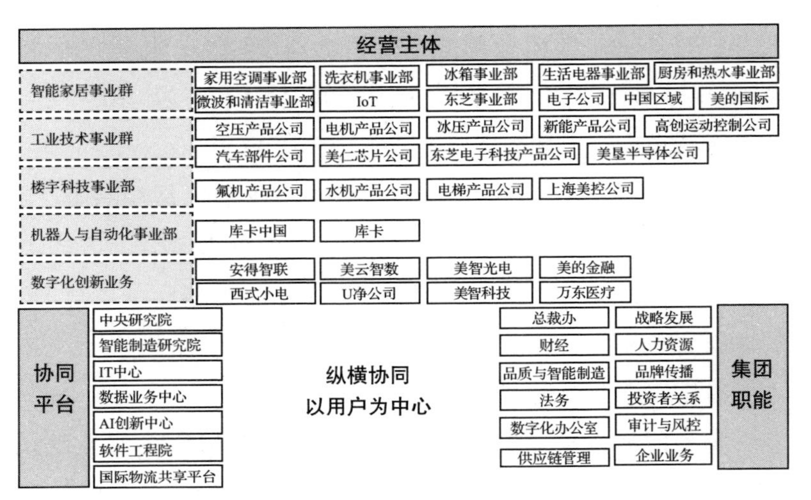

图 1-10 美的集团 2022 年组织结构

- **组织逻辑**

在当前的外部环境下，美的发展多年的家电业务，其整体市场的增长速度在这一阶段已经明显放缓，因此在内部组织层面不应再继续分拆扩张，而更多应从资源共享、降本增效的角度进行快速调整，所以美的原有家电业务的整合是符合环境变化的。

作为第二曲线的 To B 业务，其业务逻辑和管理逻辑与 To C 业务迥然不同。克里斯坦森在《创新者的窘境》中，对于如何成功开启第二曲线给出了他的解决方案："除非成立了在组织结构上，完全独立的机构来设计新业务和新产品，否则原有成熟企业将遭受重创。"美的将新开拓的 To B 业务与原有家电业务完全隔离开来，并分成四个板块，而且由不同的产品公司来独立运作，各自赛马。这些做法正是暗合了克里斯坦森关于成功开启第二曲线的组织逻辑。

目前来看，美的有些 To B 业务已经取得了不错的进展，有些还在寻求破局。总体而言，合旧分新的做法就是要为新业务的发展创造组织土壤。

内容小结

正所谓，合久必分，分久必合。美的 5 个阶段分分合合的组织变革确实符合这一历史规律。

美的从最初的集权统合，走向由合到分，再到上合下分，以至扁平整合，直至当前的合旧分新，一直没有停止过“分”与“合”的脚步。

只是分要分得好、合要合得好，除了要看到结构上的拆分合并之外，更要看到不同背景下的组织逻辑，因为其中的关键不在于管理动作，而在于管理思考。

美的每个阶段的结构变化都是在解决当时的突出问题和主要矛盾，并为未来的战略发展提供组织支撑。

第三节 事业部制组织如何发展演变

谈美的组织结构的变化，事业部是绕不过去的话题。

创始人何享健曾说，“没有事业部制，美的就没有今天良好的发展局面。”

美的事业部从 1997 年诞生直到今天，已经走过了 27 年，始终在不断地发展演变，也因此支撑了美的成长为营收规模近 4000 亿元的头部企业。

1. 事业部制组织演变的 5 个阶段

从事业部制组织演变的历程来看，美的走过了 5 个大的阶段，分别是事业部诞生、事业本部、超事业部、大事业部、事业群（见图 1-11）。

这 5 个阶段听上去有些相似，好像在玩概念，但真没有一个是我故意编出来的。这些说法或是美的正式使用过的名称，或是最高决策者的提法，可以说都是美的发展到不同阶段的组织产物。

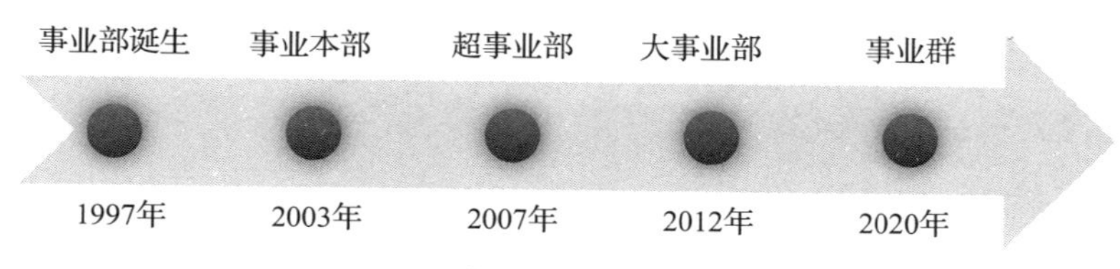

图 1-11　美的事业部制组织演变的 5 个阶段

我们还是逐个来看一下。

（1）**事业部诞生。**

美的事业部的诞生不是顺风顺水时的先见之明，而是危机倒逼下的无奈之举。

美的在成立之初和很多企业一样，也是采取集权的直线职能制组织形式，哪怕是到 1992 年股份制改造，1993 年实现上市，仍然如此，在组织管理模式上并没有本质的改变。不过美的确实按照上市公司的要求，进一步理顺了管理层次，公司各业务和职能部门设置得更加规范和完整了（见图 1-12）。

随着品类的增加、产品线的增多、人员的扩张、部门的扩充，整个组织的效率开始变得越来越低。销售部门、生产部门、职能部门之间出现严重的责权不清和脱钩问题，大家都直接对集团负责，集团总部承担着决策中心、利润中心、管理中心的多重角色。大到发展规划，小到车间物料，事无巨细都要等集团总部来拍板、推动和协调。用何享健本人的话来说，这种状况的症结就在于公司“外部实行市场经济，内部实行计划经济”。

内部管理问题频出，外部同样危机重重。

美的整体营收下降，利润骤减，空调业务市场地位下滑，至于当时“美的要被科龙收购”的传言也并非空穴来风。这些都造成内部人心惶惶。

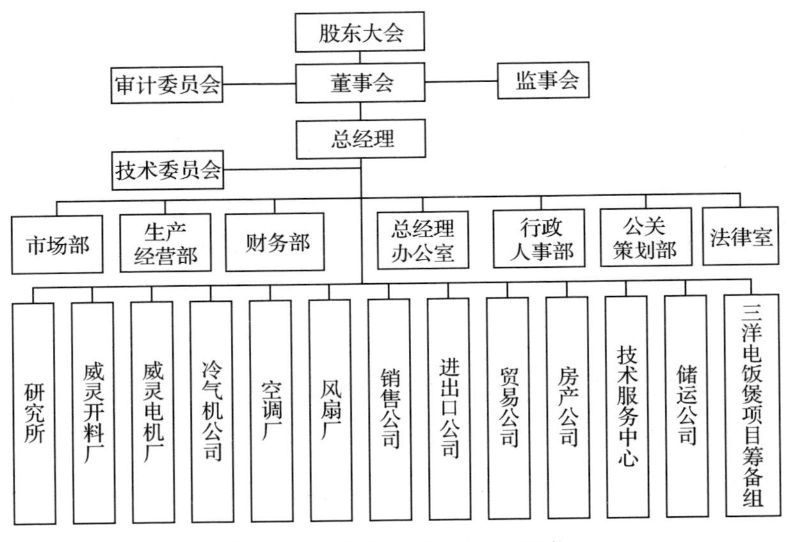

图 1-12　美的集团 1993 年组织结构

在如此困局之下，美的要想破局而出，除了自我改革，别无他法。而自我改革的方向和做法，最重要的就是改变组织管理模式，让原来的高度集权变成分权授权，让老板一人负责变成多个“老板”负责。

事业部制，就是何享健找到的组织问题解决之道。

通过事业部制，可以把权力分下去，可以把经营责任分下去。通过事业部制的独立核算，也就可以让各事业部自主经营、自我驱动，不用再等老板决策。何享健曾这样评价当时的事业部制改革：“美的只有搞事业部才有出路，事业部是美的必须要走的一条道路。”

所以，美的在1996年年底完成试点之后，于1997年7月全面推行了事业部制改革，成立了空调、风扇、电饭煲、电机、小家电五个事业部，相应的组织结构图在上一节图1-5中已经有展示。

至此，事业部制正式登上美的的历史舞台，并成了最核心的组织管理模式，迄今未变。应该说，后面四个阶段的演变，都是在这个组织底盘上的不断发展。

事业部制改革立竿见影，美的业绩开始一路攀升，到2000年的时候，上市部分美的电器的营收达到88亿元，整个集团更是标志性地突破了百亿营收大关。

（2）**事业本部。**

美的最早出现“事业本部”是在2002年8月，是由规模最大、子公司最多的事业部——空调事业部率先推行的。空调事业部在内部成立了三个本部：国内营销本部、海外营销本部和制造本部，将原来下属子公司相对分散的业务和职能，以本部为中心进行统一管理（这里特别说明一下，只是当初在空调事业部率先尝试时，才出现了事业部下面设立事业本部的特殊情况）。

2003年，集团在空调事业部的基础上又成立了制冷事业本部，直属集团管理。新成立的制冷事业本部由方洪波担任总经理，下设四个经营单位，分别是家用空调事业部、商用空调事业部、冰箱公司、海外营销公司，其目的是构建大家电产品的发展平台。

制冷事业本部的成立，意味着美的开始出现了产业管理的雏形，这也为不久之后成立二级产业集团打下了基础，不过这是后话，我们到了第三阶段的“超事业部”再细说。

在制冷事业本部调整大家电品类的前后时间里，集团所辖的两大组织也在不断变革。一个是股份公司，先后将下属的家庭电器事业部、厨具事业部进行了分拆和重组；另外一个是在上市公司“三分开”要求下成立的威尚集团，将未上市部分如物流、工业设计、房产、电工材料等公司，统统纳入其下管理。股份公司和威尚集团也同步更名为“股份公司本部”和“威尚本部”。这样就形成了三大事业本部，并各有产业侧重。

制冷事业本部是发展大家电的产业平台，股份公司本部是发展小家电的产业平台，威尚本部是非家电产业的管理平台。当然，正如前面所说，这是产业管理平台的雏形，还处于不断地调整之中。

2004 年年底，集团又进行了大范围的升级调整：制冷事业本部升级为制冷家电集团，股份本部升级为日用家电集团，威尚本部被撤销，电机事业部升级为电机事业本部，房产公司升级为房产事业本部。

从这样的结构调整中，我们能看到“事业部升级为事业本部，事业本部升级为产业集团”的二级平台组织管理趋势，这样的趋势直到 2007 年真正演变成形。

（3）**超事业部。**

美的“超事业部”的说法，最早是由现任董事长方洪波在 2007 年提出来的。

当时何享健所辖的企业集团，与方洪波等人所管理的二级产业集团，在管理职能上存在交叉重叠的现象。企业面临着进一步清晰职责分工的问题。

按照方洪波在2007年所描述的情况，“集团要向‘投资控股型主体’转型，逐渐剥离过去与二级平台相重叠的经营性功能，塑造超事业部结构”。

何享健在2006年上半年明确提出了“五个能力”的提升，即系统创新能力、经营管控能力、资源整合能力、资本运营能力、文化融合能力，随即拉开了新一轮变革的序幕。

集团总部根据产业属性，对二级集团的经营范围重新进行改组，除了原有的制冷家电集团和日用家电集团以外，在美芝合资公司、电机事业本部、威特机电事业部、物流公司、采购中心、客车公司、清江电机公司的基础上成立了机电装备集团（2007年下半年又收购了广东正力公司）；同时，将房产事业本部升级为地产发展集团，把君兰项目公司、海岸项目公司、高尔夫公司、物业公司等单位与新成立的容桂项目，一起归于地产发展集团统一管理。

由此形成了制冷家电集团、日用家电集团、机电装备集团、地产发展集团等四个二级产业集团，企业集团向二级集团“放权”，二级集团向三级事业部“收权”。

事业本部由此退出美的历史舞台，取而代之的是二级产业集团（即二级平台）的全面成立（见图1-13）。

这样就形成了一级集团做大价值、二级集团做大产业、三级事业部做大市场的新的组织定位和管理模式。

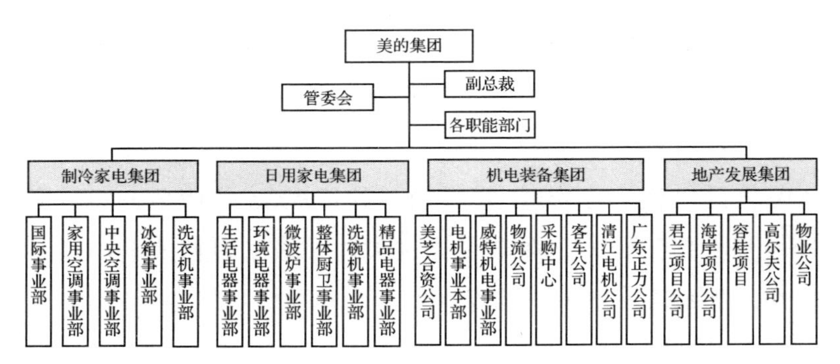

图 1-13　美的集团 2007 年组织结构

关于美的二级集团，实际就是前面方洪波所说的“超事业部”。这是通用电气最早在 20 世纪 70 年代形成的一种组织管理结构，后来成为组织管理学上大型企业的一种组织管理模式。

美的超事业部的出现解决了一级集团与二级集团的管理定位与职责分工问题，有助于美的在产业集团内部进行更灵活和更有力的管控与协调。

这一阶段，美的依然保持了高速增长，营收从 2007 年的 750 亿元增长到 2011 年的 1340.5 亿元，人员规模达到历史最高的 19 万多人。

高速增长之下，危机也在逐步累积。

（4）**大事业部。**

超事业部的组织结构带来了二级产业集团的管理灵活，也带来了二级平台内各事业部的大量扩张。

美的突破了千亿元规模，却大而不强，主要体现为利润下滑、组织膨胀、人员扩张、无效投资增多、亚文化泛滥……一句话，大企业病再次严重出现。

超事业部的组织结构经过5年的发展扩张，在推动企业规模增长的同时，越来越成为沉重的管理负担。

2012年，方洪波正式接管美的大权，开始进行艰难的战略转型，从追求规模转为追求利润、追求经营质量，同时明确了“一个美的、一个体系、一个标准”的战略要求，明确提出并实施了“小集团、大事业部”的组织方式，推动了美的有史以来最大规模的组织变革。

组织变革的第一大动作，就是取消了二级产业集团，这就意味着改变了超事业部的组织管理方式。然后，大幅缩减集团总部职能部门，并将下属近20个事业部和部分经营单位进行了大范围整合，将其合并成11大事业部（见图1-14）。

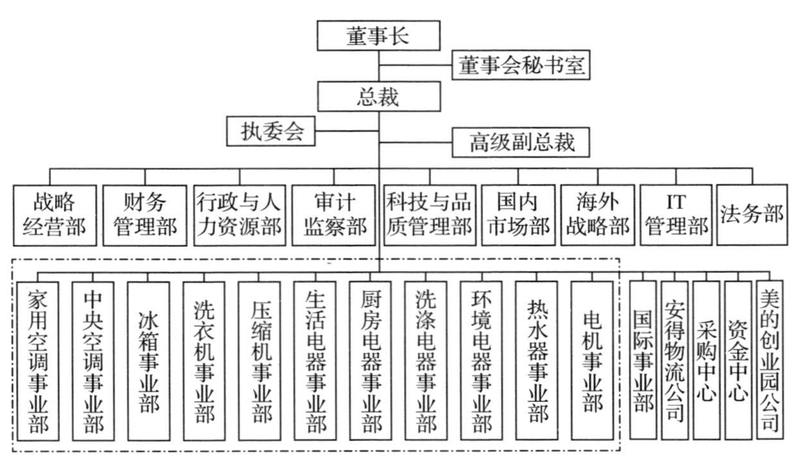

图1-14　美的集团2012年年底“小集团、大事业部”组织结构

注：11大事业部特指11个产品经营型事业部，国际事业部属海外业务管理平台，因此未纳入其中。

从超事业部走向大事业部，一方面缩减管理层级、提高组织效率，另一方面整合产品品类、消减组织内耗。从超事业部走向大事业部是美的应对组织熵增的壮士断臂，也是美的不断变革、自我否定的企业家精神的体现。

随着“小集团、大事业部”的管理变革，美的实现了组织的扁平化，支撑了当年的战略转型。正所谓轻装上阵，“轻装”是为了更好地“上阵”，“轻装”后的美的开始再次攀向更高的山峰。

（5）**事业群。**

2017 年，美的营收规模突破 2000 亿元。2021 年，美的营收规模突破 3000 亿元。

美的事业群是规模大幅增长和产业领域不断扩张后逐步形成的。

美的出现“事业群”的说法是在 2020 年，To C 所有大小家电品类从消费电器业务升级为智能家居事业群。

同时，以压缩机和电机产品为主的部品部件类统称为机电事业群，后来又更名为工业技术事业群。

原中央空调业务不断扩大业务范围之后，又收购菱王电梯，成为在楼宇和公共设施领域提供能源、暖通、电梯、控制等产品及全套解决方案的暖通与楼宇事业部，后进一步更名为楼宇科技事业部。

美的在收购德国库卡的基础上，成立了机器人与自动化事业部，重点围绕未来工厂相关领域，包括工业机器人、物流自动化系统及传输系统解决方案等。

在内部数字化转型的基础上，美的形成了数字化创新业务，包括为企业数字化转型提供软件服务、无人零售解决方案和生产性服务等。

以上就是美的目前的五大业务板块。

在这五大业务板块中，智能家居和工业技术两大业务板块不仅规模庞大，而且已经具备多事业部、多行业、多品类的特点，所以升级形成了事业群。楼宇科技、机器人与自动化两大业务板块，由于其规模尚有差距，且相比之下行业和品类还不算太多，仍称之为事业部。数字化创新业务，虽然公司数量不少，但都规模偏小，主要作为新产业培育和发展，可以称之为公司，还不能称之为事业部。

美的当前的事业群不同于之前的事业本部和超事业部，虽然由集团副总裁分管，但并没有在事业群层面形成固定的管理层级和完整的职能部门，所以业务板块的归口属性更多，管理属性则偏弱，这也是为了避免再次出现之前管理层级增多和组织结构庞大的弊端。不过可以想见的是，随着其他三大板块的业务增长，未来很有可能会出现新的事业群，到了那时，美的必然又会形成新的集团管理架构，以支撑更多业务、更大体量的发展。

2. 三定三分三步走，让事业部落地

通过美的事业部制组织的发展演变，你会看到这些年下来，美的陆续组建了众多的事业部，并且大多数都实现了成功运作。你一定会好奇，为什么有些企业采取事业部制最后

以失败告终，但美的的事业部制组织却能成功落地？

其中并没有什么庞大的模型或复杂的方法论，因为不论是事业部的分拆合并，还是成立新的事业部，美的逐步形成了一套相对固定、简单易行的打法，而且执行得很彻底，也越用越熟练，我将其总结为“三定三分三步走”。

三定：定人、定组织、定目标。

三分：分权、分钱、分场地。

三步走：三定三分不是依次进行的，即不是做完三定再做三分，这六大事项是按照三个步骤组合推动的。

下面来展开说明。

（1）**三定。**

• **定人**

定人，首先要确定事业部的总经理。

总经理人选的合适与否，可以说在50%甚至更高的程度上决定了事业部能否成功落地，这也是为什么要把定人放在第一位。

那么，什么样的人可以成为总经理人选？

四个方面：对目标渴望、对市场敏感、对管理上心、对产品熟悉。要强调的是，这四个方面，我已经按重要程度排好了优先顺序。

首先，事业部总经理需要从内心愿意挑战高目标。不敢承担重任的人，不论能力有多强、经验有多丰富，美的都不会予以重任。

其次，因为要直面市场竞争，这个人还需要具备市场敏感力。所以，我们遍数美的众多事业部总经理，会发现80%以上都出自营销体系。

再次，这个人要有带过团队的管理经验，对内部管理提升有要求。也就是说，不仅自己能力强，还要能用人，能推动团队做事。

最后，对自己事业部的产品能做到快速熟悉。如果是从事业部内部提拔起来的，自然不存在这个问题，不过之所以将这一点放在最后，是因为从美的的实践来看，很多总经理的任命会涉及跨事业部的升迁和调动。总经理在上任之初很难说对产品熟悉，但这不影响他们担任总经理，他们有一个共同点，就是能做到对产品快速熟悉。

如果能一上来就满足四个方面的条件，那是最好的。不过这种情况比较少见，多数情况是至少先满足前两个方面的条件，后两个方面通过实战和培训来提高。

定完总经理，就要定事业部的核心经营管理班子，在美的叫“管理委员会”（简称管委会），由其负责事业部重大事项的商议决策。管委会人数不多，包含总经理在内一般有5～7人，通常有销售负责人、研发负责人、财务负责人、营运与人力资源负责人等，其他部门负责人视情况入选。

- **定组织**

定组织，有三件事要做。

第一，确定事业部一级组织结构和负责人，由总经理与其他管委会成员共同商议确定，当然最后要报集团审批。

第二，各一级组织负责人确定内部二级组织设置，层级和区域多一些的，还会涉及三级甚至四级组织，通常发生在制造和营销体系。

第三，人力资源部牵头，各部门参与，梳理确定各级组织的关键职责，主要是为了明确彼此的责任分工，避免管理重叠和管理真空。

- **定目标**

定目标不仅仅是定营收、利润的那几个数字，更是制定事业部未来三年的战略规划，包括三年总体规划和目标、第二年经营计划、第二年经营预算、各部门的工作规划。

定目标在美的是很重要的事，因为这个目标不是拍脑袋拍出来的，而是要能分解形成清晰的经营计划、明细的年度预算，最终拿来进行考核，并与激励挂钩的。

在事业部建立初期，可以考虑设置两到三个台阶的目标，比如保底目标、奋斗目标、冲刺目标，这样一方面保证事业部团队有个“跳一跳、够得着”的奔头，另一方面推动事业部不断挑战更高的目标。

只有有了明确的目标，事业部才知道自己的努力方向和达成标准。

（2）**三分**。

- **分权**

分权在很多企业做得都不够好，我就见过有刚实行事业部制的企业，老板只是口头上和事业部总经理说了基本的分工，一碰到具体的事情，不论事业部总经理还是核心团队成员，都会习惯性地向上请示。这一方面是惯性思维作祟，另一方面也是一上来不敢太“造次”，认为多请示老板总没错。请示的多了，就又不自觉地走回了老路。

还有另外一种相反的情况：不少新成立的事业部总经理认为，既然任命我做总经理，那事业部的所有事情都应该由我做主，总部不要动不动就插手。

这两种情况都是有问题的。

对于事业部的权限分配，不能走这两个极端，而是要逐项明确权限。哪些权限可以下放，哪些权限必须总部审批，都要有白纸黑字清晰界定。美的会正式下发《分权手册》，而且每半年还会动态调整，以保证权限的分配既不影响事业部日常运作，保证其活力和效率，也有利于控制管理底线和经营风险。

- **分钱**

分钱的事，不能含糊。

分钱的基本原则要和事业部的目标强挂钩。这也是为什么在前面要先把事业部的目标确定下来。而且所有激励的设计，特别是浮动薪酬的部分，要基于事业部目标的完成度来确定。

总体目标是什么，绩效考核中的关键绩效指标（KPI）是什么，每一项 KPI 的目标值是多少、权重是多少，完成 100 分后业绩奖金是多少，低于多少分是底线，超额完成奖励怎么算，总经理占多少，管委会成员占多少，整个团队占多少，等等。这些都要清清楚楚地设计出来，并和事业部团队达成一致，目的就是要做到真正激励事业部去为目标拼搏。

这个部分，在美的是以年度经营目标责任制来体现的，不论是集团考核方，还是事业部被考核方，大家都能清清楚楚地算出来，不存在模糊地带和过多的解释空间。

正所谓，利益说清楚了，很多事就好办了。

- **分场地**

分场地，有很多人一听，就觉得不是什么大不了的事。

但是在上市公司的“三分开”或“五独立”原则里，如果上市公司的办公场地没有和控股公司分开的话，就可以怀疑它没有做到资产分开，因为办公场所属于资产的一部分。当然，这是从上市公司监管的角度来说的。

对新成立的事业部来说，设置专属场地进行集中办公不仅是仪式感的问题，而且会带来团队的集体归属感，以及工作效率的大幅提升，对于事业部运作有相当大的帮助。

如果只是在发文上或口头上成立个事业部，但是调整后的事业部人员却还留在原地办公，不做场地的分割调整，时间一长，“形”散就很容易导致“神”也散。我在一些企业就见到了类似情况，事业部最后名存实亡。

所以，美的但凡成立一个事业部，不论大小都要进行场地调整，哪怕花费一些基建装修的费用，也要保证事业部集中办公。

（3）**三步走。**

三定三分我们集中说完了，但真正在推动落地时，并不是这个顺序，而是重新组合后分成三步进行。

- **第一步：定人 + 定组织**

前面说了，总经理人选决定了事业部成功的一半，所以定人排在首位。然后，总经理搭建管委会班子，管委会班子成员再共同搭建事业部的各级组织，这样事业部的核心干部与整体组织框架就形成了，就好像盖房子一样，四梁八柱要先立起来。

美的成立一个新事业部，第一份正式发文一定是《关于×××事业部的组织设置与重要人事任命的决定》，由此也可以说明，定人和定组织是放在第一步的。

- **第二步：分权 + 分场地**

在第一步定组织的时候，会明确各级组织的责任分工。正所谓责权对等，责任明确了，就要把相应的权限定下来。不仅集团会明确该事业部的权限，事业部也会根据最新确定的组织，制定内部的《分权手册》。

一边做《分权手册》，一边就可以同步“搬家”了。既要实现集中办公，又要尽量方便各部门的协同运作，比如产品研发与生产部门不能离得太远，否则不利于新品试产；财务和营运人力部门相邻，还要紧挨总经理，以方便日常沟通。

- **第三步：定目标 + 分钱**

人和组织定了，权限和办公场地也定了，看上去事业部似乎可以“开张运作”了？还不行，还缺最重要的一步，就是要确定事业部的目标，包括中长期战略目标和第二年的经营目标。事业部作为一个独立经营体，只有明确了目标，才有奋斗的具体方向。

与目标密不可分的，就是要有相应的激励方案，从而让事业部在有目标的同时，还能够充满动力地去达成，这就是为什么要把这两项放在一起。

把“三定三分三步走”做扎实、做到位，就可以让事业部落地运作了。至于如何推动事业部发展壮大，事业部模式如何扬长避短，我们在运作篇中还会详细展开。

内容小结

美的事业部的组织模式不是为了多元化，而是为了应对多元化；不是把管理变复杂，而是把管理变简单；不是“火车跑得快，全靠车头带”，而是让每一节“车厢”都产生动力，形成“动车组”。

事业部制可以说是美的最重要的组织模式，没有之一；是美的最强大的组织法宝，也没有之一。

事业部制本身并不独特，也不神秘，之所以能在美的发展历程中发挥巨大的作用，主要是因为美的在这一组织模式下，紧紧抓住其本质核心，同时没有一成不变，而是不断根据企业实际，进行了多次变革调整，进而出现了从事业部诞生到事业本部、超事业部、大事业部，以至事业群，这 5 个阶段一路走来的发展演变。

在众多事业部的组建过程中，美的采用“三定三分三步走”的简捷打法，让事业部制组织快速地有效落地。

第四节　结构变化下的深层逻辑

美的组织结构的变化也许已经给你带来一些启发，但这还远远不够。

正如观赏完一个武林高手的全套招式后，我们不能仅惊叹于其武艺的高超，更要知道为什么整套招式这么设计，其心法口诀是什么。这样对我们的帮助才更大。

如果说结构变化是“招式”，那么其深层逻辑就是“心法”。心法比招式更重要，这一节我们就来探究美的组织结构变化下的深层逻辑。

1. 结构变化为哪般

我用5句话来概括美的组织结构变化的深层逻辑：结构是阵型，战略是导向，效率是核心，权力是本质，结果是证明。

（1）**结构是阵型。**

我们常说商场如战场，面对战场的变化，优秀的战队一定能够及时调整阵型，来应对不同的战况。企业的组织结构就是战队的阵型，不断变阵是为了快速应变，打胜仗。

纵观美的分分合合的组织结构变化，犹如一支优秀的战队在不断变阵，以确保企业能够及时应对市场的挑战和机遇。

正所谓“兵无常势，水无常形”，美的在组织结构上，一不固化，二不拘泥，真正做到了灵活多变。不论是对于外部竞争的格局变化还是内部资源的优化配置，美的都会首先通过组织结构的变化，来努力找到最适合的“阵型”做支撑，可谓是“未排兵，先布阵”。

（2）**战略是导向。**

“战略决定结构，结构跟随战略”，这是美国企业史专家钱德勒在其著作《战略与结构》一书中提出的重要观点，为很多管理学界和企业界人士所认同。美的组织结构的变化也的确印证了这一观点。

例如，美的事业部制的组织变革是多元化战略下的产物；而形成二级产业集团的结构，则来自做大产业的发展战略；2012 年扁平整合的结构调整，服从于“三个一”的一体化管控和一致化运营战略；进行合旧分新的再次变阵，则是来自大力拓展 To B 新业务的发展战略。

战略是导向，结构来支撑。

（3）**效率是核心。**

组织结构是 M 型更合理，还是 H 型更合理？是事业部制更合理，还是矩阵组织更合理？是分拆更合理，还是合并更合理？

这些问题没有标准答案，但有一个核心，那就是效率。在确保企业安全的底线上，哪种结构的组织效率更高，就采用哪种结构。

如果“分”能带来高效，就优先考虑“分”，如美的陆续分拆的事业部、先后独立的新业务单元。但如果不断“分”下去，以至协同日益困难，内耗大幅侵蚀效率，导致效率开始下降，就要考虑“合”，如美的逐步成立的资源共享的业务平台，以及协同增效的管理平台。同样道理，如果“合”到一定程度，导致了效率下降，拖累了业务增长，则要再次考虑“分”。

就如同经济学上，价格围绕价值不断波动的规律一样，组织结构的分分合合也围绕着效率不断变化。

（4）**权力是本质。**

钱德勒在提出“战略决定结构，结构跟随战略”这一观点的同时，还有一个非常重要的洞见，他认为“组织结构包括了两个内涵：一是各个管理单元和负责人之间的权力路径和沟通路线，二是通过这些权力路径和沟通路线所传递的信息和数据”。

原话有点绕，不太方便理解，我来简化一下。这两个内涵可以简单看成是权力路线和信息路线，而且信息路线依赖于权力路线。所以，在设计组织结构之时，要首先解决好里面的权力问题，否则组织结构就是徒有其表。换句更直接的话来说，在组织结构中，权力才是本质。看清这一点非常重要，有必要展开说一下。

先说一个观点，相信你会认同：利益不一定能带来权力，但权力一定可以带来利益。

美的在责权利上做得比较好的一点是，责任与权力对等，有多大责任就给你多大权力。但是不会让权力与利益直接对等，而是在权力与利益之间设置了一道门槛，这个门槛就是“绩效”。也就是说，权力不能直接带来利益，你必须取得相应的绩效结果，才能获得相应利益。所以美的是责权对等，利绩对等。

但是，权力为利益的获取提供了机会。如果没有进入到相应的组织结构中，就无法获得相应的权力，也就没有获得利益的机会。所以，对组织结构的调整，实际是对权力结构的调整，代表着你是否还有机会在这个舞台上表演，也意味着你能拥有多大的权力来展现自己，以获得更多利益。当然，这里的利益既包括物质利益，也包括精神收益。

从深层次来看，合理地进行结构调整，就是在合理地安排各项权力。

通过结构调整给予相应的权力，不仅让能够创造更大价值的人进入组织，而且让他们有机会去创造更大的业绩。个人获取更多利益，企业赢得更多价值，这才是组织和人才有效结合的管理逻辑。

美的成百上千次的组织变革，从来不回避其中的权力问题，相反每次都是直奔主题。因为每做一次组织调整，都会同步出台《分权手册》，都会在其中逐条明确相应的权力事项。关于《分权手册》，下一章里还会细说。

用一句话总结，美的通过结构调整，让权力重构，让人才上位，通过《分权手册》，打通权力路线。

（5）**结果是证明。**

说一千道一万，到底行不行，还要看结果。

什么是先进的结构？哪个是流行的做法？在结果面前，没有是非对错，只有是否有效。正如德鲁克所说，“证明管理是否有效的唯一标准，就是结果”。

美的的结果导向在这一点上也体现得淋漓尽致，这也是为什么美的会持续不断进行组织变革。结果不好，结构设计得再完美也要变；结果不错，证明组织有效，那就坚持下去，但只要过了一段时间出问题了，就必须变。

不论结构怎么变，都靠结果来检验。

结果错误，勇于说不。结果无误，加大力度。

2. 事业部制组织的管理核心

第二节里，我们已经总结了美的事业部制组织演变的 5 个阶段，这里为什么还要“老生常谈”？

我在做管理咨询的过程中，总有企业老板在面对面交流时，希望我能用一两句话概括出美的事业部制组织的管理核心，好方便他们做标杆对照。这相当于是“电梯测试”了，要在最短的时间里说清要点。

我当然可以用“激发活力”“责任明确”等常规说法来回答，这样肯定不会有人说不对。但细想你会发现，“激发活力”是目的，“责任明确”是优点，这样的回答并没有把事业部制组织的管理核心说出来，至少一个核心动作都没有。

经过这几年的咨询实践和思考，就美的事业部制组织的管理核心而言，我觉得可以用 16 个字来概括：责任下沉、权力下放、利益下移、管理下落，统称为“事业部四下”（见图 1-15）。

（1）**责任下沉。**

美的在 1997 年事业部制改革前，所有的责任都在总经理一个人身上，也就是创始人何享健身上。

何享健曾回忆道：“1993 年上市以后到 1996 年，这几年非常痛苦，非常辛苦，企业发展遇到最艰难的时候。”我们前面已经描述过当年的情况，在企业业绩出现下滑的同时，何享健自己那几年处于“每天都有开不完的会，都有批不完的文件”的管理常态。这就出现了大家都在等老板决策，各部门都不承担责任的情况。这不是老板精力充沛就能解决的问题，也不是市场出现转机就能解决的问题。

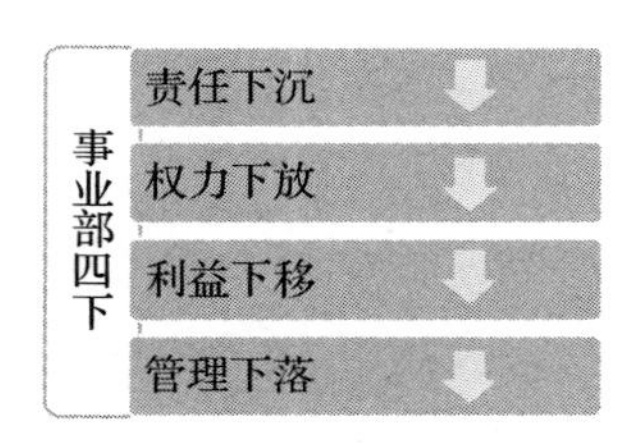

图 1-15 美的事业部制组织的管理核心

责任在上而不在下，才是症结所在。让责任下沉，成为第一要务。

问题来了，什么责任下沉？

不是所有责任都下沉，而是经营责任下沉。

美的事业部制组织的设计，就是让经营责任由各个事业部承担，而不再由总部承担；由多个事业部的总经理承担，而不是老板一人承担。按照何享健的说法，“我不能把自己变成三头六臂，但我可以在美的复制 100 个何享健”。这是责任下沉最形象的说法。

经营责任下沉最直接的体现，就是各事业部总经理都要和集团签订“经营目标责任制”，每个都要签，每年都要签。

实际上，在经营责任下沉到各事业部总经理头上时，总经理们所想的和所做的也是同一个思路，就是把自己的经营责任再进一步下沉。这就是在集团和各事业部总经理签完经营目标责任制以后，各事业部总经理还会在内部再和各部门总监签部门责任制的原因。

责任各自承担，责任层层下沉。

（2）**权力下放。**

责任下沉之后，按照责权匹配的原则，也必须做到权力下放，这样才能让担责的人放开手脚，有所作为。如果做不到权力下放，责任下沉就是空话。

正是意识到这一点，美的事业部制组织的第二个管理核心，就是权力下放，美的内部称之为“分权”。这样我们就很容易理解，美的在事业部制改革之后，为什么第二年会配套出台《分权手册》了，因为《分权手册》就是在逐条明确哪些权力进行下放。

好，问题又来了，什么权力下放？

我在这里无法把每一条下放的权力都罗列出来，因为最多的时候有几百条分权事项，另外，你也确实没必要逐条去找答案。因为按照责权匹配的原则，什么责任下沉，就要下放什么权力。

美的事业部组织是经营责任下沉，那就要同步做到经营权力下放。凡是超越经营权的，也许只涉及十几万元，例如目标、预算、投资等，仍须由集团审批。但凡是属于经营权的，也许大到一两千万元，比如说市场推广，也是下放给事业部。

（3）**利益下移。**

1999年，我作为一名毕业生进入了美的，当时是空调事业部招我进去的。那时，美的事业部制刚刚实施两年时间。由于个人表现还不错，我被集团领导看中，后来就调到集团总裁办工作。从事业部调到集团，虽然级别没变，但当时还是让周围同事羡慕了一番。

随着下面事业部的不断做大和增多，我越来越想回到事业部了。因为我发现，集团在对事业部进行分权之后，也将更多的资源给到了事业部，更重要的是，给予了事业部足够大的激励，充分保证了事业部人员的收益。

那些达成目标的事业部，以及事业部内业绩优秀的人员，其每年的收入是非常可观的，不论是奖金额度还是涨薪幅度，都普遍高于集团人员。将利益下移，就使得大量人才更愿意去事业部创造业绩，而不会都想着往集团上面爬，也就使得事业部的人才队伍越来越强大，事业部也因此越来越壮大。

我在集团总裁办工作3年之后，还是如愿下到了事业部，一做就是10多年。

（4）**管理下落。**

管理下落有两方面含义：第一个是针对“下落”来说，指管理的重心要落下去；第二个则是针对“管理”来说，指管理的做法要改变。

先说“下落”。

因为经营主体已经不再是原来的集团公司，而是下面的各事业部，所以各事业部为了更好地完成经营业绩，就要不断加强自己内部的经营管理。因此，管理重心不在集团上面，而在事业部下面，要从上面落到下面。

从结果来说，我们也会看到，美的各个事业部在成长的过程中，其经营管理能力确实都在加强。

再说“管理”。

美的在事业部制组织出现后，集团的管理方式也发生了很大的变化。其变化在于，集团重点要做的是“理”，而不是单纯的“管”。

原来的直线职能制组织，决策都在上面，每个部门各管一块，只要完成自己部门的工作就是尽职了。但是变革成为事业部制组织后，对集团部门来说，不能再像原来那样，这也管那也管。因为最大的经营责任和权力都下放给了事业部，所以这个时候更多要做的是“理”。

理什么？理集团与事业部的明细责任，理各种权限，理集团的政策，理管理的标准，理激励的方式……总之，在新的事业部制组织模式下，“理”的工作要远远多过“管”。

“管”更多是侧重于风险管控和底线管控，而“理”则是让事业部制组织模式运作起来，发挥事业部制组织的最大作用，真正实现激发活力、快速增长的战略目的。

内容小结

如果看不清组织的深层逻辑，就会被各种结构变化所迷惑。

分分合合的结构变化，其深层的组织逻辑可以用5句话来概括：结构是阵型，战略是导向，权力是本质，效率是核心，结果是证明。

美的事业部制的组织模式之所以能够产生巨大作用，是因为持续做到了“事业部四下”：责任下沉、权力下放、利益下移、管理下落。

CHAPTER 2 —— 第二章

分权之美

第一节 从集权之痛到分权之美

谈美的，分权是躲不开的话题。

谈分权，美的是绕不过的企业。

在美的 56 年的发展历程中，集权与分权的演变贯穿始终。凭借着对集分权的深刻理解和深度运营，美的打破了“一放就乱、一收就死”的魔咒，打造了不断增长的千亿元企业。

这一节我们就把美的分权的来龙去脉、前提条件、权限边界，以及保障机制，从内到外都好好讲讲。

1. 被逼出来的分权

我们在第一章里反复提到的事业部制，在本质上就是一种分权的组织管理模式。只不过美的实施分权管理，既不是凭空想象出来的，也不是自然演变出来的，而是被逼出来的。

1993 年上市之后，企业规模从不到 10 亿元增长到 25 亿元，虽然实现了连续四年的快速增长，但这种增长到了 1996 年不仅没有按照预想持续下去，相反美的陷入了内外交困的艰难境地。

从内部来看，高度集权的组织管理模式在规模与品种激增之后，责权不清的问题不断蔓延直至“深入骨髓”，经营业绩不论是规模还是利润都出现了下滑。

从外部来看，美的空调的行业地位急剧下降，从前三名跌到第七名。当年，顺德政府也有意让美的、科龙和华宝三家企业合并，外面的传言则是“美的将被科龙收购”。一旦合并，美的将不复存在。

内外交困之下，要想将美的从危难之中解救出来，何享健知道“不变革就是死路一条”，而且不是缝缝补补的小打小闹，而是要彻底变革。

要彻底变革就要找到问题的根源，何享健认为问题的根源在于：“企业大了，整个体制不适应，也是大企业病，体现了高度集权，但没效率，下面没动力、没压力、没激情。”方洪波也表达了同样的观点：“本质是责任不清晰，权力分配不清楚，有问题不知道谁去承担责任，也没有人负责任，没有人去解决。”

高度集权的组织管理模式成了企业发展的最大障碍，要彻底变革就要对“高度集权”动手。虽然内部的反对声和担忧声一直没有停过，但何享健仍毅然决然地于 1997 年推行了事业部制改革，美的正式从高度集权走向了充分放权。

从集权到分权，美的走出了困局，再次迎来了高速增长：1998 年空调销量增长 80%，风扇销量居全球之首，电饭煲成为行业冠军，电机和小家电产品销量名列前茅，并且在 2000 年集团营收突破了百亿元大关。

2. 分权的两大前提

通过美的分权的经历，也许很多人会得出这样一个结论：企业规模是采取分权管理的决策依据。你看美的在 25 亿元营收之前采用集权管理，到了 25 亿元这个规模的时候，不采取分权管理就无法再发展。

我只能说，企业规模是一个参考依据，但不是决策依据。

是否采取分权的组织管理模式有两大前提：管理复杂度、老板自身意愿。

- **管理复杂度**

对于不同行业和不同企业，规模做到多大时该采取分权的组织管理模式？

这没有一个标准答案。比如希音，我们 2019 年进去做咨询的时候，它的规模是 200 多亿元人民币，项目做完后它的规模飙升到 600 多亿元，但一直是集权式的组织管理模式。再比如 OPPO，我前几年去讲课的时候，它采取的是集权式的直线职能制组织，但规模已经超千亿元。

所以，我们不能只看表面的规模，而要透过规模的大小，去看其组织所面临的管理复杂度是否限制了业务发展。一个百亿元规模单品的管理复杂度，必然没有10个10亿元规模的多品类的管理复杂度高。

如果一家企业的管理复杂度变得足够高，高到原来的组织管理模式（通常是集权的直线职能制）难以承受，而且阻碍了业务的进一步发展，就要改变原来的组织管理模式了。简单来说就是，业务发展碰到了组织天花板。

从管理复杂度的角度出发，我们就容易理解，为什么多元化的企业往往会采用分权的组织管理模式。因为多元化会带来管理复杂度的快速升高，而采用分权的组织管理模式则是通过组织上的化整为零，来降低管理复杂度。

美的在营收规模快速达到25亿元时，其涉及的品类和品种以更快的速度在增多，当时大的品类有空调、风扇、电饭煲、电机、小家电等五大类，品种多达一千多种，以当时集权的组织管理模式已无法再驾驭这么多品类的运作，所以责权失灵和管理失控的问题频发，这就说明业务发展已经碰到了组织天花板。一旦这种集权的组织天花板出现，就要千方百计突破，否则企业就会变成玻璃罩里的跳蚤，只会越跳越低。这个时候采取分权管理，就是打破天花板、实现新增长的不二选择。

- **老板自身意愿**

是否采取分权管理，除了要看客观上的管理复杂度以外，还要看老板自身的主观意愿。

实际就是回答一个问题：老板真的要分权吗？

在很多企业都是“老板一支笔”。我见过一家企业超过 50 元钱的支出都要老板签字；老板出差半个月，大家都要等老板回来签完字才能做事。这不是小企业才有的情况，我辅导过一家规模超百亿元的上市公司，老板跨四级也要管到下面人员的招聘入职。

有的老板总觉得其他人能力不如自己；只有出现能挑大梁的人，才敢放心分权；嘴上说分，内心不愿分；既怕被架空，又怕管不住……种种纠结的心态，不一而足。出现这些想法完全正常，其中有很多是因为没建立分权的保障机制，我们后面马上就要谈到。

是否分权的关键在于，老板本人先彻底想清楚，是不是决心要进行分权管理。可以先不用急着分权，但不能表里不一，嘴上说“加大分权力度”，实际却事无巨细、事事干预；也不能太过反复，同样一件事，今天说不管，明天又说要管，三番五次下来，会让整个组织无所适从。

何享健在对待分权的态度上是非常坚定的，就是咬定分权不动摇。虽然过程中也有不同程度的管控和不同层面的监督，但他始终坚持分权放权的管理思路。这样才有了事业部的蓬勃发展，才有了职业经理人的大量涌现，才有了“最悠闲的潇洒老板”的出现。

3. 分权的边界在哪里

投资权、资金权、定价权、定薪权、人事任免权、供应商选择权、产品开发权……企业运作涉及众多权限，如果要进行分权管理，一定会面临“哪些权限该分、哪些权限不该分”的问题，是否一上来就逐个讨论呢？

如果这样做，很容易挂一漏万或是纠缠不清，甚至面临推倒重来的风险。

值得参考的做法是，先把分权的边界确定出来。

美的在集团与事业部之间划了一条清晰的权限边界：经营权。以经营权为边界，经营权以内全部放给事业部，经营权以外收归集团（见图 2-1）。

图 2-1　美的集团与事业部的权限边界

经营权以内包括 10 类：经营规划、研究开发、采购供应、生产制造、产品销售、售后服务、管委会以下人员任用与考核、预算内或标准内资财管理、计划内投资开展、行政后勤管理。

经营权以外包括 9 类：战略选择、目标制定、财务预算、资产投资、资金管理、品牌管理、一级组织结构、责任制考核、管委会人员任免。

经营权之内，哪怕 1000 万元的销售计划也可以由事业部直接拍板。经营权之外，哪怕 10 万元的投资也必须上报集团审批。

经营权是边界线，是分水岭，是不可逾越半步的雷池。

正如何享健所说："要保证企业持续健康地发展，在充分放权、激发各单位活力的同时，集团绝不能对企业运作的所有环节放手不管，相反，该管的不但不能下放，而且必须加强。"

4. 分权的 5 项保障机制

没有保障机制，就不要谈分权，否则"一放就乱"是必然结果。很多企业老总都希望自己的公司充满活力，但实际上更害怕的事情是失控。

美的从 20 多亿元营收规模时开始采用分权管理，到今天做到近 4000 亿元，仍然保持非常稳健的经营发展，始终没有出现失控的情况，不得不说其保障机制的建设非常到位。

美的的分权保障机制共有 5 项，我将其总结为 5 个字：人、财、审、信、文。如图 2-2 所示，这 5 个字分别对应职业经理人队伍、财务一体化深度管控、审计监察的强力问责、信息报送规范、企业文化认同。

（1）**职业经理人队伍。**

职业经理人队伍的管理一直是美的干部管理的重中之重。

2012 年以前，以各事业部总经理为代表的职业经理人，就一直是何享健最为关注的对象。何享健会时不时在没有提前打招呼的情况下，前往各事业部总经理办公室，看他们的日常工作状态。这种突然上门的方式，使各事业部总经理在没有准备的情况下将最真实的一面呈现出来。

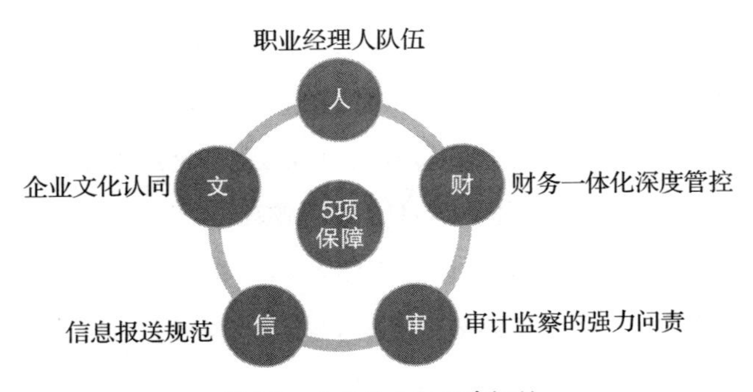

图 2-2 分权的 5 项保障机制

早在 2006 年，美的还专门请外部咨询公司做过职业经理人管理的咨询项目。2013 年美的集团又出台了《职业经理人 6 条红线》，对职业经理人进行红线管理。此外，对于高管团队，还会有包括个人信息申报、竞业限制协议等明细要求，而且每年集团人力资源部都要对职业经理人团队做绩效评价和管理评价，形成了制度化的动态考评。

俗话说“不怕没好事，就怕没好人”，把关键的人管好，分权的问题至少减一半。

（2）**财务一体化深度管控。**

出事往往都是“人”出事，事往往都出在“钱”上面，所以财务管理在分权保障上极为重要。

美的财务管理一直都是集团从上至下的一体化管理，例如各事业部财务总监日常为事业部总经理服务，但由集团财务部门任命，其编制、薪资、考核等均归属于集团。

美的的财务和很多企业的财务的不同之处在于，很多企业的财务是专注于财务之中，但游离于业务之外，多数时候算算账、审审费用、做做报表。而美的的财务则是内置于整个业务价值链之中，全面参与产品定价、新品立项、成本变更、销售结构、价格政策等各个业务环节。在年度责任制考核中，美的财务部门往往承担着“利润”这一最重大的KPI，必须要深入业务，才能完成自己的指标。

同时，在完成交接班之前，何享健每天上午10点都会看集团、各事业部、子公司的经营报表，时刻关注各事业部的日常经营情况。每月雷打不动的经营分析会更是以财务结果为核心的最为重要的月度会议，没有之一。

（3）审计监察的强力问责。

如果说财务是事前或事中的深度参与，那么审计监察就是事后的强力问责。因此，审计监察也是悬在每个事业部头上的达摩克利斯剑。

审计监察不干预任何日常经营，但可以对任何异常一查到底，并进行责任追究。例如，总经理离职有离任审计，事业部经营有年度经营审计，投资项目有投资审计，财务运作、供应商选择、采购执行、营销推广等都有相应的审计。除了针对重大异常外，每个月审计还会有方方面面的主题。

何享健最不能容忍的，就是事业部对审计监察的隐瞒和阻挠。早期我在集团总裁办任职时就亲身经历过几次，何享健在会议上对某事业部总经理阻挠审计工作大发雷霆，其严厉程度远超经营亏损和投资失败。

（4）信息报送规范。

这是伴随《分权手册》同时下发的一份制度规范，要求事业部定期向集团报送各方面的经营管理情况。

很多企业只模仿美的《分权手册》，却不知还有一份姊妹篇的《信息报送规范》。

在《信息报送规范》中，除了要求上报各类财务报表以外，还要求上报很多信息资料，比如总经理每个月的工作计划、出差计划、会议安排等，都包括在内。

如表 2-1 所示，经营单位向集团报送的内容被规定得清晰具体，非常具有实操性：什么样的信息、什么时间、以什么形式、由谁负责报送、报送到哪个部门，等等，都写得清清楚楚。当然，得益于数字化的全面实施，美的现在已经实现了这些信息的实时获取。

通过《信息报送规范》，虽然集团的经营权在下放，但是知情权却在变大。也就是说，分权后的事业部可以在权限范围内自由发挥，集团虽然不干预，但是能看到你是怎么发挥的。这样，一旦发现问题，集团要出手还是可以随时出手的。

就好像一个透明的电脑机箱，里面的组件、连线、布局、运转等都能一览无余。因为只有“黑箱”才会出现黑箱操作，保持箱子的透明就不会出现黑箱操作，也就不会出现“一放就乱”的失控现象。

（5）**企业文化认同。**

再多的制度和流程都不可能涵盖所有情况，也不可能管住所有行为，这就需要有更高层次的保障机制，即确保受权人员对企业文化的认同。

表 2-1 信息报送规范（部分）

《经营单位—集团重要信息报送规范》									
序号	信息报表名称	填报部门	填报周期	报送时间	报送形式	报送范围	密级	转送部门	备注
一	行政与综合管理								
1	经营单位月度重点工作计划及上月工作计划完成情况	经营单位综合管理	月度	每月 4 日前	MIP/ 计划总结	行	秘密	管委会	
2	半年 / 年度工作总结和计划		年度	7 月 10 日前 /12 月 10 日前	MIP/ 计划总结	行	秘密	管委会	
3	总经理办公会会议纪要		月度	会后 3 日内	MIP/ 会议管理	行	机密	管委会	
4	经营分析会会议纪要		月度	会后 3 日内	MIP/ 会议管理	行	机密	管委会	
5	经营单位总经理月度工作安排		月度	每月 4 日前	MIP/ 知识文档	行	普通	CEO	
6	以本单位名义编号下发的各类制度和文件		及时	下发 3 日内	MIP/ 公文流转	行	秘密		
7	重要会议或大型庆典活动通知		及时	会议或活动前 5 日	电子	行	秘密		
8	季度出国（境）计划		季度	每季度末最后一天	MIP/ 知识文档	行	秘密	集行	
9	各单位内部自办出版物		月度	出版后 3 日内	书面 / 电子	行	普通		
10	下属法人企业的成立、股权设置、注册、变更、年检以及注销		及时	报批后 10 日内		行	普通	集行	集行办理的除外
11	下属各单位新增行政印章、财务章、合同章以及发票章		及时	刻制后 1 日内		行	普通	集行	集行办理的除外

注：“行”为“行政与人力资源部”的简称；“集行”为“集团行政与人力资源部”的简称。

只有同步建立起企业文化的认同感，手上握有权力的职业经理人才不会整天想着权力的博弈与利益的算计，才会将更多心思放在目标的达成上。

美的虽然没有把企业文化挂在嘴上，也没有经常召开企业文化大会，但通过实实在在的行动，建立了以结果导向为核心、以务实变革为基调的企业文化。

纵观美的那些能够得到信任并被委以重任的职业经理人，无一不是经过多年的锤炼与磨砺，并对美的文化高度认同的人。

通过建立上面这5项保障机制，美的做到了分而不散、放而不乱，数十年来始终让企业经营处于整体掌控之中。

内容小结

美的在组织权力的演变过程中的确是痛苦的，但在克服种种困难之后，最终依然完成了彻底的转型，可以说是从集权之痛走向了分权之美。

走向分权有两大前提：管理复杂度、老板自身意愿。

在集团与事业部之间，美的划了一条清晰的分权边界，那就是经营权。

美的成功分权有5项保障机制：人、财、审、信、文，分别对应职业经理人队伍、财务一体化深度管控、审计监察的强力问责、信息报送规范、企业文化认同。

第二节　集权与分权的“度”

不少公司会从各种途径获得美的各种版本的《分权手册》，我也发过更合适的版本给客户参考，不过实话实说，这并不能从根本上解决集权与分权的问题。

我听很多老板都会这样说：“企业做大了，不是不知道要分权，也不是不想分权，而是集权与分权的这个‘度’，实在很难把握。”

我非常理解这种顾虑和难处，因为权力这个深藏在组织和人性中的东西，实在不容易摆放妥当。但是如果仅仅把集权与分权理解成一种平衡的艺术又有失偏颇，因为一旦视同“艺术”，那就会偏主观、偏感受、偏个人的因素更多，难以捉摸，更难以形成机制。

回顾美的近30年来在集权与分权上的成功运作，美的既没有将其演变成“权谋”或“权术”的斗争武器，也没有将其虚化成只能领悟或欣赏的艺术，相反，形成了可以传承的组织管理机制，这就绝不仅仅是尺度上的拿捏得当可以做到的了。

因此，我们不能钻“分寸”“火候”“尺度”的牛角尖来解决集权与分权的问题，而是需要从更大的范围和更多的维度出发去攻克这个难题。

关于美的集权与分权的“度”，为了跳出“尺度”的狭隘理解，我们可以从程度、高度、精度、跨度四个维度来做更深入的解读。

概括来说，就是四句话。

程度上：不能只强调“分”，不强调“集”。

高度上：不能只强调“权”，不强调“责”与“利”。

精度上：不能只是照猫画虎，不去做深做透。

跨度上：不能只看短期的细则，不看长期的规则。

1. 程度上：不能只强调“分”，不强调“集”

美的于 1997 年从高度集权转变为高度分权，并通过多年的运作，形成了行之有效的分权机制。正因为如此，很多对美的分权的描述过多地关注了分权，而忽视了集权。

我们不能因为美的分权的成功就只强调“分”，不强调“集”。恰恰相反，要想做好分权，不仅要强调“集”，而且要先考虑“集”，再考虑“分”。

这就涉及为什么要做集权，又为什么要做分权的问题。

集权主要是为了控制风险，分权主要是为了提高效率。

这就能很好地理解，为什么初创企业或小微企业不太涉及分权的问题，因为在企业发展初期，人少，组织简单，有什么事情要干，在办公室里喊一嗓子就行了。没什么问题是一顿烧烤解决不了的，如果有，那就两顿。在这个阶段，集权管理可以保证企业高效运行，没必要通过分权来提高效率。

而大中型企业为什么都会面临集权与分权的问题？因为在组织变大的情况下，企业有 1000 人甚至成千上万人，你要喊多大声、喊多少次才能让大家都听到？你需要多少顿烧烤才能解决问题呢？集权的低效问题会越来越凸显，分权自然就应运而生。

那么，为什么要强调先考虑“集”，再考虑“分”？因为如果不能保证风险可控，分权的高效也是毫无意义的。一辆失控的兰博基尼，跑得再快又有什么用呢？

接下来要问的就是，集权所要控制的风险有哪些？

主要是两方面的风险：控制权风险、亏损风险。

- **控制权风险**

主要是内部人控制问题，说白了就是做老板的会不会大权旁落，会不会有下属在内部自立山头。早些年，TCL 内部的藩镇割据，联想内部的自立门户，这些真实案例当年都被媒体连篇累牍地报道过，教训不可谓不深刻。

- **亏损风险**

做企业当然要赚钱，两三年战略性亏损还好说，怕就怕陷入亏损的泥淖。

正是因为存在这两大风险，很多企业老板不敢轻易分权，哪怕慢一点，也要保证安全第一。

美的恰恰是通过集权的方式，控制住了这两大风险，然后才大胆进行分权授权，从而让分权的高效带来发展的高速。

那么，美的是怎么做的呢？

针对控制权风险，美的集中了三方面权力：股权、人权、知情权。

针对亏损风险，美的也集中了三方面权力：财权、考核权、战略选择权。

下面分别来说说这六方面权力。

- **股权**

主要是在治理方面，确保老板作为大股东的控股地位不可动摇，在《卓越运营》一书第四章“机制之根”中，有一节内容专门讲到“治理机制：要命的顶层设计”，这里就不再赘述，但其重要性是排在第一位的。

- **人权**

指的是对于高管团队的任免、使用、评价的权力，这也是美的为什么特别注重职业经理人队伍建设。即使是采用高度分权的事业部制，事业部的管委会成员里面，用谁不用谁、谁行谁不行，不是事业部总经理说了算，而是集团说了算。

- **知情权**

美的进行分权之后，集团虽然不参与具体经营，但保证拥有足够的知情权。这主要通过事前的信息报送、事后的审计监察来实现，实施了数字化之后，更是做到了实时的数据监控。

- **财权**

美的的财务采用从上至下的一体化管理。预算的编制、资金的管理、成本的核算、库存的管控等，无一例外都在管控范围之内。前面提到过的，何享健未交班之前，每天早上10点都要看事业部的经营报表，也是因为要牢牢把财权抓在手里。

- **考核权**

考核是多方面的，但主要是每年对事业部经营目标责任制的考核，年末也会根据考核的实际情况进行奖惩。

• **战略选择权**

事业部为了达成考核目标，就会有不断扩张的冲动，但是进入哪个行业、实施什么样的战略，这个权力是属于集团的。这就保证了集团整体不会因为事业部的盲目扩张而出现大面积亏损，不可自拔。

如果细看，这六方面权力和第一节里说的集团“管9类”并不冲突，而且相辅相成。美的通过对这六方面权力的集权管理，避免了控制权风险和亏损风险。正是在这个基础上，美的才敢越来越大胆地进行分权。

正所谓，集权管控到位才敢分，分权力度到位才更活。

2. 高度上：不能只强调“权”，不强调“责”与“利”

集分权机制的设计一直被认为是企业的顶层设计。但如果只是单纯关注“权”，还不能称之为“顶层设计”，最多只能叫“顶点设计”。既然是一个层面，就必须在强调“权”的同时，也强调“责”与“利”，三位一体才能构成一个层面。

“权”的事儿前面说了很多，现在来说说“责”。

从管理机制的设计来说，有责任，才有权力。因为分权本身不是管理的目的，而是为了让其他人能更好地承担责任，所以，责任是先于权力的，不能在未明确责任的情况下就直接做分权。分权是用来匹配责任的，而不是用来减轻责任的。美的不会先谈分权，始终都是根据你承担多大的责任，再给你分配相应的权力。

我们已经知道事业部是要承担经营责任的，这个经营责任主要体现在两方面：增长的责任、赚钱的责任。集团对这两大责任的重视程度在每年事业部的经营目标责任制考核中表现得最为明显。每一年，营收指标和利润指标都是占比至少 70% 的指标，能完成这两大指标，可以说是大局已定。如果完不成的话，对不起，其他方面做得再好，最重要的责任没有尽到，都是不合格的，该扣钱扣钱，该下课下课。

这里必须要多说一句，在美的承担责任不仅仅是在其位谋其政，更重要的是要在这两大指标上，完成具有挑战性目标。而为了完成挑战性目标，仅仅分权到位是不够的，还必须要有“利”的直接匹配。

关于“利”的事，即使下属不说，老板也不能装聋作哑，老板不仅要大胆谈“利”，还要主动谈“利”。因为尽责和没尽责的区别，最主要就体现在“利”上，如果没有相应利益的匹配，在“无利不起早”的普遍人性下，能尽责也不会努力尽责了。

美的是顺着人性来设计的。在年度经营目标责任制中，一定包含两大部分：第一部分，是我们刚刚说的，体现责任的指标和目标；第二部分，就是体现利益的部分，白纸黑字写清楚奖惩如何与指标和目标挂钩，即利益如何与责任挂钩，而且是直接的、客观的、量化的挂钩。

我在有些企业看到不少 KPI 的考核，既没有直接与个人激励挂钩，又存在各种主观的评分，这样的做法只能带来更多的内耗，很难激发组织活力。

责权利三位一体，就是要消除人性中恶的阻力，激发善的动力。

3. 精度上：不能只是照猫画虎，不去做深做透

很多企业都见过美的的《分权手册》，也有不少在参照后做出了自己的《分权手册》，但是能像美的这样运行有效的，十不足一。

其中的原因除了前面说的，哪些该集权哪些该分权没想好、责权不匹配之外，还有一个操作中的实际问题，就是在制定《分权手册》的过程中，只是照猫画虎，没有真正做深做透。

我在几家公司都碰到过同一种情况：它们都有类似的《分权手册》，我问用得怎么样，高管回答说，偶尔在用。我就知道有问题了，就又问《分权手册》是怎么做出来的，花了多长时间。他们说，每个部门用了一两天时间，然后汇总形成的。

不知道你是否看出了这里面的问题？

这就真的只是在抄作业。更偷懒的做法我也见过，连名称一起抄上去，里面的部门简称全都一模一样。之所以说这种做法是在抄作业，是因为仅从时间上的投入就已经知道远远不够，更何况只有汇总，没有充分的讨论。

《分权手册》是一个权力分配的表现载体，要想让《分权手册》在实操中发挥作用，一定要在精度上下功夫，特别是对第一次做《分权手册》的企业来说，不能浮于表面，只是照猫画虎描个大概是不够的。

精度上有没有做深做透，主要看两方面：是否分解到毛细血管，是否触达神经末梢。

美的的《分权手册》，最细可以细化到行政后勤等日常

事项，如办公用品采购、小型维修、外出用车等很小的细节，该谁审、到谁批都规定得清清楚楚，这就是分解到毛细血管，而不是只罗列些大的事项，却无法指导日常操作，因为很多不太显眼的日常操作反而会产生无谓的消耗。

再说触达神经末梢，指的是哪怕秘书、文员、助理都知道在相关审批事项里，自己处于哪个节点，事项完成审批后会备案给哪些部门。也就是说，对一个有着大量业务的经营单位来说，好的《分权手册》要能够触达基层岗位。

要在精度上达到毛细血管和神经末梢的程度，不经过多轮的讨论，不投入足够的时间，是不可能做到的。当然，我们不一定非要一次就做到位，也不可能一次就做到位，过程中肯定还要不断进行优化。但不能因为无法一次做到位，就一直不去做深做透。

4. 跨度上：不能只看短期的细则，不看长期的规则

如果已经在精度上将分权做深做透了，恭喜你！不是恭喜你大功告成，而是恭喜你可以进入下一步了。

《分权手册》说到底只是一个集分权的细则，要想让分权持续发挥作用，就不能只看短期的细则，而要从这份细则里跳出来，建立长期规则。

所谓长期规则，是要具备足够的跨度。跨度主要包含两方面：横向的管理跨度、纵向的时间跨度。

横向的管理跨度，指的是要从《分权手册》的细则横跨到更多的管理规则上去，这些管理规则就是相关的管理制度。

举个常见的例子，比如合同审批，一份5万元的合同和一份1000万元的合同审批，分权流程应该有所不同；但如果这份5万元的合同是预算外的，1000万元的合同是预算内的呢，照理说也应该有区别；还有，年度框架合同和日常合同的审批也应该不一样；再来，采用自己公司范本的合同与超出范本的合同，审批又要不同；还有各种各样的采购合同、销售合同、劳动合同、费用合同等，会有很多种情况。而要对这些进行明确，就不是《分权手册》里面的细则能解决的了，必须制定相应的《合同管理办法》，通过制度明确其中的标准，从而对应上分权决策的流程。

可以想象，因为分权涉及的管理事项众多，所以横跨的管理规则也不会少，随着分权的逐步建立和规范，很多管理制度也面临着优化乃至新增的情况。

再来说纵向的时间跨度。

我们有些客户历经多轮讨论，终于完成了《分权手册》，就在内部宣布：所有人必须遵守，不得更改。我补充说，一段时间内不得更改，至于这一段时间有多长，要看情况。

美的的《分权手册》从最初的七八十页数百项，不断地由少到多，再由多到少，现在近4000亿元营收的美的，集团层面的分权事项不超过100项，各事业部的分权事项也精简到100项左右。但我不是说越少越好，也不是说越多越好，多和少并没有固定标准，在一个阶段需要更多，在下一个阶段也许就需要更少。

所谓动态调节、持续优化，就是要在纵向的时间跨度上保持更新和迭代。美的原来是至少半年就要发布新一版的《分权手册》，发文中会特别注明变化之处。

美的的管理规则兼顾了横向的管理跨度与纵向的时间跨度，这就使得集权与分权中的各个事项不再是孤立的和静态的，而是体系的和动态的，既有规则的支撑，又有周期的迭代。

5. 成功的分权要达到一种平衡

从程度、高度、精度、跨度四个维度，重新理解美的集分权的做法之后，我们可以来回答很多人都关心的问题了：美的分权到底成功在哪里？

美的分权的成功之处在于达到了一种平衡。

达到了什么平衡？

达到了高层控制与分层自治的平衡。

熟悉美的分权的人应该都听过美的有个 16 字分权方针，就是“集权有道、分权有序、授权有章、用权有度”。这 16 个字里面有 12 个字都是说分权和授权的事，说“集权”的只有 4 个字。但请注意，这 4 个字却是排在第一位的。这样的排列顺序实际上就表达了谁在前、谁在后的原则。

“集权”在前，也就是要先把控制权说清楚，把哪些权力是不能分的说清楚。

“集权有道”，要实现的就是有效地高层控制。身为 1 号位也好，作为集团管控也好，首先保证安全底线，保证战略方向，保证组织有效。在确保有效地高层控制的前提下，再看如何最大限度地实现分层自治。

有效地高层控制，不能将其简单理解为某些具体权限的集权，它还体现为对各层级信息数据和经营动态的随时掌握。也就是说，高层控制要具备“上帝视角”，即使很多事项不用高层审批，即使各层级不主动汇报，高层也能做到了如指掌、洞若观火。当然，不汇报是不可能的。

美的早期为了做到这一点，更多是通过财务报表、信息报送、经营分析会、述职汇报等方式，来掌握事业部的经营动态。在 2015 年实现数字化 1.0 之后，从集团到事业部打通了流程和数据，集团可以做到实时掌握全面数据了。

高层控制越是有效，就越可以加大分层自治的力度。

美的集团之下有五大业务板块，每个业务板块内有各事业部和公司，有的事业部之下还有子公司或分公司，而每一层都通过逐层分权的方式实现分层自治。这种自治权在集团与事业部层面，主要体现为经营权的自治，经营事项由事业部自行决策；在事业部与分子公司之间，主要体现为部分经营权的下沉自治，对于产品子公司，就下沉该类产品的主要经营权，对于销售分公司，就下沉经营权中的销售权限。

当然，好的高层控制与分层自治的平衡，必然是一种动态平衡。

其动态体现为两方面：一方面是时间线，随着市场的变化和企业的发展，高层控制的方式和分层自治的权限是需要不断调整的，美的每半年推出一版《分权手册》，原因就在此；另一方面是组织线，集团对下属经营单位的分权范围，也可以理解为各层级、各部门自治权限的边界大小，是有所不同的，美的不会采取一刀切的分权方式，而会根据经营单位的发展阶段、管理成熟度甚至总经理的管理能力，来调整其自治权的大小。

时间线和组织线的动态调整，根本目的还是要达到高层控制与分层自治的平衡。所以，我们这里所说的平衡并不是通常意义上的“搞平衡”，而是一种想方设法既能符合企业当前实际，又能加速发展的平衡。为了达到这种平衡，美的分权的思路可以概括为九个字：控制分、坚持分、逐步分。

控制分，就是在有所控制的前提下去分权，因此分权绝不是弃权，不是丢权，不是动不动就让下面人全权负责。下面人也不能认为分权后就可以自由自在、为所欲为。

虽说要控制分，但美的在分权的大思路上始终是坚持分，并没有因为中间出现过一些问题而走回头路。

逐步分，是指根据具体情况分步进行，既不会等待观望，也不会追求一步到位，讲究实事求是，讲究动态调整，用逐步的“慢”累积为长远的“快”，积跬步以至千里。

6. 集权有道、分权有序、授权有章、用权有度

美的的集权与分权，说一千道一万，都浓缩在“集权有道、分权有序、授权有章、用权有度”这 16 个字里面。看完前面的内容，这里再来逐一说明，你就能更好地理解了。

集权有道，排在 16 字方针之首，可见分权之前要先把集权的事儿解决了。该集中的权力，就坚决不放手，一定要

把根儿上的风险控制住。同时，这种集权要有方法、有规则，不能随意收权，不能削弱分权活力。

分权有序，要想不出现“一放就乱”的情况，就必须控制分、逐步分、按照秩序分，不能一说分权就统统下放。分权是循序渐进的、逐步进行的、动态平衡的，要根据发展阶段和组织现状有序进行。

授权有章，每一项权力分出去的时候，怎么分、分多少、分到什么层次、谁提案、谁审核、谁审批、备案给谁……都要有章可循，有法可依。《分权手册》就是美的分权授权的“基本宪法”，同时配套相应的规章制度，可以不断调整，但不能被任意突破、沦为摆设。

用权有度，“度”不仅是尺度、范围和边界，更是程度、高度、精度、跨度。权力既能发挥作用，又不会被滥用，就是因为“度”的存在。“度”是建筑房屋的监理，是鱼游水的玻璃缸，是牵住风筝的那根线。

内容小结

美的分权管理机制，从何享健开始就不是在搞“垂帘听政”，而是一种有效的集分权。

大的方面，美的事业部制实际上就是坚持了 20 多年的职业经理人的分权管理。小的方面，事业部内每一个公司、每一个部门，又进行层层分权，形成触达每一个神经末梢的分权管理。

正因为如此，外界与内部常常有不同的看法：外界看美的，是一个规模近4000亿元的航空母舰；内部看美的，是多个规模超百亿元的联合舰队。外界看美的，是一列高速前进的大型列车；内部看美的，是多个动车组组成的高铁。其中，能否做到有效的集权与分权，则是成功与否的关键。

美的成功的集分权机制绝不是那种“只可意会不可言传”的东西，要把握其中的“度”，除了尺度之外，还要在四个方面下功夫。

程度上：不能只强调“分”，不强调“集”。

高度上：不能只强调“权”，不强调“责”与“利”。

精度上：不能只是照猫画虎，不去做深做透。

跨度上：不能只看短期的细则，不看长期的规则。

美的走出了集权与分权的怪圈，其根本在于达到了高层控制与分层自治的动态平衡。这是因为美的始终按照“控制分、坚持分、逐步分”的操作思路，才最终实现了集权有道、分权有序、授权有章、用权有度。

第三节 《分权手册》如何落地

《分权手册》是美的在组织上确保集团与各事业部，包括事业部内部各部门之间，实现责权匹配的核心制度，我们经常说它是美的组织运作的“基本宪法”，其重要性由此可见。

有不少企业也推行了类似美的的《分权手册》，但各种不顺，总是反反复复讨论不清，而且执行没几个月，又被打回原形。其中的原因，除了前面已经说到的分权前提和保障机制等内容以外，也存在不少落地执行的问题。这一节，我们就来看看美的的《分权手册》是如何落地的。

在进入正题之前，先澄清一个事情。外界总说美的一份《分权手册》包罗万象，70 多页两三百项把方方面面的经营管理事项全都涵盖了，外界也总认为美的只有一份《分权手册》。这种说法是错误的。

第一，美的的《分权手册》实际上是有 1+N 份的，集团先有一份，然后每个事业部都有一份自己的《分权手册》。它们在表现形式上也会略有不同，后面我们会陆续谈到。

第二，美的的《分权手册》在早期的时候确实包含了很多方面，但随着管理成熟度越来越高，《分权手册》也变得越来越精简，只是对主要事项做了明确，不再存在包罗万象的情况。

澄清错误之后，我们进入正题。

从制定到执行，要把《分权手册》落地，拢共分 5 步：定原则、分类别、理分权、明制度、抓执行（见图 2-3）。

1. 定原则 ➡ 2. 分类别 ➡ 3. 理分权 ➡ 4. 明制度 ➡ 5. 抓执行

图 2-3 《分权手册》落地 5 步法

我们逐个来说。

1. 定原则

制定《分权手册》，不能一上来就陷入分权事项的细节，而要先把本次分权的原则定下来。

从大的原则来说，本次分权是以加大放权力度、提高效率为主，还是以加强风险管控、加强监督为主？或是哪些方面可以放开权限，哪些方面又必须管住？

从小的原则来说，比如，一个分权事项原则上限定不超过几个审批节点，以避免过多部门和人员被卷入；部门内不审批完，不得跨部门审批；严禁在分权审批流程中产生过多沟通和反复驳回；事前审批，事后执行，非特别情况不得先斩后奏，等等。

之所以不少公司会陷入分权事项的反复讨论，多数时候就是因为没有事先确定分权的原则。

原则不定，各行各令。

每个部门都有自己的立场，每个高管都有自己的想法，不事先确定原则的话，每到一个分权事项，大家都只会更多地考虑自己的方便。一旦提前确定原则，就有了基本的共识，不用事事争辩。我原来在美的时，每到《分权手册》修订前，我们事业部管委会的五个人就要先开个短会，把本次的修订原则列出来，讨论确定后再推动后面的具体工作。

那么，每次定原则的依据是什么？几个高管拍脑袋吗？

当然不行。

定原则的依据，最好是从当前的问题出发。比如，这段时间业务部门抱怨审批太多、审批太慢的情况变多了，就需要把“提高效率”定为一个大原则；如果发现审批混乱、无人监督的情况变严重，就需要把“加强风险管控”作为一个大原则，诸如此类。

2. 分类别

原则定好了，也不要急着逐项讨论分权事项。为了避免分权事项的挂一漏万或互相交叉，需要先把大的事项类别区分出来（见表 2-2）。

表 2-2 《分权手册》类别目录 1（部分）

分权目录
一、经营规划
二、投资管理
三、产销衔接
四、研究开发
五、生产制造
六、品质与科技管理
七、供应链管理
八、资财管理
九、人力资源
十、海外营销
十一、IT 管理
十二、行政管理

比如说，你可以按照价值链的环节来分，分成销售、研发、采购、生产等；也可以按管理类别来分，从战略规划到行政后勤逐一分类。实操过程中，便捷一些的做法，可以按部门设置来分，这样方便由各部门牵头梳理该类分权事项。

每个大类里面有多少事项，不用急着确认。也许有的大类只有五六项，有的大类多达几十项，都没关系。先按 MECE[⊖] 法则把大的类别分好，保证不重复不遗漏。如果你认为有些类别过大，还不够细致，可以在主类别里面再做次类别的细分，如表 2-3 所示。

表 2-3 《分权手册》类别目录 2（部分）

主序号	主类别	次序号	次类别
一	经营战略管理	（一）	战略规划
		（二）	战略管理
二	招投标管理	（一）	投资类、费用类、模具招投标管理
		（二）	大宗物料及原材料招投标管理
三	人力资源管理	（一）	人力资源及组织结构规划
		（二）	招聘管理
		（三）	培训管理
		（四）	薪酬福利管理
		（五）	员工关系管理
四	预算管理	（一）	预算类
		（二）	成本类
		（三）	外销财务类
五	会计管理	（一）	资产类
		（二）	应付类
		（三）	资金类
六	销财管理	（一）	应收类
		（二）	政策类
		（三）	开单类
七	生产制造	（一）	生产计划
		（二）	模具管理（已批产老品）
……	……	……	……
		……	……

⊖ Mutually Exclusive Collectively Exhaustive，意即不重复不遗漏。

3. 理分权

分好类别之后，我们就可以在每一个类别之下梳理各项分权事项了。每一项分权事项怎么做我就没法细说了，因为需要根据各种具体情况来定。

不过，有一个问题值得说一下，就是“分级”的问题。

分级有三种，组织层级、职等职级、金额等级。

- **组织层级**

制定和梳理《分权手册》，必然会碰到组织的问题。组织层级是否清晰和简单，直接影响到各种分权事项的设置。

如果组织层级比较多，比如说从总裁到分管副总裁，到集团职能部门，到事业部，到子公司，到子公司各部门，我们就要考虑是否将《分权手册》分级来做。

美的就是集团先做一份面向事业部的《分权手册》，然后各事业部在此基础上再做自己内部的《分权手册》。如果说子公司很大，业务也比较复杂，视情况可以再做一份子公司的《分权手册》，但这在美的并不多见。

同时，组织层级也直接影响分权审批流程的长短。层级越多，如果分权力度不够的话，那必然就是审批流程越长，当然决策效率也不会太高。这也是美的很注重压缩组织层级的原因之一，毕竟如果有那么多层级摆在那，你再想快也快不到哪里去。

- **职等职级**

早些年在美的，职级体现为 M1 ～ M8、P1 ～ P5 等，2020 年之后基本都采用 1 ～ 23 的数字来表示职级了。

在分权事项中，比如 M3（可简单理解为经理级）、P3（可简单理解为高级工程师）或 16 级以上人员的招聘入职流程，就应该与这些级别以下人员的招聘入职流程有所不同，如表 2-4 所示。

表 2-4 《分权手册》审批事项 1（部分）

序号	归属部门	职权事项		职权流程规范
53	人力资源部	员工录用入职	部门经理级（M3/P3）以下	提案（招聘）→审核（部经）→审核（部总 / 部监）→审批（人监）→归档（人事）
	人力资源部		部门经理级（M3/P3）及以上	提案（招聘）→审核（部经）→审核（部总 / 部监）→审核（人监）→审批（总裁）→归档（人事）
54	人力资源部	试用期转正	部门经理级（M3/P3）以下	提案（招聘）→审核（部经）→审核（部总 / 部监）→审批（人监）→备案（薪酬）
	人力资源部		部门经理级（M3/P3）及以上	提案（招聘）→审核（部经）→审核（部总 / 部监）→审核（人监）→审批（总裁）→备案（薪酬）

所有涉及人员的入转调离等分权事项都要有明确的职等职级界定，如果没有界定过或是界定不清楚，在梳理分权时就会成为一个卡点。

- **金额等级**

说完涉及“人”的分权事项，再来说更常见的涉及“钱”的分权事项。

比如说，一个 10 万元的推广活动和一个 1000 万元的推广活动，大概率决策流程会不一样。除了推广活动涉及金额大小以外，还有采购、借款、报销、合同签署等，应该说大多数经营活动都和钱有关，我们不可能也不应该用“一刀切”

的方式对待，表 2-5 是一个简单的示例。

表 2-5 《分权手册》审批事项 2（部分）

职权事项		职权流程规范
申请报告流程	≤ 50 万元	提案（运 / 办 / 销）→审核（区总）→会签（销管总 / 内财经）→审批（内销总）→归档（内财经、费用专员）
	＞ 50 万元	提案（运 / 办 / 销）→审核（区总）→会签（销管总 / 内财经）→审核（内销总）→审批（总裁）→归档（内财经、费用专员）
促销活动申请	≤ 1 万元	提案（运 / 办 / 销）→审批（办经）→备案（区总）→归档（销管总、市场总、内财经）
	1 万元＜金额≤ 5 万元	提案（运 / 办 / 销）→审核（办经）→审批（区总）→归档（销管总、市场总、内财经）
	＞ 5 万元	提案（运 / 办 / 销、办经）→审核（区总）→审批（内销总）→归档（销管总、市场总、内财经）

这时候，通过设置一定的金额等级来进行分权管理就显得尤为重要。很多事项正是通过额度的放大与缩小，来体现集权与分权的“收与放”。

金额越大，分权流程可能越长。到底设置到多大的金额等级合适，那就要具体情况具体讨论了，但分级管理总归是没错的。

4. 明制度

很多做分权流程的人，哪怕是高管，都经常犯一个错误，就是只把注意力放在分权额度和审批节点上，却忽视了对应的管理制度。

“明制度”这一步之所以重要，是因为再复杂的一条分权流程，也只能简单地表明审批的节点，如果没有对应制度的支撑，就会缺乏执行的标准细则，从而导致《分权手册》无法软着陆。

我们举一个使用频率最高的费用报销场景为例。

比如说报销 500 元和 5 万元，金额不同，很可能分权审批流程不同，那就分额度来设置这个流程。但是超预算了怎么办？好吧，那就再设个分支，“预算内与预算外”。那出差去北上广深一线城市与十八线小县城，报销标准总不能一样吧，怎么办？再设个分支吗？那总监出差与基层员工出差呢？交通费和住宿费还要再分吗？诸如此类，可以不停问下去，而要对这些进行明确，就不是《分权手册》里面的细则所能解决的了，必须制定相应的《费用管理办法》或更细分的《差旅管理办法》等制度，通过制度明确其中的标准，从而对应上分权决策的流程。

同样的道理，很多分权流程都会涉及相应的制度，如表 2-6 所示，公司发文要有《公文管理办法》来对应；重要会议要有《会议管理办法》来对应；哪怕是黑名单管理，也应该有《黑名单管理办法》来对应。随着分权事项的细化，大大小小的规则制度都要随着《分权手册》逐步建立和规范起来。即使已经有了一些制度，也面临着优化完善的情况。

5. 抓执行

《分权手册》的落地终于到了最后一步。我最想说的是，最后一步才决定成败。很多公司愿意花时间精力在前面 4 步上，却不注重抓执行，最终导致《分权手册》功亏一篑。

表 2-6 《分权手册》审批事项3（部分）

序号	职权事项		对应制度	职权与业务流程规范					
				提案	审核	会审	审批	决议	备案
二	企业运营								
（一）	综合管理								
9	集团三年战略规划		暂无	集企		执委会	董事长		集财 / 集战
10	以集团名义编号下发的公文		公文管理办法	职能	集企		董事长		
11	大型专题会 / 集团半年、年度工作会议 / 对外庆典		会议管理办法	职能	集企		董事长		
12	分权手册及信息报送规范编制与修订	集团总部	暂无	集企		职能	董事长		
		集团－经营单位		集企		职能	董事长		单位
13	制度管理	管理手册 / 程序文件 / 体系管理标准	管理标准体系实施办法	职能	集企		董事长		
		工作指引		职能	集企		职总		
14	黑名单管理		黑名单管理办法	职能			集企		集财、集审
15	行政及对外业务用章审批		暂无	职能			职总		集企

注：“集企”为“集团企业运营部”的简称；“职能”为“职能部门”的简称；“职总”为“职能部门负责人”的简称；“集财”为“集团财经管理部”的简称；“集战”为“集团战略发展部”的简称；“集审”为“集团审计部”的简称。

我们抛开“真分权还是假分权”等人为的主观因素不论，能否持之以恒地抓执行是《分权手册》能否真正落地的关键。

美的营运部门会通过具体的案例、数据的统计等多种方式，定期地将所有违反《分权手册》的情况通报出来，如图 2-4 所示，包括流程设置不合理的、模板错用的、反复驳回的、流程超时的，等等。这类通报要让各部门都能看到，也让大家都知道《分权手册》是有人在管理的，不能随意改变，更不能置之脑后。

营运管理部文件

关于近期部分流程节点不合理的通报

各单位：

为进一步提高事业部各单位流程效率，减少流程运行中不合理的现象，近期营运管理中心对 10 月 26 日～ 11 月 22 日流程节点进行了抽查，发现部分流程存在明显不合理的现象，现作通报如下：

一、流程不规范的问题描述：

1、审批节点人员设置不合理

范例 1：11 月 11 日芜湖工厂 *** 提交的《芜湖工厂配件车间钢板替代使用申请》，根据公司分权手册（（2018B 版）中“工单替代审批流程钢板类”要求，审批节点仅需“财经”1 人即可，而事实上此流程审批节点人员多达 4 人，且包含了总经理在内；此流程显然不符合公司的分权手册要求，流程设置不合理。

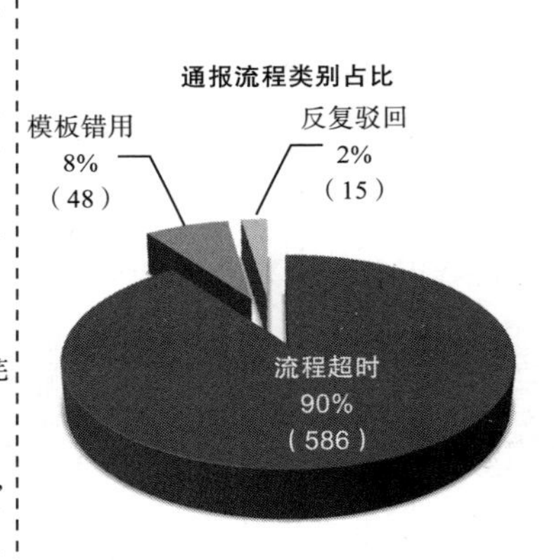

图 2-4 《分权手册》执行情况通报

只有坚持不懈地抓执行，才会让所有人养成遵照《分权手册》行事的习惯。

6. 日常分权流程怎么管理

说完《分权手册》落地 5 步法，我们最后再来谈谈日常的分权流程怎么管理。

早期美的 IT 系统还没那么完善的时候，我们每个人桌上都放着一本《分权手册》，方便知道自己要做的事项该由谁审核、批到谁结束、批完后备案给谁。现在这些早已通过 IT 系统做了流程固化。

这些关系到所有人的日常分权流程的管理，也经历了由粗放到规范的过程。这就涉及建立分权流程管理规则的问题。分权流程的管理规则包括三方面：对流程接口的要求、对过程节点的要求、对审批效率的要求。

（1）**对流程接口的要求。**

还以差旅费报销为例，每个部门的每个员工是否都可以自己提交报销审批流程？还是说每个部门由一个综合管理岗位汇总后，统一提交审批流程？再比如各部门的培训费报销，是允许每个部门单独提交，还是由人力资源部门统筹后合并提交？

每个人在每个事项上都可以成为流程接口吗？还是相同事项设置一个流程接口？如果不对这种流程接口做管理要求，各个部门就会五花八门，各行其是，很多日常小事也会把分权流程搞得很复杂。

为避免这种混乱的情况，就需要对流程接口有所要求和管理。

（2）**对过程节点的要求。**

参与审核过程的节点可以由提交人自主选择吗？还是有关的各个部门节点都要审？抑或规定不能超过几个审核节点？部门内应该有几个？跨部门应该有几个？……

类似这些问题，都是关于过程节点的要求和管理。

美的先后出台过"部门内 3 人节点、跨部门 5 人节点""原则上仅设置 3 个签批控制点"等相关规定，就是对过程节点进行要求和管理。

（3）**对审批效率的要求。**

每个节点多长时间要有反馈？一天还是两小时？一个流程要在多长时间内完成审批？驳回次数有限制吗？……

类似这些问题，都是对审批效率的要求和管理。

为了制定完善的分权流程管理规则，原来美的制冷集团推行过"1131"流程工作项目，要求做到流程一个接口、一个工作日审批、三个签批控制点、一个工作日反馈。美的日电集团也出台过 1 小时反馈、4 小时完成、先内后外、驳回不超过 2 次、事前沟通事后执行等一系列规则。美的内部还对高管的审批效率进行定期公开通报，就是为了让领导们加快审批速度，不要成为下面做事的阻碍。

只有在日常工作中推行下去，并不断提高管理要求，《分权手册》才能真正落地。

内容小结

《分权手册》在形式上容易模仿，难的是实操过程，因为确实有很多落地细节和管理规则要逐一做到位。

美的《分权手册》落地5步法：定原则、分类别、理分权、明制度、抓执行。

定原则，就是先定分权的基调。

分类别，是按MECE法则从大的维度分门别类。

理分权，要注意组织层级、职等职级、金额等级的分级管理。

明制度，要形成相应的制度支撑。

抓执行，是最后一步，也是最重要的一步。

说到这里，我想起当初学打羽毛球时专业教练说的一番话。他说："你们刚学打球，是在用手打球，只会用手挥拍去击球；而好的运动员是用脚打球，能做到提前跑位站位；至于顶级运动员，则是用脑打球，会根据当天的状态、场地的风向、对手的特点、每一个回球的质量等多个方面，来决定每一个击球的动作。"《分权手册》就像"羽毛球"，对所有人都一样，但初做者只是"用手打"，好一些的在"用脚打"，只有真正实操落地的才是"用脑打"。

第三章 —— CHAPTER 3

人才之梯

第一节 做一家“移民企业”

“（20世纪）60年代用北滘人，70年代用顺德人，80年代用广东人，90年代用全国人，21世纪我们用全世界的优秀人才。”

美的创始人何享健30多年前的这一番话，已经用宏大的叙事方式表明，为了把企业做大做强，美的要在人才结构上蜕变为一家“移民企业”。顺着这个思路，我仔细梳理了一下，美的历史上先后出现过7次“移民潮”（见图3-1），而且很多做法至今坚持不懈。大量“移民”人才的涌入，也彻底将美的改造成了一家“移民企业”。

我们逐一来看这 7 次“移民潮”。

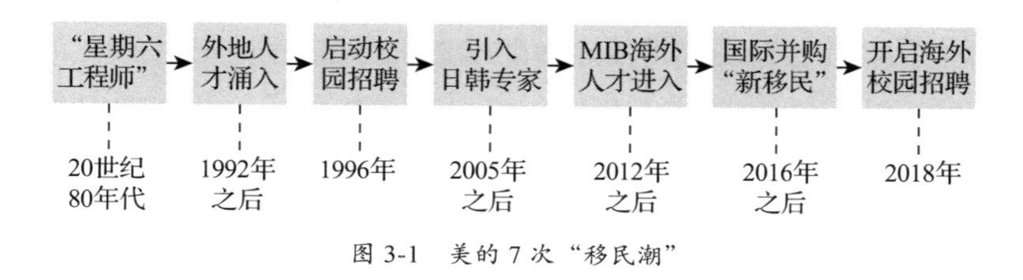

图 3-1 美的 7 次“移民潮”

1. 20 世纪 80 年代，“星期六工程师”

1980 年，美的第一台 40 厘米台扇问世。为了解决随之而来的技术问题，何享健请广州国营大厂的技术人员利用晚上或星期六的时间过来帮忙。这些人当时被称为“星期六工程师”，在广东被称为“炒更”。虽然这种做法当时很流行，但实际上并不被允许。

在“偷偷”干了一段时间之后，一些“星期六工程师”陆续被何享健挖过来，也算是正式“技术移民”了。这期间最著名的例子，就是原任职于广州一家空调国营厂的何应强，从帮忙到进入美的成为空调厂总工程师，之后走上技术副总的岗位，直至成为第一届董事会成员。

2. 1992 年之后，外地人才涌入

1992 年邓小平南方谈话，掀起改革开放的高潮。美的借助这一波人才南下的浪潮，开始大批吸纳“外地移民”。

方洪波就是这一年进入美的的，此外美的原日电集团总

裁黄健、美的原机电装备集团总裁蔡其武也都是同一年进入美的的。还有其他来自外地的各类人才，都于 1992 年之后涌入美的，在管理和技术等方面陆续走上了重要岗位。

美的这次“移民潮”的形成，除了政策环境的影响因素外，也与其自身的两个重大做法关系密切。首先是 1992 年美的股份制改造，开始从劳动密集型向技术密集型转型，加大了从外部引入各类人才的力度。其次是前一年美的引入华南理工大学马军博士，经《光明日报》《中国青年报》《经济观察报》等媒体头条刊登后，引起社会重大反响，使美的从乡镇企业中脱颖而出，吸引了外界人才。

3. 1996 年，启动校园招聘

美的前面两次“移民潮”，性质上还是属于社会招聘。

1996 年，美的正式启动了校园招聘。这一年，美的从包括中山大学、华南理工大学、华中科技大学等在内的 13 所院校，批量招聘大学毕业生，从此走上了规模引入、自主培养人才的道路。也是从这一年开始，大学生成为美的“外来移民”的主要来源。

现在回想起来，我也是这类“外来移民”大军中的一员，1999 年以毕业生身份进入美的后，目睹了美的突破千亿元营收规模，也目睹了每到毕业季，美的周边房租价格的上涨。

从早期的招聘几百名毕业生到后来的招聘几千名毕业生，美的校招规模越来越大，迄今历经近 30 年从未间断，而且还将持续下去。

4. 2005 年之后，加大引入日韩专家的力度

美的对国际人才的引进最早是从日韩专家开始的，而能够小有规模形成气候则是从 2005 年开始的。

此前，美的有多年与日本企业合作的经验，也有零星外籍专家的加入，但还谈不上“移民潮”的程度，直到 2005 年微波炉事业部顶着亏损的压力，开始逐年两位数引入日韩专家，之后不到两三年的时间里，在产品和管理上产生了很大改观。这一举措引起集团的注意，从而将外籍专家的引进纳入各事业部的重点工作，而且每月对比通报各事业部专家引入的数量和进度。在持续几年之后，整个美的外籍专家的数量达到上百人，其中 85% 以上是日韩专家。

我记得那时候招一个韩国专家入职，他之前没到过广东，但第一次面谈时就和我提了一个很具体的条件，要求安排住在广州番禺的祈福新村，从这一点我就知道他已经和美的其他的韩国专家联系过了。美的内部说祈福新村就是“韩国专家村”，韩国专家都扎堆住在那里，可见当时已经形成了一定的专家集聚效应。

至于当年为什么是微波炉事业部开启了这波日韩专家“移民潮”，主要有两方面原因：一是国内市场，美的和格兰仕的价格战打到“筋疲力尽”，需要产品创新和技术升级，快速走出价格战的泥淖；二是海外市场，微波炉的 OEM 客户都是三星、LG 这些国际巨头，其对价格、质量、技术等方面要求非常严苛。

在这双重压力下，单靠一己之力已经难以实现质的突破，引入世界级专家就成为必经之路，而同处亚洲的日韩专家又是最适合中国企业的不二选择。

5. 2012年之后，MIB海外人才进入

2012年，方洪波执掌美的，进行了壮士断臂般的组织变革。

在集团层面新成立的7大业务平台中，有一个平台型事业部：国际事业部，内部简称MIB（Midea International Business）。

国际事业部与其他产品事业部不同，它以美的自有品牌的海外销售为主，也是海外人才进入美的的桥头堡。国际事业部管理着美的海外合资公司、分公司及办事处，员工多达数千人，其中96%在海外区域办公。这一角色和特点决定了国际事业部要以比其他事业部更大的力度引进各国人才，从而实现高度本地化运作。

各事业部外销部门，一眼看过去，基本都是中国人，但是当年我去国际事业部汇报的时候，满眼都是各种肤色的外国人。各事业部外销部门内部的沟通平时都用中文，但是在国际事业部，交流基本都用英语，发布文件全都是双语。国际事业部内部的各种讨论培训，很多议题都要照顾到不同国家的文化和价值观。

国际事业部在承担着销售任务的同时，也肩负了美的海外品牌推广和人才国际化的职责，开启了美的最早一批的海外人才“移民”。

6. 2016 年之后，国际并购“新移民”

2016 年以前，海外人才进入美的，大多是以个体或合资公司的方式。2016 年之后，随着美的几起国际并购的完成，海外人才开始以国际公司为单位，批量性地“移民”美的。

举几个典型的美的国际并购案例：2016 年，收购日本东芝白色家电业务，同年，收购意大利中央空调企业 Clivet；2017 年，收购德国库卡和以色列高创；2020 年，收购泰国日立压缩机工厂。这些国际公司所拥有的海外人才加大了美的“海外移民”的比重，加速了美的国际化的步伐。美的不仅要成为一家“移民企业”，而且要成为一家“国际移民企业”。

7. 2018 年，开启海外校园招聘

前面我们说过，美的于 1996 年开启校园招聘，在经过 22 年之后，美的于 2018 年正式开启了海外校园招聘，将校招的眼光投向了全球市场。

海外校招现在已经扩大到美国、德国、英国、加拿大、澳大利亚、日本、新加坡、印度等国家和地区，除了设立校招专场外，还增设多个海外招聘地点。以英国校园招聘专场为例，覆盖了帝国理工大学、伯明翰大学、巴斯大学等重点院校。

美的现在拥有 3 万多海外员工，随着海外校招的开启和扩大，美的还在不断吸纳着更多高学历高素质的年轻“海外移民”。

8. 除了“外部移民”，还有“内部移民”

细数完了美的7次“移民潮”，我们就会明白，美的从早年顺德的一家乡镇企业，成长为今天的国际公司，不是一蹴而就，更不是闭门造车，而是不断吸纳、不断蜕变的结果。

我们容易看到的是比较明显的“外部移民”，不容易看到的还有同样重要的“内部移民”。美的“内部移民”有两种：“横向移民”和“纵向移民”。

- **“横向移民”**

在第一章“结构之先”中，我们已经知道美的最早只有5个事业部：风扇事业部、空调事业部、电饭煲事业部、电机事业部、小家电事业部。美的后来的多个事业部则伴随多元化的步伐，一方面在这5个事业部的基础上衍生而来，另一方面通过外部收购兼并而来。

美的人才在各个事业部之间是可以自由流动的。这种人才的“横向移民”，极大地促进了新业务的发展。

例如冰箱、洗衣机等事业部的人才，很多是来自空调事业部的；微波炉、饮水机等事业部的人才，有不少是来自早期的风扇事业部的；洗碗机、热水器、油烟机、灶具等公司的人才，不少是来自小家电事业部的；电磁炉、压力锅等公司的人才，不少是来自电饭煲事业部的。

当然，也不尽于此，这中间也有很多相互交叉的横向流动。我自己就是从最初的空调事业部，转了几圈后到的整体厨卫事业部（现在最新的名称是厨热事业部）。

- **“纵向移民”**

如果说“横向移民”是给新业务拓展输送了人才，那么“纵向移民”则打通了人才的上升通道。

最典型的“纵向移民”就是校招的毕业生。毕业生进入美的，只能算是“初级移民”，但这种“初级移民”通过努力创造业绩，也一样可以上升到集团高层的位置。美的中高管干部有很多都来自不同时期进入美的的毕业生群体。

上升通道是为每一个新进入的“移民”打开的。前面提到美的第四次“移民潮”中，引进了上百位日韩专家，其中有不少日韩专家都做到了研发总监、品质总监、制造总监等实权高位，而不仅仅拥有被高高“供起来”的专家地位。

人才的流动有横向、有纵向、有内部、有外部，这种纵横交错内外结合的“移民”方式，打造了“活水型”组织。美的在人才结构上可以说是一家名副其实的“移民企业”。

9.“移民”的难处与好处

我常常觉得，一件事做起来有多难，好处就有多大。反过来也成立，一件事所能得到多大好处，做起来就有多难。正所谓“不经历风雨，怎么见彩虹”。

美的在7次“移民潮”中遇到的艰难险阻，绝不像我前面所写的那么轻而易举，其中的阵痛与苦楚，难以为外人所知。

例如，20世纪80年代的“星期六工程师”，实际上技术人员本人和企业都冒着巨大的政策风险。再比如，1992年第二次“移民潮”中进入美的的方洪波，作为一个“外来户”，在被何享健任命为营销公司副总时，主导销售体系变革，和当时顺德本地经销商发生了激烈冲突。何享健力排众议，方洪波顶住压力，最终才使得很多本地人让位，让“外来移民”推动美的走上了正确的道路。

再举一个发生在我身边的校园招聘案例吧，有一个名校毕业的女生，和我同一批校招进入空调事业部。那时候毕业生都被安排住在美的新村，她每天都哭着打电话给她妈妈，说从上海大城市一下子来到这么落后的一个南方小镇，周边连个电影院都没有，心理落差很大，也不知道未来会是怎样，只想快点回家。果然，没过 3 个月，她就走了。

这个女生的情况不是个例，美的那时候确实提供不了更好的条件，很多毕业生刚来的时候都不适应，不适应气候、不适应工厂、不适应配套……因此员工流失率非常高，毕业生的三年保有率在很长一段时间里都不足三分之一。这种大进大出的成本实际上非常高，即便如此，美的依然坚持每年大批量招聘毕业生。

我还记得有几年内部面临人员优化时，美的还专门针对毕业生出了政策，要求各部门不能裁减毕业生，无奈之下各部门只能含泪和老同事告别。

还有后期日韩专家和海外人才进入美的，关于他们如何克服自身的不适应，美的如何保护并帮助他们融入企业，也有很多故事和案例，我无法一一讲述了。

总之，每一次“移民潮”带来的变化和渡过的难关，不是一言难尽，而是千言难尽。但这种种做法，都是为了给企业不断输入新鲜血液，保持组织活力。

艰难困苦，玉汝于成。正是主动掀起一次又一次的“移民潮”，一次又一次地迎难而上，美的才能不断吸引来自五湖四海、世界各地的人才，也正是这些四面八方的人才，推动着美的过百亿、破千亿、奔万亿。

10. 为什么美的能成为“移民企业”

我在各地做咨询时，会接触到不少当地企业，在一些企业内部能时不时听到大家用本地方言交流。我对企业内员工说方言毫无意见，我自己当年刚进美的时就非常热衷于学说粤语，包括学顺德北滘话，以至于不到两年就掌握得七七八八了（七七八八，算是当地话吧）。但如果在一家企业内，绝大多数员工的日常工作交流仍是以当地方言为主，我会觉得这家企业的人才开放度还是欠缺了一些。

深圳是中国最大的“移民城市”，到2023年年末常住人口高达1779万人，其中绝大多数都是外来人口。在深圳街头，可以听到几乎中国任何一个地方的方言，但很少听到本地人的方言，很多人都说在深圳已经快找不到本地人了。正是说着各地方言的人才不断涌入深圳，把深圳变成了一座“移民城市”，才成就了深圳的高速发展。

美的这家企业在吸纳“移民”和快速发展上非常像深圳。美的员工不论来自哪里，在企业里一定能找到老乡。我老家是内蒙古的，还想着内蒙古属于偏远的北方，在美的应该很难找到老乡吧，没想到第一天住进宿舍就发现我隔壁就是内蒙古的，后来去了几个事业部，都遇见了老乡级的同事。这是因为美的“外来移民”够多，人员流动够大，碰到老乡就成了大概率事件。

问题来了，为什么美的能成为“移民企业”？

主要有三方面原因：够开放、给舞台、给待遇。

• 够开放

何享健曾经这样总结过，“美的成功有两大关键：一是开放用人，二是科学管理”。

开放，是排在第一位的。够开放，才能谈发展；够开放，才能谈突破。

中国改革开放后迎来了快速增长的 40 年，而美的开放的步伐也正是踏中了改革开放的节拍。

最近，“人才密度”这个词非常流行。但是，没有开放的力度，就谈不上人才密度。

何享健对于用本地人还是外地人，有过这样一番言论，可以充分说明他坚持开放用人的力度：“开放用人，本地人意见比较大，说你都用外地人，不关注我们自己人。可是美的要发展，我们 99% 用的是外地人，不是顺德人，这是企业的需要，是发展的需要。”

• 给舞台

人才不仅要进得来，还要用得好。

美的用结果导向的“赛马机制”给人才以舞台。美的的人才观不是任人唯亲、看资历背景，从创业之初，条件只有一个，用业绩说话。

何享健在接受《南方日报》采访时曾说，“只要是符合美的需要的人才，不分国籍，不论出身，不论是不是‘空降兵’，我都会顶住压力给他机会、平台”。

“赛马机制”将所有人才放在相对公平的同一条起跑线上，舞台则向每一个业绩优秀者敞开，这才能让很多愿意凭借努力改变命运的人源源不断地进入。

- **给待遇**

工资、奖金、年终奖、股权……种种收入待遇是吸引人才、保留人才必不可少的重要部分。

我不得不再次引用何享健的原话了，“事业是大家创造出来的，效益是大家挣的，应该大家去分享……结果好就要给他好的回报”“整个薪酬制度要和国际接轨，在本地区、行业内要最具吸引力”。

总而言之一句话，美的不仅舍得给，而且给得科学合理，能激发更旺盛的士气和斗志，这样也就进一步吸引了外部人才参与原本已经十分激烈的“赛马”竞争，从而形成“万马奔腾”的良性循环局面。

够开放、给舞台、给待遇，美的长期坚持做到这三点，今天能成为一家优秀的“移民企业”，也就不足为怪了。

内容小结

“问渠那得清如许？为有源头活水来。”

与封闭的企业相比，“移民企业”总是充满活力。美的历史上主动掀起过 7 次外部“移民潮”，同时在企业里还有着纵横交错的“内部移民”。

成为一家“移民企业”，难吗？

美的的经历告诉我们，很难。但只要迎难而上，足够开放，不断给人才以舞台和待遇，成为“移民企业”也将迎来新生。

第二节 干部管理的 6 次升级

很多企业经常感慨，自己的干部队伍建设不足，一方面内部培养效果不明显，另一方面外部空降融合难。我这些年作为咨询顾问看到更多的是，多数企业并没有真正把干部管理作为一项长期基本功来修炼，要么“人到用时方恨少”才开始悔不当初，要么急功近利反受其害。我们常说“十年树木，百年树人”，更何况是要形成批量性的优秀干部队伍，绝不可能是一朝一夕之功。

美的被誉为家电行业的“黄埔军校”，不仅自身良将如潮，而且还输送了大量人才到众多行业。

美的干部管理是如何一次次升级而来的？又是如何在不同阶段发挥作用的？这一节我们就来梳理一下美的干部管理的 6 次升级之路（见图 3-2）。

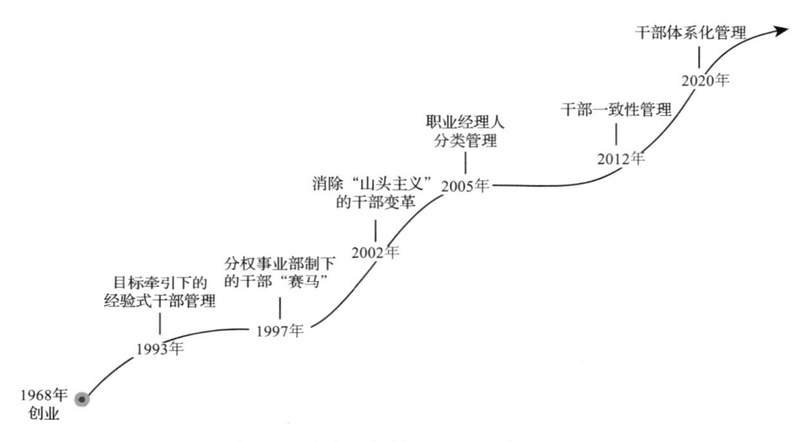

图 3-2 美的干部管理的 6 次升级之路

1. 第 1 次升级（1993 年），目标牵引下的经验式干部管理

1993 年 11 月 12 日，美的在深交所上市，成为中国第一家上市的乡镇企业。

上市以后，企业现代化管理的要求更高了，创始人何享健在打定主意“不搞家族式管理”的理念下，也意识到原来的创业元老们已经无法满足企业未来发展的需要。通过经济补偿加个人感情等方式，何享健陆续劝退了一批创业元老。“电脑释兵权”的故事就是这段历史演绎出来的，实际上绝不可能是“一台电脑”就能轻易解决的。

创业元老们退出，中高层干部进行了调整，并实行了各董事分管下的厂长负责制。虽说有分管的安排，但高度集权的直线职能制管理方式仍是核心，在当时并没有明确的干部管理的说法。对各级干部的管理，更多的是凭借何享健个人的经验和权威。

与以往“目标责任制”的试点不同，美的从 1994 年开始正式推行了“经营目标责任制”，而且一年一签，除了销售公司要签以外，各工厂厂长也要签。由此确立了以经营目标为牵引的责任制管理方式，并一直沿用至今，成为美的最体现“结果导向”的做法，也是美的最重要的干部管理方式。

2. 第 2 次升级（1997 年），分权事业部制下的干部“赛马”

1997 年，推动分权管理的事业部制变革，是美的管理模式上的重要分水岭。

实行事业部制既解决了美的多元化战略与组织的矛盾，也解决了高度集权模式下各级干部不担责的管理问题。随着《分权手册》的落地实施，结合着经营目标责任制，责权一致、利益匹配的管理机制开始形成，各事业部总经理及各级干部既有了大展身手的舞台，也有了做大做强的动力。

以事业部为单位进行干部管理，并逐渐形成职业经理人队伍，成为美的干部管理升级道路上的重要里程碑。

分权事业部制下，各事业部、各级干部的“赛马”机制活力四射，干部的经营管理等各项能力也在“赛马”过程中得以快速提升，这时候与其说是干部管理，不如说是干部激活。

得益于事业部制变革的成功，美的电器营收在 1997 年下滑至 21.8 亿元后，很快在 2000 年突破了 88 亿元，整个集团营收也在这一年突破了 100 亿元。

3. 第3次升级（2002年），消除“山头主义”的干部变革

分权事业部制在激发各事业部总经理活力的同时，不可避免地令其产生了居功自傲的心理，如果不及时加以控制和纠正，随之而来的就是“山头主义”的形成。

在2000年美的实现百亿元目标之后，各事业部总经理在集团的地位越来越高，大事业部的一些高管有时连集团管理部门的要求都置之不理。比如，集团召开半年度和年度的总结计划会议，按照议程安排，会后有统一的晚宴，但事业部很多管委会成员常常借故不出席。这还只是“软抵抗”，更有甚者，个别事业部总经理在集团会议上公开指责集团一些部门不打招呼就去事业部做调研、找问题。诸如此类情况时有发生。

这种现象在2002年达到了顶峰，因为这一年集团在对家庭电器事业部进行变革的时候，遇到了很大的阻力。例如，事业部驻外的分公司经理们联名写信给集团，请求停止变革。类似的很多做法，都突破了美的《分权手册》的底线。

集团当时将家庭电器事业部的问题定义为“内部人控制问题”，这是公司治理中专业的说法，实际上就是“山头主义”，想脱离集团的控制。

2002年6月，美的集团毅然决然地将家庭电器事业部“一分为四”，分拆为风扇、电饭煲、饮水机、微波炉四个事业部，分别任命了四个总经理，并做了干部的大换血。那时我在集团参与了这次变革的全过程。

何享健在2002年年底的总结大会上曾这样评价此次变革："经营团队一分为四后出现了非常好的局面，与以前相比完全不同。整个经营团队的面貌、素质、诚信度都有很大的提高。所以说原家庭电器事业部的改革解决了很多原来美的文化中存在的障碍，不仅解决了，而且有了很大的提高。"

2003年，美的又将厨具事业部拆分，分别成立取暖清洁事业部、洗碗机公司、热水器公司、日用家电公司，对很多干部进行了调整优化，同时进一步强化了干部的行为管理。

2002～2004年，何享健在内部多次强调："美的一定要做到统一政令、统一行动、管理通畅。各事业部、经营单位虽然经营上彼此独立，但都属于美的大家庭，应该强化以集团为核心和龙头的价值观，统一目标，相互融合，形成整体，形成合力。各个单位和个人都应该严格遵守规章制度，建立良好的行为文化，借此增强企业的凝聚力和向心力，这需要各级管理层做出表率。"

这一轮的干部变革和强化管理，将"山头主义"的苗头彻底扼杀。

4. 第4次升级（2005年），职业经理人分类管理

2004年年底，美的集团大幅调整组织结构，撤销了威尚管理本部，并从产业整合的角度出发，在原来股份本部、制冷本部的基础上，组建了制冷集团、日电集团、电机事业本部、房产事业本部的四大二级产业集团。

2005年，二级产业集团的管理模式正式开始运作，企业

集团向二级产业集团“放权”，二级产业集团向三级事业部“收权”。这样，形成了企业集团做大价值、二级产业集团做大产业、三级事业部做大市场的新的组织定位和管理模式。

在新的组织定位和管理关系下，美的在干部管理上升级到一个新的阶段：职业经理人队伍的分类管理。

美的集团专门开展了“打造职业经理人队伍”的管理咨询项目，并在咨询公司的协助下，正式将职业经理人分为三类：内部企业家、职业经营者、专业管理者。

- 内部企业家，指以集团长期价值增值为目标，并拥有相应决策权的职业经理人，主要包括企业集团和各二级产业集团第一负责人。
- 职业经营者，指对一级经营单位的经营业绩负直接责任，并拥有相应经营权的职业经理人，主要包括各事业部、集团直属经营单位的总经理。
- 专业管理者，指负责某一职能专业管理，向集团总裁和一级经营单位总经理直接汇报的职业经理人。主要包括集团各职能部门负责人、一级经营单位除总经理以外的管委会成员。

三类职业经理人构成了美的最主要的干部队伍。

从这时候开始，美的干部管理从原来较为宽泛的范围，明确聚焦为职业经理人队伍，并加大了绩效考核的约束力度，比如三个季度不达标就面临下课的风险。

2006年之后，美的又专门针对职业经理人相继出台了《职业经理人基本行为规范》《职业经理人六条红线》《职业经理人信息申报》《职业经理人竞业限制》等制度，加强了规范运作、诚信和职业操守等价值观与行为方面的约束管理。

至此，二级产业集团、三类职业经理人的干部管理模式日渐成熟并趋于稳定，美的也于2010年突破了千亿元规模，干部队伍随着规模的快速增长而迅速壮大，直到2012年的战略转型来临。

5. 第5次升级（2012年），干部一致性管理

2011年下半年，美的在高速发展中猛踩了一脚刹车，开始停下来自己革自己的命，要根治多年形成的低质量的增长模式，转而追求高质量发展。

2012年方洪波接过美的权杖后，持续推动了美的有史以来最大规模的战略转型，退地、关厂、裁员、砍业务、减品类……在这一场断臂求生、以退为进的激烈变革中，美的干部管理也发生了翻天覆地的变化，主要有以下三个方面。

第一，在干部数量上进行了大幅缩减。随着二级产业集团的撤销、部分业务单元的退出、多个事业部的合并，组织扁平化至少精简了50%以上的干部，庞大的干部队伍得以“瘦身”。

第二，在干部设置上严格实行了一致性要求：其一，不许设立副职干部；其二，不许在少于4人的组织模块里设立干部，只能由部门负责人或其他模块负责人兼任；其三，强力推动集团内干部轮岗，打破长期存在的干部跨事业部、跨区域调动难和转岗难的局面；其四，干部任免权限进一步收

归集团。

第三，加强干部的思想改造与能力提升。例如，集团推动“TCG”项目，由干部带头进行转型、变革、成长，每个月安排一名高管进行集团层面的公开分享，内容包括管理改变、经验传承、变革收获等；同时，美的学院从常规的培训职能转变为专注提升领导力；值得一提的是，以新型后备干部培养为目标的“航系列”培训也在这一阶段应运而生，方洪波本人亲自担任领航班的班主任。

2012 年以来的战略转型非常深刻地改造了美的干部管理体系，打造了精简高效、上下同欲、整体一致的干部队伍。

6. 第 6 次升级（2020 年），干部体系化管理

2017 年，美的营收规模突破 2000 亿元，达到了 2419 亿元。

在全球化经营上，美的持续建设“2+4+N”的全球研发网络，并陆续将德国库卡、日本东芝家电、以色列高创、意大利 Clivet 等收入囊中。在数字化转型上，全面推行 T+3 模式，实施数据驱动的 C2M 客户定制，数字化开始进入 2.0 阶段。在 To B 转型上，除了进行海外并购外，在国内还先后收购了合康新能、菱王电梯、万东医疗等公司。

面对智能家居、工业技术、楼宇科技、机器人与自动化、数字化创新这五大业务板块的发展要求，特别是在明确向科技集团转型的战略后，美的在干部管理上逐步从一致性向体系化迈进，最为明显的转变是在 2020 年。

这一年，美的改变了沿用近20年的M（管理类）、P（专业类）、O（操作类）职级体系，开始推行23级的新职级体系，对所有类别的职级全部进行拉通管理，并重新搭建任职资格体系，对于18级以上的职级评定，都要经过集团的答辩评估，要想晋升还必须全票通过。

除了拉通管理和强化约束以外，美的在股权设计上加大了激励绑定，针对职业经理人持续推出了事业合伙人、全球合伙人、限制性股票等多种方式。

在绩效考核方面，从一年的经营目标责任制，扩大到三年的经营目标责任制，2020年又开始推行OKR等方式，从关注结果到加强过程管理。

从职级体系到任职资格，从中短期考核到中长期考核，从注重结果到强化过程，从单一的经营激励到多种方式的合伙人计划，美的干部管理体系化的特征日益突出，再次实现了一次整体的升级。

7. 美的干部管理的3个根本

美的干部管理的6次升级，时间跨度近30年，也都是在不同背景和条件下实施的，但不论哪一次的升级，实际上都遵循了3个根本。

（1）**干部管理，始终承接战略、支撑组织。**

美的做干部管理，从来没有局限于人力资源管理的专业，也没有为了权谋而管理干部。美的每一次的干部管理升级始终指向战略目标，始终支撑组织变革。

战略转型很大一部分在于转人，而转人的重点在于转干部。干部不发生变化，组织就不会变，战略就难实现。

从这一点出发，我们就能更深刻地理解，为什么美的的干部管理升级始终伴随着战略转型和组织变革，因为美的不是为了管干部而管干部，而是为了战略达成和组织提升。

所以，衡量干部管理做得好不好，首先要看是不是承接了战略，是不是支撑了组织。

（2）**干部管理，不是搞运动，而是长期工作。**

很多企业总想通过猎头挖人来改造干部队伍，进而实现组织能力的提升，这在根本点上就走偏了。

猎头挖人可以带来一些新鲜血液，但是组织的血脉能否畅通不在于几个外来高管的进入，也不在于几次运动式的调整，而在于能否常抓不懈地做干部管理，正如一次拉练暴走30公里只会感觉筋疲力尽，反而不如每天1公里、坚持1年的锻炼效果。

美的干部管理6次升级的做法还只是在大的时间跨度上的总结，实际上美的每年每月都将干部管理作为重要工作来抓，而且一抓就是三十年，是真正将其作为长期工作来抓。只有这样，美的才能在关键的转型时点上，不仅有人可用，而且整个队伍都能够上下一致、行动迅速。

（3）**干部管理，该狠要狠，该放要放。**

人是感性的，但做企业偏偏需要高度的理性。

每一次的干部调整都要面临情感的抉择，有些还是十几、二十年的深厚情谊。俗话说“慈不掌兵、义不掌财”，这句话的前半句放在干部管理上真是非常贴切。

企业发展的不同阶段肯定需要不同的干部，很少有人能完全符合所有阶段的要求，也很少有人能始终相伴。这一点，想通不够，还要看透，看透不够，还要能下手。所以，干部管理，该狠要狠，该放要放。

美的在这一点上是典型的“人狠话不多”。我在给很多企业分享完美的的管理之后，有好几个老板都非常感慨地和我说，“回想这些年我们公司的做法，对比之下我发现和美的最大的差距，是缺少了一股狠劲儿”。

该放手的时候不舍得放手，该下手的时候不忍心下手，这确实是很多企业老板对待干部的心理，也最终造成了企业“干部队伍良莠不齐”“总觉得无人可用”的困局。

内容小结

人对了，什么都对了。人不对，怎么做都不对。

干部是企业中极其重要的人群，因此干部管理是企业管理中仅次于战略管理和组织管理的关键环节。

美的经过半个多世纪的高速发展，在干部管理上实现了 6 次升级，每一次的升级都把企业往前推动了一大步，这才让企业能够快步走到今天。

干部管理有 3 个根本：始终承接战略、支撑组织；不是搞运动，而是长期工作；该狠要狠，该放要放。

第三节 顺应人性的制度设计

执行力这个话题，实在可以说是经久不衰。在我的记忆中，早在 20 年前就被要求看拉姆·查兰和拉里·博西迪合著的《执行力》一书。后来作为内部讲师，我还讲过高效执行力的课程。

这些年走上管理咨询的道路，在很多客户那里，我又不断听到老板们把执行力挂在嘴边。之所以会把执行力挂在嘴边，是因为他们被低下的执行力所困扰。

与之相比，美的所表现出来的高执行力得到了很多企业的认可。

那么，美的的高执行力来自哪里？这一节我们就来探讨这个话题。

1. 执行力的问题不是方法的问题，而是制度设计的问题

市场上有很多执行力的课程，我听了不少，以至于后来我也能讲了。

绝大多数培训师会给出各式各样的方法，比如明确目标、要事优先、细化分解、逐项跟进、目视管理、过程奖励等，还有些会上升到提高领导力、培养忠诚度的高度。

这些方法有用吗？

我的答案是：不好说。也许有用，也许作用不大。也许在某些人身上有用，也许在某些人身上就没用。特别是我在给企业做咨询的过程中，发现一个比较普遍的现象：很多企

业执行力低，常常并不是方法问题。因为在我们教授了相应的方法，员工也掌握了之后，却仍然表现平平。追问起来，为什么有更好的方法，却没有提高执行力？他们会说，提高了又怎样，最后还不是和从前一样。

正如爱因斯坦所说，“你不可能在产生问题的同一层面解决问题”。

不上升一层，就看不清问题的本质。不深挖一层，就无法从根源上解决问题。执行力的核心问题不在执行力本身的方法上，而在执行力背后的制度设计上。

这一点，我们在美的身上可以找到很好的印证。

美的不是一家整天强调价值观的企业，也不是一家严格军事化管理的企业，却能体现出高执行力，其中最主要的原因，是美的花了更多工夫在制度设计上，而且是一种顺应人性的制度设计。

有一个形象的说法：一个好的制度可以使坏人变成好人，一个坏的制度可以使好人变成坏人。所谓制度设计，美的习惯称之为“机制”。我原来总结过美的“135”的机制，这里重点来说顺应人性这件事。

美的的制度设计顺应了什么样的人性？

这个问题问得有点大，但又绕不过去。要回答这个问题，当然可以采用中国古代的“性善论”和“性恶论”，也可以援引麦格雷戈的X理论和Y理论，或是威廉·大内的Z理论，以及赫茨伯格的双因素理论，等等。不过，按照美的一贯的极简主义与实用主义，我不应该去套用那些高大上的理论概念来让你“不明觉厉”。所以，我还是尽可能用简单直接的方式说清楚这件事，而用“趋利避害”这四个字来概括，再合适不过。

“趋利避害”的普遍人性，没有人不知道，但谁能在制度设计上更好地顺应并放大这一人性，就看各自的功夫了。

细分开来，“趋利避害”实际上是“趋利”与“避害”两个方面，美的也分别都有针对性的制度设计。总的来说，在“趋利”上，美的是不断激发人的成就感；在“避害”上，美的是不断保持人的危机感（见图 3-3）。

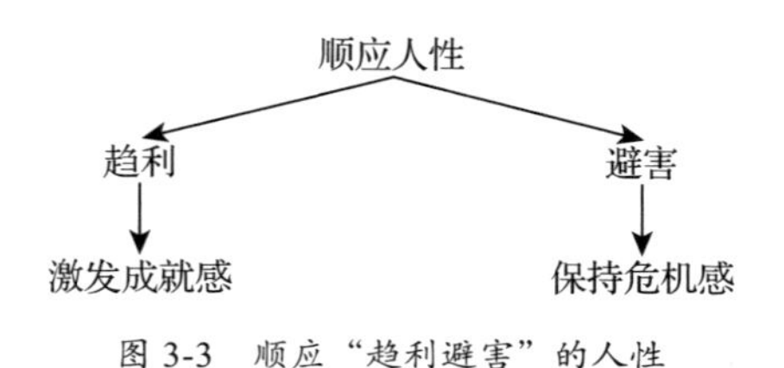

图 3-3　顺应“趋利避害”的人性

美的在这两方面不断深入并放大，才让各类人才持续产生高执行力。

下面分别展开来说。

2. 趋利：激发成就感

顺应人性中趋利的部分，就是要想方设法激发人的成就感。

而如何激发成就感，从大的方面来说并不复杂，无非就是物质激励和精神激励。其中的关键在于，怎样把这两种激励和人才的行为结果挂钩，从而让人才不停地动起来。

美的的做法是通过“三高”实现“两励”(见图 3-4)。

“三高”是指：高目标、高业绩、高回报。

“两励”是指：物质激励、精神激励。

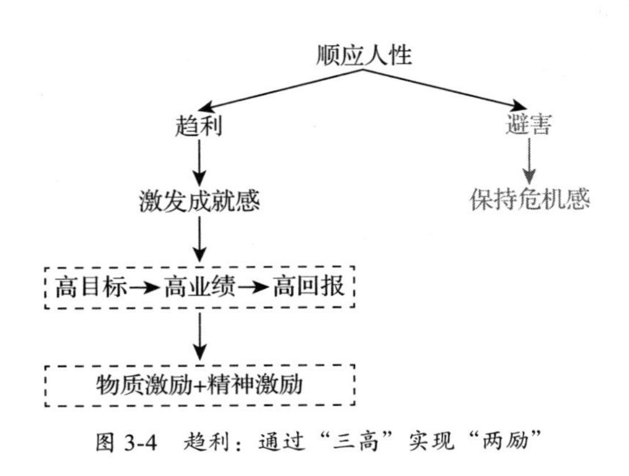

图 3-4 趋利：通过“三高”实现“两励”

不论是物质激励还是精神激励，美的都不会吝啬，而且非常舍得给。但关键在于，不论你职级和岗位如何，都不会让你旱涝保收，更不会让你吃大锅饭，只有在高目标的要求下，实现高业绩，才会有高回报。

有人可能会问，怎么让大家愿意去挑战高目标呢?

这就要看制度设计的激励方式合不合理，给出的回报够不够高了，没有人平白无故地要去挑战高目标。

美的所设计的目标可以简单概括为“踮着脚，够不着；跳一跳，够着边；跳两跳，拿更多；跳三跳，升上去”。也就是说，想轻松完成目标基本是不可能的，但是越努力、业绩越好，完成的目标越高，回报也就越高。

至于高目标与高回报之间的挂钩方式，美的会提前定好游戏规则，并通过年度经营责任制、股权激励方案、项目奖励方案等方式签订下来，而且年复一年地严格遵守。

以物质激励为例，薪酬收入大体会分成固定薪酬和浮动薪酬，可以简单理解为我们常说的工资和奖金。

很多企业也是这样分的，但在实操中会存在两个问题：一是在分配比例上，不少企业都是固定薪酬占大头，浮动薪酬占小头，浮动薪酬能占总收入 20% ～ 25% 都算不错了；二是在实际发放时，所谓的浮动薪酬基本上也是照发不误，和企业业绩、个人业绩关系不大，上下波动幅度能在 10% 也算不错了。

这样的做法，只能说在收入保障上有作用，但在激发成就感上却无效果，根本没有激发人性中“趋利”的一面。因为分配比例和波动幅度都太小，也就不能指望人才会拼命奔跑。

美的的做法则完全不同：一是在分配比例上，会让浮动薪酬占大头，而且越是高层，越是业务部门，浮动薪酬的占比会越大，这两类人员的浮动薪酬，超过 50% 是基本底线，达到 80% 都是正常；二是在实际发放时，所有人的浮动薪酬都完全和业绩结果挂钩，要么是个人业绩，要么是企业业绩，要么是二者相乘的一个系数。

因为浮动薪酬占绝对的大头，所以你会很在乎这部分，而这部分和你的业绩结果深度绑定，所以你会想方设法达成业绩结果。每一次达成业绩结果都会带来丰厚回报，你自然会在下一次继续拼命奔跑，这样就形成良性循环，让“趋利”

的人性充分发挥作用。

除了浮动薪酬和业绩挂钩以外，美的实施的多期股权激励也和业绩结果挂钩。

完成目标、达成业绩，不仅会获得足够的物质激励，还会获得不同类型的表彰、荣誉、发展机会等各类精神激励，例如每年科技月会评出“十大科技明星”，特别优秀的科技人员还会被选送成为全国劳动模范，乃至全国人大代表等。而更多无形的激励还在于，美的为那些没有背景但愿意奋斗、能拿结果的人才提供了实现梦想的舞台。

设定高目标、实现高业绩、获得高回报，在物质激励和精神激励的双重作用下，不断激发成就感，也就是在不断放大“趋利”的人性。

3. 避害：保持危机感

看完趋利的部分，有人可能会问：如果觉得目标太高，困难太大，不想拼命奔跑，而想偷懒甚至躺平，为此我放弃高回报还不行吗?

对于个人或许可以，但是对企业来说，还真不行。因为内卷的环境、市场的竞争使得企业犹如逆水行舟，不进则退。正如《爱丽丝梦游仙境》一书中，红皇后对爱丽丝所说的话：“如果你要维持在原来的位置，你必须很快地跑，如果你想要突破现况，就要以两倍于现在的速度去跑。”

如果在你的企业里，有人可以偷懒，甚至有人可以躺平，那就是在纵容消极的文化，也就是在传递一种危险的信号：

在这里，混日子也能过得下去。一旦出现这种看法，甚至形成心照不宣的文化，企业不是失去未来，而是很快就会失去现在。

那么，如何避免有人躺平，如何消除混日子的现象？

这时候，仅靠人性中“趋利”的部分就不够了，而必须要放大人性中“避害”的部分。你可以无欲无求，不追名逐利，但哪怕退一万步来讲，总归还是不想把自己置于危险之中，面对危险你会主动选择躲避。正所谓“君子不立危墙之下”，即使不是君子，也会立刻远离危墙。

在企业里，怎么做到这一点呢？

美的的做法是让所有人保持危机感。通过制度设计，让越躺平的人危机感越重，越努力的人危机感越轻。同时让危机感长期存在，这样就使人始终无法躺平，而要不断努力。

具体来说，是通过“三常”实现“两化”（见图 3-5）。

“三常”是指：常检讨、常 PK、常调整。

“两化”是指：赛马文化、变革文化。

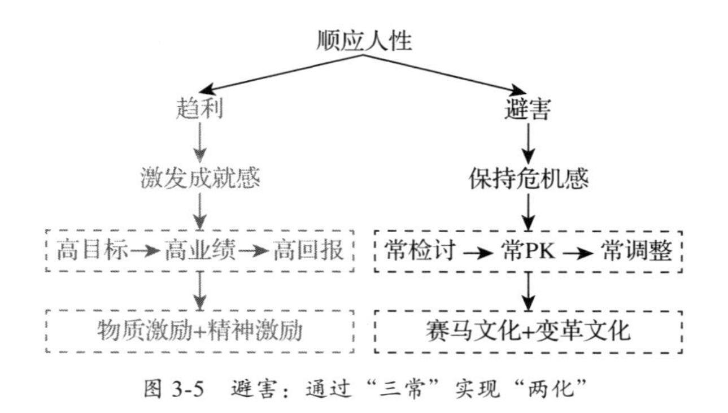

图 3-5 避害：通过“三常”实现“两化”

在激发你的成就感的同时，还要让你不要自信心爆棚，不要自以为是，不要轻易知足。而让你保持危机感，不断看到问题，不断看到差距。

为了做到这一点，美的将经营分析常态化，指标检讨常态化，互相 PK 常态化，变革调整常态化。

- **经营分析**

每月根据会计报表进行经营过程的跟踪，对比目标预算分解的完成情况，看当月执行进度，还要看累计执行进度，让你清晰地看到距离高目标还有多大差距，“革命尚未成功，同志仍须努力”。

- **指标检讨**

通过一系列的经营性指标和运营性指标，不断进行四种对比：和目标比、和同期比、和标杆比、和兄弟比（指内部兄弟单位），而且焦点始终放在对异常指标的检讨上，过程中聚焦异常、聚焦问题。现在通过数字化的手段，已经可以实时看到各项指标的表现情况。

- **互相 PK**

美的不仅和行业对手 PK，而且在内部各个事业部之间，也不断进行全方位的 PK。

例如，空调规模比微波炉大，但当月增长率没微波炉高；洗衣机这个月的交货期表现最好，但用户反馈数据不如冰箱；洗碗机智能化率上半年提升最快，但高端机占比却在集团内排名下降……如此全方位的 PK，没有谁能在所有指标上全面胜出，总能让你看到差距所在。

这样不断地互相 PK，就在内部形成了赛马文化。

• 变革调整

要说美的保持危机感最厉害的一招，还得说是变革调整，它要排第二，其他都不敢排第一。

我曾形容美的是停不下来的鲨鱼，主要就是说美的一直处在动态的变革调整中，变思维、变组织、变人员，“半年一小变、一年一中变、三年一大变，根据需要随时变”。看着身边的领导、同事，经常在变革中起起伏伏、来来去去，你知道你也不会例外。

我在美的 17 年的时间里，从空调事业部到集团总裁办，到采购中心，到热水器公司，到厨卫事业部，到燃气具公司，到厨热事业部……从营运管理到人力资源，到海外营销，到国际项目，一路走来，如果说非要找一件护身符解释自己没有被过早淘汰的原因的话，那就只能是在每一个位置上持续努力。

美的不断变革调整这一点简直太厉害了，也是其他企业很难学到的。正是通过不断地变革调整，别说躺平混日子的人会被扫地出门，就连低业绩、低能力的人也无处藏身。

在业绩说话的结果导向下，每一次变革就意味着一次考验和筛选。躺平和混日子的结果，不是说别人吃肉你喝汤，而是连汤都没得喝，而且连下一次想喝汤的机会都没有。不想出局，不想连汤都没得喝，那就必须站起来，站起来还不够，还要跑起来。

美的通过常检讨、常 PK、常调整，形成了赛马文化和变革文化，从而让所有人保持危机感。

4. 越简单，越直接，就越高效

趋利避害是亘古不变的人性，想到这一点并不难，难的是如何在企业里紧紧抓住这一点来进行制度设计。我见过不少企业的制度设计，要么是轻描淡写、避重就轻，要么是烦琐复杂、诸多套路，这两种做法只会让企业和员工处于博弈状态，难以形成合力。

从美的制度设计的实践来看，既简单又直接，不仅顺应人性，而且放大人性。对于通过高目标、高业绩来获取高回报的人，美的不断激发他们的成就感，在物质激励和精神激励上，让他们都看得懂、算得清、拿得到。在“趋利”这一方面，说白了就是要产生“重赏之下必有勇夫”的效果。

而对放松懈怠、自我满足的人来说，美的坚持常检讨、常 PK、常调整的做法，在赛马文化和变革文化的环境下，要么出局，要么奔跑。在“避害”这一方面，美的形成了这种“摆在明处的丛林法则”。

不论是“重赏之下必有勇夫”，还是“摆在明处的丛林法则”，只要不断坚持形成机制文化，你会发现在这二者的共同作用之下，就可以产生高执行力。

美的顺应人性、产生高执行力的简单完整的路径，我用图 3-6 来表示。

人情是多变的，但人性是不变的。面对不变的人性，企业的制度设计要能做到不避不绕。因为，越简单，越直接，就越高效。

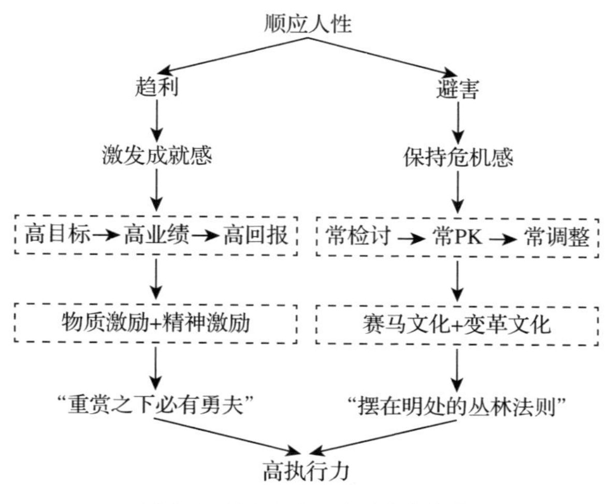

图 3-6　顺应人性，产生高执行力

内容小结

高执行力，不来自执行的方法本身，而来自执行背后的制度设计。

只有顺应趋利避害的人性，才能做出好的制度设计。

在人性趋利的设计上，美的通过高目标、高业绩、高回报的“三高”，实现物质激励和精神激励的“两励”，从而激发人的成就感，达到了“重赏之下必有勇夫”的效果。

在人性避害的设计上，美的通过常检讨、常 PK、常调整的“三常”，实现赛马文化和变革文化的“两化”，从而保持人的危机感，让“摆在明处的丛林法则”不断发挥作用。

这种简单直接、顺应人性的制度设计，长期坚持下来，自然会产生高执行力。

第四节 敢分钱、会分钱、分好钱

2009 年 9 月的一天，陈春花老师受美的邀请，给集团和各事业部高层做了一场演讲。在来美的之前的几天，她刚刚去了另外一家互联网公司。

一开场，陈春花老师就以轻松的口吻“调侃”在座的美的高层：“和我刚去过的那家互联网公司相比，美的的管理干部确实安静很多，甚至可以说是沉闷，看来大家都做得比较辛苦。”

我们在座的人都心照不宣地相视一笑，笑声算是打破了有点沉闷的现场。接下来她又说了一句话，让我们都感到有点意外，“不过这么辛苦的工作，还能有这么多人坚持做这么久，说明美的确实是很好地解决了‘分钱’的问题”。我们所有人都没想到她会说得这么直接，心里却有点被瞬间击中的感觉。

一晃十多年过去了，那场演讲我没有记住太多内容，但这个“分钱”的开场却让我至今难忘。我在美的负责营运管理和人力资源十多年，离开美的进入咨询行业后，也为不少企业做了营运和人力资源的各种辅导项目。有了不同行业、不同企业的对比，我更深刻地理解了，美的是怎样很好地解决了“分钱”问题的。

一句话总结，就是九个字：敢分钱、会分钱、分好钱。

1. 敢分钱

敢分钱就是要舍得分，而且是真的舍得分，不是嘴巴上说说的那种。

很多客户老板都会和我说，愿意与高管团队共享利益，哪怕拿出利润的 30% 都可以。

比如说，团队帮公司挣了 100 万元，他可能真舍得拿出 30 万元来分。但如果挣了 1000 万元，舍得拿出 300 万元来分吗？挣了 1 亿元呢，还舍得拿出 3000 万元来分吗？挣到 10 亿元呢，舍得拿出 3 亿元来分吗？要不要打个折呢？哪怕只拿出 5000 万元来分，也比原来多了很多，没必要非得拿 3 亿元吧？而且公司利润增长，也是外部大环境好，不能全归功于团队吧。

这个时候不舍得分的各种想法，就会不由自主地冒出来。嘴上说敢分，但内心真的不舍得，这样的老板还是有不少的。

2001 年美的中秋晚会上，主持人为了调动晚会氛围，向台下第一排坐着的创始人何享健问道：“何老总，我们今年为了庆祝 2000 年美的销售突破 100 亿元，除了原有的工资奖金之外，您给美的所有人都发了 100 元，总共发了差不多 200 万元。如果美的什么时候突破 1000 亿元，您到时候会不会给所有人发 1000 元呢？”

何享健接过麦克风，毫不犹豫地说："会的，突破1000亿元，就每人发1000元。"当时台下掌声雷动，但大家心里想的是，1000亿元还不知道是猴年马月的事呢。

想不到的是，9年后也就是2010年，美的销售收入突破了1000亿元，当时员工人数接近20万人。当然，知道这件事的必须是在美的近10年的老员工。俗话说"铁打的营盘流水的兵"，美的又是家电界有名的"黄埔军校"，10年后留下来的人，比例确实很小。我们这些为数不多的美的老兵在心里算了个大数，20万人每人1000元，那就是2亿元啊！

每人1000元对个人不算多，但是企业仅这一笔支出就要额外发2亿元。算了算了，我们当时在心里已经替何老总把这笔钱省下来了。况且，又没有签过什么字，当时只是增加晚会效果的一句话而已。

虽然这件事没有人再提起，但出乎所有人意料，何享健并没有假装忘掉，而是说话算数。他安排集团HR统计在职人数，2011年年中，真的给所有人都发了1000元。

2亿元，只为10年前的一句话。

这份舍得，我们所有人都服了。

2. 会分钱

分钱这件事，敢分是格局和魄力，会分是艺术和技术。不会分钱的老板，经常是钱也分了，事没做成，团队还有很大意见。美的在分钱这件事上，既有多方外部咨询机构的协助，也有自己内部长期的摸索积累，在实际运作上已经越来越成熟。

下面我会从美的激励的核心逻辑、激励原则、薪酬结构、定级定薪、薪酬与业绩挂钩方式、绩效考核方式等几个方面，逐一做说明。

（1）**核心逻辑**。

如果用一句话来说明美的激励的核心逻辑，那就是：分享增长收益，长期考核促进组织进化。

美的激励着眼于“价值共创、责任共担、利益共享”，如图3-7的金字塔模型所示，在存量薪酬的基础上，重点通过做增量，以绩效奖金和业绩股票的方式，分享业绩增长收益，推动薪酬制度多元化，并不断完善公司薪酬体系，从而吸引和保留优秀人才，并调动团队积极性。

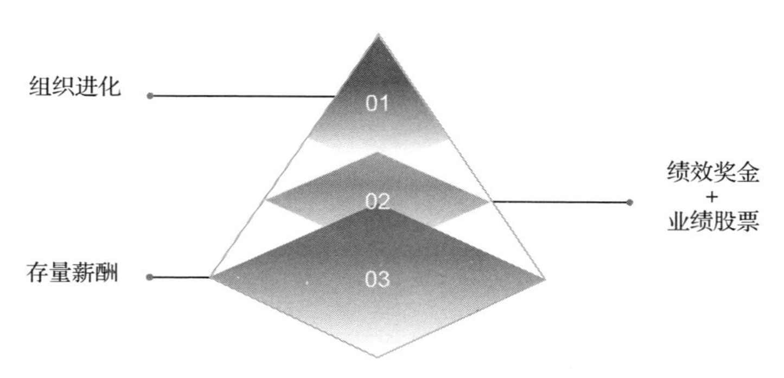

图3-7　美的激励的核心逻辑——金字塔模型

同时，激励过程中强化和持续进行年度考核，并动态管理身份和实施分配，通过激励手段来带动组织成长，保持组织活力，促进组织进化。

（2）**激励原则。**

美的做激励是从战略和业务角度出发，不生搬硬套，不受制于条条框框，通过将企业目标、市场预期、团队努力有机结合，实现目标达成和持续发展。

如图 3-8 所示，美的激励三原则是：战略导向、业务牵引、重点倾斜。

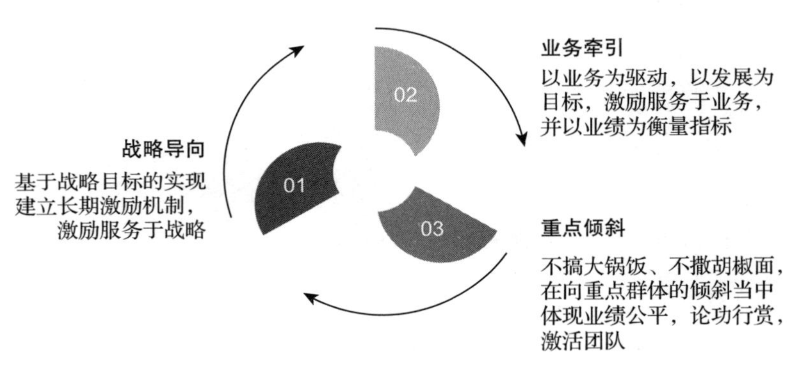

图 3-8 美的激励三原则

战略导向，是指基于战略目标的实现建立长期激励机制，激励服务于战略。

业务牵引，是指以业务为驱动，以发展为目标，激励服务于业务，并以业绩为衡量指标。

重点倾斜，是指不搞大锅饭、不撒胡椒面，在向重点群体的倾斜当中体现业绩公平，论功行赏，激活团队。

（3）**薪酬结构。**

美的在 2013 年实现整体上市之前，基本的薪酬结构是工资加绩效奖金，也就是说，激励是以年度现金奖励为主的。在实现整体上市之后，通过持股计划和股权激励方式，薪酬结构中叠加了长期激励，实现了激励的长短期结合。图 3-9 是美的整体上市前后的薪酬结构示意图。

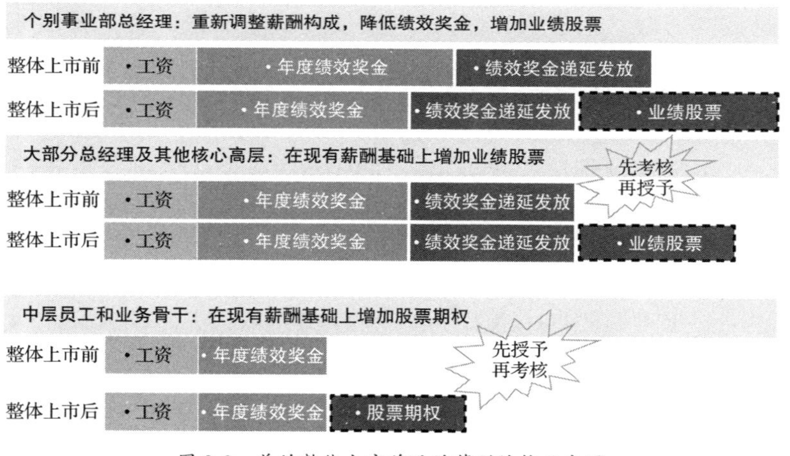

图 3-9　美的整体上市前后的薪酬结构示意图

对参与合伙人持股计划的激励对象来说，美的通过业绩股票的方式，改变了其薪酬结构。对个别事业部总经理，需要重新调整薪酬构成，降低部分绩效奖金，增加业绩股票；对大部分总经理和其他核心高层，在现有薪酬基础上增加业绩股票。对业绩股票的发放采取先考核再授予的方式，达不到考核要求，则不予授予。

对中层员工和业务骨干来说，其薪酬结构的变化，主要是增加了股票期权的长期激励，达到行权条件方可实现，这部分是采取先授予再考核的方式。关于股权激励的内容，我们在后面讲“分好钱”的时候会再详细展开。

（4）**定级定薪。**

有些客户的HR总监会和我们私下抱怨，自己手上没什么权，随便什么员工要涨工资，都是由老板说了算。而等到和老板沟通时，老板意见更大：“随便什么员工提涨薪，哪怕加个500元、800元都要找到我，我也很为难，平衡来平衡去非常头疼。”

出现这种情况很重要的一个原因，是企业内部没有进行科学的定级定薪。

美的在2005～2019年这14年间，把所有人分成M（管理类）、P（专业类）、A（行政类）、O（一线类）四个大类，每一类里面再分5个等级（M类达到8个等级），再把各个类别的等级按照重要性横向对应起来。

例如，M3（简单理解为经理级）可对应P3（简单理解为主任工程师级），A2（中级文秘）可对应O4（高级技工）。每一个职级对应本职级的薪酬带宽标准，包括月度固定工资和年度浮动奖金的比例。

通过这种职位管理体系的搭建，从一线工人到董事局主席，所有人都可以放进统一的职位坐标体系里。岗位、级别、薪酬，三者实现科学的统一对等。不同岗位、不同级别的人每个月固定发多少，年底奖金标准是多少，都有据可依。此外，招聘、晋升、轮岗、降级等都可以按照这套体系，配合任职资格来进行更加有效的操作。

我见过不少大企业也建立了类似的职位体系，但在业务部门往往运作不起来，只是停留在了人力资源部门。其根本原因是，职位体系没有和薪酬体系进行挂钩，而没有挂钩又有种种历史因素和人为因素。

根据我们以往的经验，实际上不必追求一步到位，可以通过部分适用、逐步过渡的方法，用两到三年时间最终实现挂钩。但很多企业往往觉得薪酬太敏感，不敢轻易动，一放就是三五年也没有真正解决，非常可惜。

（5）**薪酬与业绩挂钩方式。**

科学的定级定薪解决了分钱标准的问题，但不能出现旱涝保收的情况，特别是浮动薪酬的绩效奖金部分，要与客观的业绩结果挂钩。面对不同工作性质的人群，与业绩挂钩的方式也必须要有所不同，不能采取一刀切的方式，而要最大限度地挂钩其自身的业绩结果。

我以美的四种工作性质的人群的业绩挂钩方式来举例（见图 3-10，不含股权激励）。

- 营销人员：最容易理解，浮动薪酬与其销售业绩直接挂钩，挂钩比例占到个人收入的 60% 以上。
- 研发人员：早期浮动薪酬只与其负责的研发项目挂钩，后期增加了与其对应产品的销售业绩挂钩，以推动研发人员和市场绑定。美的在“人才科技月”活动上的各种研发大奖也都是和其开发项目的直接收益结果密切挂钩。
- 管理人员：不论是中高层干部还是基层职能人员，其浮动薪酬都要和所在经营单位的整体经营业绩挂钩。

级别越高，浮动薪酬的挂钩比例就越高，基层人员在15% ～ 30%，高管会达到60% ～ 80%。

○ 生产人员：不论是采用计时工资还是计件工资，生产人员的浮动薪酬都要与每个月的产量和品质挂钩，否则一定会出现磨洋工或凑数量的应付方式。

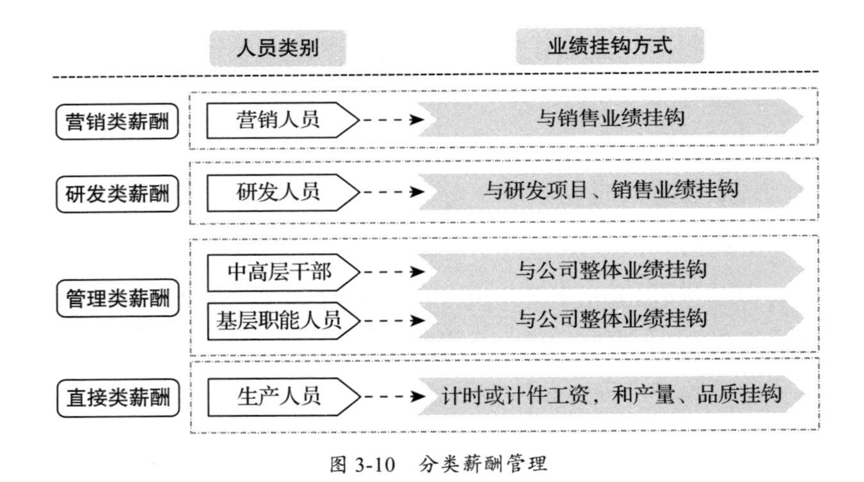

图 3-10　分类薪酬管理

因“人”而异的分钱方式，其目的就是要让不同工作性质的人都对自己的业绩结果负责。实在难以直接衡量业绩结果的，最起码也要和公司的整体业绩挂钩，而不能游离于业绩结果之外。

（6）**绩效考核方式。**

与业绩结果挂钩的绩效考核，美的主要采取KPI的方式。

不同部门的KPI指标设计各有不同，如销售收入用来考核营销部门、研发项目成功率用来考核研发部门、交付及时率用来考核制造部门等。每年的指标设计也会有所不同，不过有一点是相同的，那就是都要求简单、清晰。

简单，体现为 KPI 数量要少，原则上不能超过 5 个（不含加减分项）。清晰，体现为客观的量化考核，双方都能直接计算出来，没有模糊的主观判断。

这里我们重点说一下，集团对事业部的年度经营责任制考核。

- ○ 考核指标。同样是少而精，通常情况下只有销售净收入、经营利润、经营现金流三个 KPI。
- ○ 考核权重。每年通过调节不同指标的考核权重，来体现当年的经营重心。比如在追求规模的阶段，销售净收入的权重会最大，占到 50% 以上；在追求利润的阶段，经营利润的权重就会大幅提高，占到 50% 以上。
- ○ 评分规则。一般情况下，每个指标的得分 = 实际值 / 目标值 × 权重 ×100，不过每个指标都会设置一定的下限值，如果低于下限值，则该指标不得分。同样的道理，对于总得分也有下限值要求，通常总得分低于 70 分的话，绩效奖金就为零了。
- ○ 绩效奖金。年度绩效奖金会从税前经营利润中按照一定的计提率来提取，如果实现了超额利润，还会对超额部分设计超额计提的系数。绩效奖金到底能拿多少是直接与责任制的考核得分挂钩的，得了 100 分可以按足额拿，得了 90 分就要打九折，如果得了 69 分，对不起，前面已经说了，70 分以下都为零。

○ 奖金分配方式。在责任制中会明确规定，事业部总奖金里三类人的分配比例，这三类人分别是：作为第一责任人的总经理、事业部管委会成员，以及团队其他人员。

（7）**运气也是考核的一部分。**

经常有企业老板拿下面这两种相反的实际问题来问我。

第一种："团队今年业绩没达标，按照年初约定应该是年终奖只发 50%，但如果真这么发的话，我担心团队不稳，要不就按 80% 发吧，毕竟今年业绩受环境影响很大。"

第二种："团队今年目标达成翻番了，但年初签的责任制忘了设置奖励上限，这样就要发两倍奖金，而且年初目标定得确实有点低，我准备和团队商量一下，按 130% 来发奖金，他们应该也会接受吧。"

被问得多了，我就干脆回答说："如果你的企业只想做个三五年，这样做也不是不行。但如果想做三五十年，甚至标榜的百年企业，就坚决不能这么做。"

我们经常说"运气是实力的一部分"。在美的，运气也是考核的一部分。

我举个实际发生的例子。

2015 年 4 月，委内瑞拉总统遇刺，导致其政局动荡，而美的大烤箱公司最大的海外客户就是委内瑞拉的客户。动荡的政局直接导致客户取消上百万台大烤箱订单，这种不可抗力绝对算得上是运气够差了。然而所在事业部并没有向集团做任何申请，而是立刻在全球范围内寻找众多中小替代客户。经过数月的不懈努力，终于把上百万台的销售缺口补上了，确保了当年销售任务达标。同时，由此产生的呆滞物料也通过各种方式消化处理完毕。

对于这种外部不可抗力，为什么不能申请减免考核目标呢？似乎考虑实际情况才显得更合理吧。如果这样想且这样做的话，那就会带来很多问题。因为一旦考虑运气成分，各种借口就会随之而来，管理团队就会拿种种外部因素，一次又一次地讨价还价。

外部因素对目标达成到底有多大影响？谁都说不清楚，谁也预测不了。与其把精力放在不确定的运气成分上，不如大家都只认最后的客观结果，不论过程中是好运还是歹运。

作为老板来说，首先要认这个包含运气成分的结果，不论外部市场是爆发还是崩盘，也不论年初目标定高了还是定低了。只有老板认，下面人才会认。

美的一贯的做法是，年初签订的预算和责任制目标，过程中是不会调整的，年底分钱的时候就严格按照年初签订的目标来，既不打折，也不放水。比如说，不会因为有“家电下乡”政策就调高目标，也不会因为三年新冠疫情就调低目标。

只有把运气也放进结果里一起考核，才能让团队毫无借口地往前冲。

3. 分好钱

前面主要介绍了绩效奖金的内容，这部分专门来说美的在 2013 年完成整体上市后，是怎么做股权激励的。

（1）逐步丰富、逐级细化、小步快跑、长期坚持。

美的一直是资本市场制度的尝鲜者和实践的受益者，十年来通过小步快跑的方式，形成了常态化的长期激励。截至2024年4月，已经推出9期股票期权激励计划、7期限制性股票激励计划、8期全球合伙人持股计划、5期事业合伙人持股计划、2期持股计划，以及4个下属子公司的多元化员工持股计划。

我将美的股权激励的整体进程整理成了图3-11，从图上我们就能看到，美的的股权激励不是一上来就全部设计好的，而是随着时间的推移，根据发展情况逐步丰富、逐级细化。这个丰富和细化的进程是非常紧凑的，1～2年就会进行一次迭代演变。

比如说，2013年完成整体上市之后，仅仅4个月，就推出了第1期股票期权激励计划；1年之后，又推出了全球合伙人持股计划；此后2年，又推出了限制性股票激励计划；此后1年，就推出了事业合伙人持股计划；此后2年，又推出了子公司的多元化员工持股计划。

这种时间进程，对需要通过董事会、监事会、股东大会审议，需要通过申报和公告等诸多程序的A股上市公司来说，绝对算得上是神速了。通过这种小步快跑的方式，经过10年长期坚持，其激励效果是非常显著的，美的也收获了高质量发展的十年。我们来看一组数据：

- 营业总收入，从2013年的1213亿元，增长至2023年的3737亿元，实现2.1倍增长。

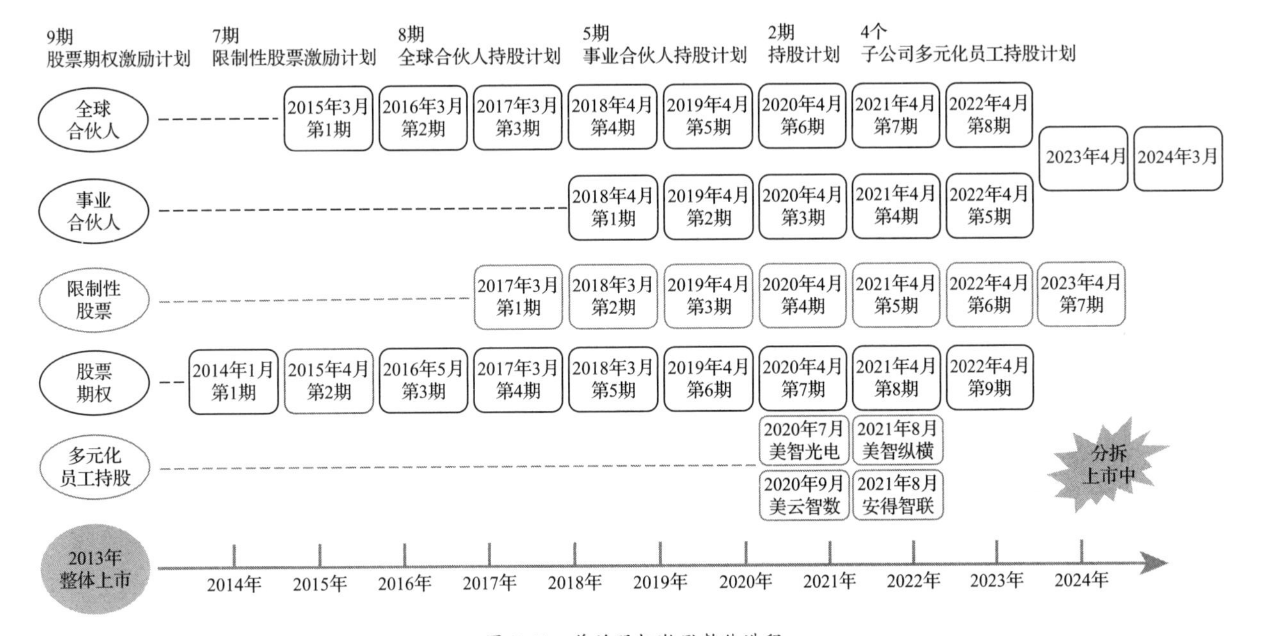

图 3-11 美的股权激励整体进程

- ○归母净利润，从 2013 年的 53 亿元，增长至 2023 年的 337 亿元，实现 5.4 倍增长。
- ○市值，从 2013 年整体上市初的 683 亿元，增长至 2024 年 3 月 30 日的 4475 亿元，实现 5.6 倍增长。
- ○经营性现金流净额，从 2013 年的 101 亿元，增长至 2023 年的 579 亿元，实现 4.7 倍增长。
- ○整体上市以来累计分红及回购金额 1347 亿元，其中保持每年现金分红占归母净利润的比例超过 40%。

（2）**股权激励的演变进程。**

我看很多外部文章会提到，美的不同的股权激励针对不同层级的人员。例如，股票期权针对研发、制造、品质等科技人员以及其他业务骨干，全球合伙人持股计划针对核心高管，等等。这么说当然没错，这也是美的公告中的内容。然而，要弄清楚的一点是，这种情况是发展到今天的结果，而不是一开始就是这样的。

我把美的股权激励的演变进程做成了图 3-12，从图中可以更容易地看到，这是一个逐步丰富、逐渐细化的进程。

那么，这个演变进程是如何发生的呢？其背后的思考逻辑又是什么？

我来把这件事说清楚。

美的 2014 年最早推出的是股票期权，当时主要针对高管人员（不是指上市公司“董监高”中的高管，而是指经营管理中的高级管理人员，以下同），而不是现在的业务骨干。然而，即使是高管人员，从集团到事业部的管理组织中，仍然客观存在着不同层级，例如以方洪波为核心的执行委员会成员、集团职能部门负责人、事业部总裁、经营单位总经理、事业部和经营单位管委会成员等。

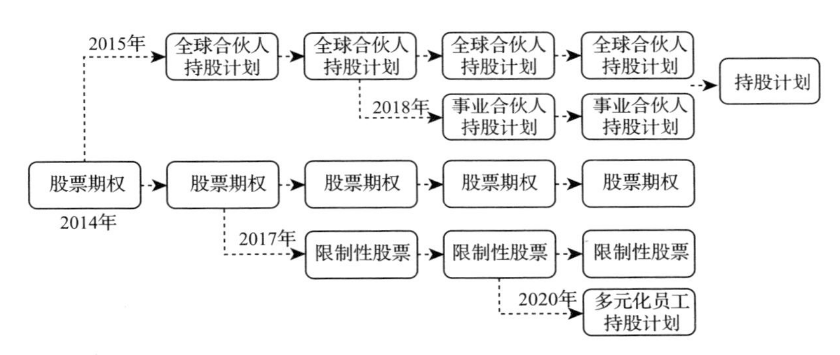

图 3-12　美的股权激励演变进程

单一的股票期权的激励方式很难同时对不同层级的高管进行区别对待的激励，所以，在股票期权的基础上，美的很快于 2015 年率先针对最核心的公司总裁、副总裁、下属单位总裁，推出了全球合伙人持股计划，解决了最高经营管理层的长期激励问题。

此外，集团及每一个经营单位的总裁和总经理都有相应的经营管理班子，这些班子成员是每一个经营单位的经营管理核心，这部分群体不同于一般的业务骨干，有必要对其制定专项的激励计划。因此，针对这部分干部群体，2017 年美的在股票期权的基础上，推出了限制性股票，给予的股票购买价格相比期权计划也更为优惠，为期权计划的 50%。

这样就在最初的股票期权的基础上，分别针对两类高管，先后形成了全球合伙人持股计划和限制性股票激励计划。

然而，这两种方式还是不能有效覆盖所有的高管团队。事业合伙人就是因此在全球合伙人的基础上形成的。因为全球合伙人持股计划只覆盖了下属经营单位中，规模和利润贡献最大的前 9 个事业部的总裁，其他同级经营单位但贡献较小的总经理和其他高管并不在此列。这类同样直接承担经营业绩的高管在性质上和全球合伙人是基本一样的，只是贡献度有较大差异，因此美的在全球合伙人持股计划的基础上，针对此类高管推出了事业合伙人持股计划。

至此，全球合伙人持股计划、事业合伙人持股计划、限制性股票激励计划三种长期激励方式，就覆盖了所有高管群体，而最初的股票期权激励计划就将激励重心下沉为与战略相关的业务骨干，更多地覆盖研发、制造、品质类的中坚力量。

2020 年美的开始推出的多元化员工持股计划，是专门针对具备创新性质的下属子公司所进行的综合性的股权激励，会根据实际情况将之前应用成熟的几种方式结合使用。而这类子公司要具备的创新性质，主要与美的重点培育的智能化、数字化、工业仿真、数字传感等新兴领域密切相关。

2023 年全球合伙人持股计划和事业合伙人持股计划又合并成了一个持股计划，2024 年美的进一步扩大持股计划覆盖的群体，这既响应政策端对 A 股上市公司的最新要求，也有市值价位和激励力度的考量，我们就不做更多解读了。

从图 3-13 可以清晰地看到，这 10 年来美的 4 种类别、5 个层级丰富的长期激励方式。

4种类别		5个层级
合伙人持股计划	全球合伙人	公司总裁、副总裁、下属单位总裁
	事业合伙人	除全球合伙人以外的副总裁、下属单位总经理和其他高管
限制性股票		经营单位和部门高层管理人员
股票期权		研发、制造、品质等科技人员，其他业务骨干
多元化员工持股计划		集团下属创新主体的子公司

图 3-13 美的 4 种类别、5 个层级的长期激励方式

通过上面的分析，我们就能理解美的整体上市的这 10 年来，通过不断探索，灵活应用合伙人持股计划、限制性股票、股票期权等各种工具，并不断组合使用，建立了多层次、分阶段、重点与普惠相结合的激励机制，从而使得公司利益与员工利益长期一致。

未来可以预见的是，美的一定会根据内部发展需要和外部资本市场的变化，持续调整激励方式和工具，以保持激励的有效性和长期性。

（3）**颇具特色的合伙人计划。**

在前面所说的多种长期激励方式中，美的在合伙人持股计划上的做法颇具特色。虽说合伙人持股计划的核心仍是员工持股计划，但美的充分发挥了这一工具的有效作用，从而将核心管理团队与公司长期成长价值的责任进行了绑定，进一步加强了组织能力建设，完善了公司治理，激发了创新和创业精神，更主要的是激活了内部企业家群体。

我把美的的合伙人持股计划分为三个阶段。

第一阶段：2015 年，推动“经理人”向“合伙人”的身份转变。

美的将持股计划作为创新的长期激励机制，有效推动与促进公司“经理人”向“合伙人”的身份转变，绑定公司长期价值，实现全体股东利益一致。

持股计划的实质是“业绩股票”，美的通过持股计划的安排以及突出“合伙人”的身份特质，改善和创新了核心管理团队的薪酬结构，使其激励更具长期性，从而实现与公司的责任共担和价值共享。

第二阶段：2016 ～ 2021 年，持续完善合伙人身份，弘扬企业家精神。

2016 年美的首次提出弘扬企业家精神，两年后基于面向未来长期的发展和治理，2018 年又首次提出吸收全球合伙人的企业家精神，进一步构建创新的核心管理团队（事业合伙人）持股的长期激励机制，凝聚一批具有共同价值观的奋斗者和带头人，弘扬企业家精神。2021 年美的又再次对这一长期激励机制进行了完善。

第三阶段：2022 年，坚定“合伙人”理念，深度绑定公司成长价值。

2022 年，美的明确提出坚定“合伙人”理念，确保核心管理团队与公司成长价值的深度绑定，加强对核心高管的激励与约束。

2023 年和 2024 年推出的两期持股计划虽然没有再使用

"合伙人"的说法，但其核心本质并没有改变，都是采用员工持股计划的方式，并且将人数进一步放大（2023 年涉及 147 人，2024 年涉及 604 人）。用董事长方洪波的话来讲，是通过更多的合伙人来构建内部企业家群体，提高企业家精神的密度。我想这是美的未来持股计划的趋势，要寻找到更多有理想、有目标、有规划的企业家，"灿若繁星满天，点亮美的未来"。

（4）**股权激励的考核方法。**

凡是做股权激励的，没有不关心考核方法的。

美的股权激励的考核方法，总体来说就是要和业绩挂钩，具体来说是分三个层面逐层进行业绩考核。

如图 3-14 所示，业绩考核的三个层面分别是：上市公司层面、个人层面、经营单位层面。

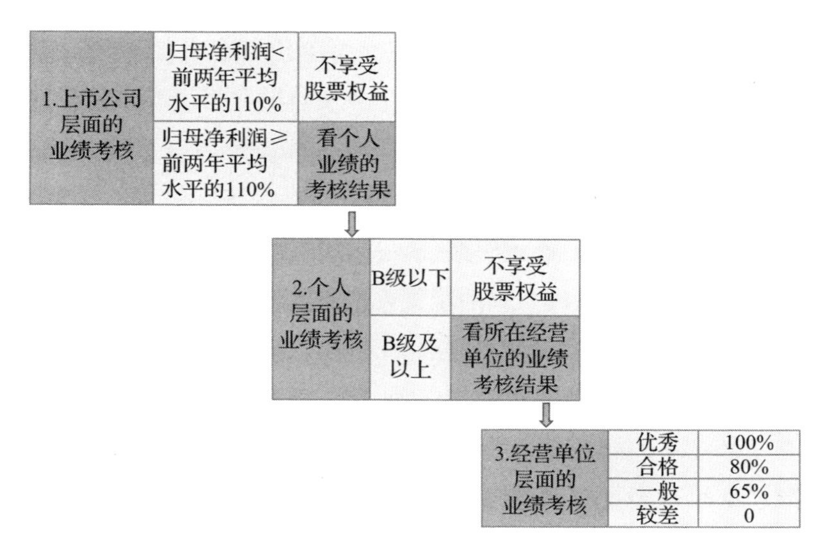

图 3-14 美的股权激励三个层面的考核方法

- 上市公司层面的业绩考核，归母净利润是否达到前两年平均水平的110%，低于则不享受股票权益；达到或高于，再看个人层面的业绩考核结果。
- 个人层面的业绩考核，由高到低依次分为S、A、B、C、D五级，如果考核结果是C、D级，则不享受股票权益；只有达到B级或B级以上的S、A级，才有可能享受股票权益，具体能获得多少，还要看个人所在经营单位的业绩考核结果。
- 经营单位层面的业绩考核，共分为优秀、合格、一般、较差四档，达到“优秀”可获得股票权益的100%，评为“合格”获得80%,“一般”只能获得65%，评为“较差”的话则为0，不能获得任何股票权益。

三个层面的业绩考核与整体、局部、个人都直接相关，而且环环相扣，既将个人利益与经营单位、上市公司进行了绑定，也避免了个人不努力也能坐收利益的“搭便车”情况。

（5）美的股权激励的特点。

美的股权激励具有自己的特点，在参照国际做法的同时，也充满了中国本土企业的特色，主要体现在深度、力度、梯度、匹配度、覆盖度、灵活度等6个方面，合称“6度”。

- **深度**

美的股权激励的有效期短则3年，长则5年，锁定期还有1～2年，而且每一种股权激励都是一期套一期，最长的股票期权已经推行到了第10期，最短的事业合伙人也到了第5期。经常是前一期尚未完全解锁，下一期又叠加上来，这种绑定绝对称得上是深度绑定。

- **力度**

美的在股权激励上的力度不可谓不大。

以 2021 年为例：第 7 期全球合伙人持股计划，金额超过 2 亿元；第 4 期事业合伙人持股计划，金额超过 1.6 亿元；第 5 期限制性股票激励计划，总成本为 4.4 亿元；第 8 期股票期权激励计划，金额达到 17.9 亿元。这还仅仅是 2021 年一年的金额，如果从整体上市开始算的话，金额远超百亿元。

虽然说这个金额涉及的是股票总金额，并非全部折算到个人（因为还要看是否达到兑现条件），但也非常可观了，绝对值得期待和为之拼搏。

正所谓，罚要罚到心痛，奖要奖到心动。这种激励的力度，想不心动都难。

- **梯度**

美的在高管及骨干团队的股权激励上，通过全球合伙人、事业合伙人、限制性股票、股票期权等方式，将不同梯队的高管队伍全部击穿，而且还覆盖了核心骨干。

从集团总裁、副总裁、经营单位总裁、总经理，到对经营单位和部门承担重要责任的高级管理人员、业务骨干等，每一个梯度应该由哪些人员构成，美的也进行了明确划分。这种高管人才梯度的划分，在常规的人力资源职级之外，又形成了新的人才上升通道并起到了激励作用。

- **匹配度**

股权激励不是单纯多发钱，而是要和战略方向匹配。

美的股票期权激励计划越来越向研发、制造、品质等科技型人才倾斜，这是匹配“科技领先”战略。而子公司的多元化员工持股计划，针对的都是人工智能、芯片、传感器、精密控制及驱动、工业仿真系统、大数据、云计算等新兴技术领域，这是匹配“全面数字化、全面智能化”战略。而全球合伙人计划不仅面向本土高管，也面向海外高端经营管理人才开放，这是匹配“全球突破”战略。

只有做到了与战略高度匹配，股权激励才能在长期激励的作用下，保障公司持续健康发展。

- **覆盖度**

美的股权激励的人数从最初的几十人，到之后的几百人，再到后来的上千人，数量越来越多；从最早的核心高管团队，到经营单位管理班子，再到研发、制造、品质等多个范围的业务骨干和中层干部，覆盖面也越来越大。覆盖面的扩大，正体现了构建企业家群体的出发点。

- **灵活度**

从单一的股票期权激励计划，不断衍生出全球合伙人持股计划、事业合伙人持股计划、限制性股票激励计划、子公司多元化员工持股计划等，再到合伙人计划的合并，无不体现出现灵活操作的特点。

除此之外，每一种激励方式实际上也具有很强的灵活度，这种灵活度体现为：只要公司组织变、职级变、范围变、岗位变、业绩变，都会带来被激励人员股权收益的变化，这就形成了激励与约束相结合的灵活多变的管理方式，也使得被激励人员在有机会获得巨大收益的情况下，无法躺平、不能佛系，必须打起十二分精神，全力奔跑。

没有一成不变，就没有一劳永逸。

内容小结

俗话说“财聚人散，财散人聚”。其实我并不完全认同这句话，因为即使敢分钱，但如果不会分钱、分不好钱，结果往往是“财散人也散”。

美的在长年的发展中真正做到了敢分钱、会分钱、分好钱。

敢分钱，是老板真的敢分，而不是假装承诺。

会分钱，是要把握激励的核心逻辑和原则，合理设计薪酬结构，科学定级定薪和因“人”而异，同时坚持“论功行赏”的绩效考核，这个“功”是客观量化的，是包含运气在内的。

分好钱，要做到长期激励与短期激励的结合。股权激励作为有效的长期激励手段，不能追求一步到位式的完美设计，更不能出现一夜暴富后的动力尽失，可以采取逐级细化、小步快跑的方式，不断在深度、力度、梯度、匹配度、覆盖度、灵活度这“6度”上下功夫。

运作篇

在运作篇里，我们还会多次看到结构、分权、人才以及目标、考核、激励等相关内容，但这绝不是重复，而恰恰是为了说明美的是如何通过具体的运作实践，将这些组织要素灵活搭配、组合运用，从而让其发挥最大作用的。

CHAPTER 4 —— **第四章**

打造之力

第一节 如何打造组织能力

我和客户交流时，大家难免都会谈到内外部的各种影响。

对比之下，我发现一些认识上的差距。多数企业会更多谈到外部的不利因素，但有些企业则更多关注内部组织，因为它们始终认为外部环境不论好还是坏，对同一行业里的人的影响是一样的，哪怕有差异也不大，反倒是内部组织能力的差异才真正决定谁能走得更远，而且企业规模越大，组织能力的问题就会越突出。

正所谓，思路决定出路。我不得不说，“向内求”和“向外求”的两种思路，在时间的检验下，必然会带来两种不同的结果。

当然，即使“向内求”，也不可能做到有求必应、一求则灵，毕竟内部组织能力的打造如同人身上的肌肉，是练出来的，不是吃出来的。

有人会问，到底什么是组织能力？

关于“组织能力”这一概念，国内外专家学者的定义非常多。按照一贯追求的简单实用的风格，我个人还是最偏爱杨国安教授的说法，“组织能力就是团队整体的战斗力”。

美的在半个多世纪的发展历程中，企业规模不断过十亿元、破百亿元、超千亿元，2023 年总营收达到了 3737 亿元。一路走来，美的团队整体的战斗力还是非常值得称道的。

那么，美的是如何打造组织能力的呢？

如图 4-1 所示，主要是做到了 6 个匹配：组织和业务匹配、人才和发展匹配、权力和责任匹配、利益和业绩匹配、财务和经营匹配、行为和文化匹配。

图 4-1 打造组织能力的 6 个匹配

下面我们逐个来说。

1. 组织和业务匹配

美的以变革著称，这种变革首先体现在组织上。

美的历年来数不胜数的组织变革并不是每一次都成功，但是每一次组织变革的出发点，都是战略方向确定之后，为了匹配业务的变化而变化。正是基于这一出发点，美的不断地调整组织，来实现组织和业务匹配。

我们再来回顾一下美的经典的 3 次组织变革，从而更深刻地理解这一点。

• 多元化业务下，催生出的事业部制组织

美的 1980 年做风扇，1985 年做空调，1992 年做电机，1993 年做电饭煲等小家电产品。实际上，美的在 1980 ～ 1996 年的 16 年间，组织结构有过多次调整，特别是 1993 年上市之后，精简了职能部门，又增设了工厂，来匹配不断扩大的业务，但由于都是在直线职能制的组织框架内，所以并没有解决多元化业务的组织匹配问题。

特别是到了 1996 年，首次出现业绩大幅下滑，美的不得不坚决走向了分权管理的事业部制的组织模式，组织才真正匹配了多元化的业务。此后美的迎来了高速发展，不到 4 年时间突破百亿营收。

• 组织的分治管理，保证业务整体性发展

事业部制的组织模式并不是一劳永逸的。

随着多元化业务的快速扩张，美的事业部不断裂变，到 2002 年时集团下属经营单位近 20 个。各事业部之间，资源浪费、彼此脱节、盲目投入、效率低下等问题开始出现，组织的分散越发限制了业务的整体发展。2002 年美的业绩增长出现停滞，仅比上一年增长 3%，组织和业务不匹配的情况又出现了。

美的这时所做的组织变革就是解决过于分散的组织结构的问题，主要是通过成立 3 个二级产业集团来进行业务重组的分治管理。首先，把上市部分和非上市部分，也刚好是家电制造和非家电制造部分，先做分离，再做整合。然后，把大家电和小家电先做分离，再做整合。大家电（包括家用空调、商用空调、冰箱等事业部）整合为制冷事业本部，小家电（包括生活电器、微波炉、风扇、饮水机、热水器等事业部）整合为股份公司本部，物流、房产、电工材料等公司整合为威尚本部。

美的通过这样分治管理的组织设置，保证了相关业务的整体性，组织再次匹配了业务发展。

- **组织的扁平，确保业务的一致性和快速发展**

2012 年，方洪波执掌美的后，变革的第一刀就砍向了组织。

这个时候，美的二级产业集团经过近 10 年的发展，已经开始变得过大过重，而且各自为政。从整个美的来看，结构繁、层级多、组织密，有些业务甚至因此尾大不掉。组织上的庞大笨重体现为业务上的发展无序，亏损业务、无效业务、低价值业务增多。营收过千亿元的美的此时大而不强、明显虚胖，业务背负着巨大的组织包袱不可能快速奔跑。

这个时候的组织，只有先进行减负，才能匹配业务。

美的做了有史以来规模最大的组织扁平化变革，直接取消了二级产业集团，大幅缩减总部职能部门，合并多个事业部，明确了“小集团、大事业部”的组织模式。与此同时，明确“一个美的、一个体系、一个标准”的战略要求，在组织和流程上，先保证了业务的一致性，再实现业务的加速（关于这一阶段的变革，我们在后面第八章里会做详细介绍）。

因此，作为组织能力打造的第一关，匹配业务的组织设置至关重要。因为如果组织不能匹配业务，就必然会阻碍业务。这是一道不得不做的单选题。

2. 人才和发展匹配

我在做管理咨询的过程中，看到不少企业老板会这样做：销售碰到问题，就去外面挖个销售牛人；制造交不了货，再去外面挖个制造牛人；碰到什么问题，就挖什么样的牛人过来。

这样的做法可行吗？

创业初期没有问题，短期应急也没有问题。

但是，对于组织能力的打造，这种靠牛人堵枪眼、“头痛医头，脚痛医脚”的做法并不可靠。因为一旦销售牛人离开，销售就会被打回原形；制造牛人离开，制造又被打回原形。能力只是牛人个人的能力，不是组织的能力。

美的很早期的时候，也非常依赖个人，我原来在美的就经常看到“换手如换刀”的情形，事业部换个总经理，业绩真的就会不一样，但是不可能一直这么干下去。从创始人何享健到接班人方洪波，都非常有意识地在人才这个维度上进行组织能力的打造。因为，一个人才，是个人能力；一批人才，才是组织能力。一个人才，有作用；一批人才，才有意义。

那么，是不是所有岗位都需要大批人才?

我们可以回答“是”，但实际上很难做到。毕竟，再大的企业，资源也有限，没必要全部豪华配置。

这就涉及人才要和发展战略相匹配的问题，而不是简单的大水漫灌的人海战术。美的在不同的发展阶段，针对不同的战略重心，通过招聘、培养、薪酬倾斜等相结合的方式，经过35年甚至更长时间的、高密度的人才投入，在所需的战略发展领域内，形成组织能力。

我举三个例子。

• 营销的组织能力

20世纪90年代末，家电市场还是跑马圈地的时代，营销能力决定胜负。

1997年，方洪波担任空调事业部国内营销公司总经理，当时美的的销售体系还是有很多顺德本地人员，整个销售队伍人员僵化、能力停滞，已经跟不上时代的变化。于是方洪波决定招聘大学生做业务员。

当年，美的空调事业部共招收了19批全国各地的营销人员，方洪波亲自招聘、亲自培训。到1998年，这支由300多名大学生组成的营销队伍为美的带来了150%的增长。这批人才又经过两年的市场锻炼，美的的营销能力也跃升了一个台阶。

• 经营管理的组织能力

美的在1997年确定事业部制为基本的组织模式。这就意味着，每一个事业部都是一个独立的经营体，所以在战略发展重心上，要长期打造经营管理的组织能力。

何享健在交接班时曾在内部说，自己用了十几年的时间，培养、磨炼、打造了一大批年轻化、专业化的职业经理人队伍，在经营实践中形成了全行业最优秀的职业经理人团队。

正是何享健十多年的持续投入和打造，美的不论如何进行组织变革，都不缺乏经营管理人才，也对外输出了大量经营管理人才，因为这已经成为美的的组织能力。

• 科技研发的组织能力

科技研发是美的最新的战略发展重心。

目前，我们还不能像说前两项能力一样，说美的已经形成了科技研发的组织能力。但是，美的在科技人才的引进和投入上，“饱和式攻击”的密度和强度也是前所未有的。

美的中央研究院的三任院长都是方洪波亲自找回来的。研发人员的结构近几年大幅改善，既有领军人物、科学家，也有高素质人才、尖端人才。截至 2023 年 12 月，美的在全球拥有研发人员超过 2.3 万名（占非生产人员比例超过 50%），成立 7 个院士工作站（室），引入 18 位战略合作院士。

从上面三个例子可以看到，美的正是通过先确定战略发展所需的组织能力，然后在该领域砸资源、重投入，形成批量性人才，再进一步打造出该领域的组织能力的。

单丝不成线，独木不成林。有了批量性人才不一定能形成组织能力，但没有批量性人才肯定不能形成组织能力。批量性人才只有与战略发展相匹配，才可能形成组织能力。

3. 权力和责任匹配

我在每一个行业，几乎都能见到以前在美的工作过的人，美的不愧是出了名的“黄埔军校”。在我见到的老美的人中，多数都在其他企业担任中高管，他们和我聊天的时候会表达一个共同的感受：“原来在美的做事，感觉是在跑步；现在在这里做事，感觉往前走一步都很艰难。”

这种处处掣肘的情况，主要就是因为权力和责任没有匹配。

这些被猎聘过去的美的高管往往被委以重任，公司确实给了他们部门总监、中心总经理，甚至副总裁乃至总裁的职位，但实际做起事来才发现，职位很大，权力很小。

比如说，部门招个员工，要老板批；报销费用，超过几千元要老板批；引入客户或供应商，也要经过老板点头；推动大小项目，好像其他部门都可以说不……总之，只是在职位上被尊重、责任上被器重，权力上嘛，说得不严重，是可轻可重，说得严重，是无足轻重。

没有对比，就没有伤害。这与美的敢于放权、大胆分权、有效分权的做法相去甚远，所以他们才会感觉艰难，施展不开手脚。

在美的是责任越大，权力越大。例如大事业部的规模和利润目标高、责任大，那么在很多事项的审批权上、费用额度上，美的也给得大。

每年修订《分权手册》的工作都会对各项权力进行明确，

这实际就是一个针对各事业部、各部门承担责任的不同，进行权力匹配的动作。

我再说一个具体的小例子。十几年前，我部门有一个入职三个月的女孩子，负责人才测评工作，从一开始的方案计划，到供应商选择、测评名单拟订等一系列工作，除了几个关键节点需要请示以外，大部分任务都可以直接推动。对她来说，难的更多的是经验不足，而不是权力不够，包括过程中和各部门老大沟通，都是由她直接对话，不存在因为级别差异导致难推动的问题。因为在这件事情上，她就是直接负责人，就拥有相应的权力。这个项目之后，她觉得锻炼特别大、成长特别快。

由这个小例子，我们可想而知，如果不是权力与责任的匹配，再小的工作、再牛的人才，也难以成事。

没有权力，就无法调动资源；调动不了资源，就做不成事；做不成事，人才就会离开；离开了人才的组织，又怎么会有组织能力？

美的职业经理人从来都不担心权力给得够不够大，最担心的反而是，该完成的任务能不能完成，该承担的责任能不能保证。

赋予多大的责任，就要给予多大的权力。权力可以被制约，可以被监督，但不能不和责任相匹配。巨大的舞台交给你，但是挪动一张椅子也要请示幕后的投资方，这种戏怎么可能拍得好呢？

4. 利益和业绩匹配

我们经常听说“责权利三者要匹配”这句话，但如果我们想深一层，就会发现这里面有问题。

前面说了，责权匹配是必要的，有多大的责任，要做多大的事，就应该给予多大的权力。但是有了责任，有了权力，是不是就理所当然可以获得相应的利益呢？如果有了责任和权力，却没什么贡献呢？如果事情搞砸了呢？难道在这些情况下，仍然因为责任大、权力大，还要给予巨大的利益吗？这肯定是不行的，因为会造成极大的不公平。

所以，责权可以匹配，但是利益不应该与责权匹配，而应该与创造的价值匹配，在企业里面就是和业绩匹配。

美的是典型的业绩导向，高业绩、高回报，低业绩、低回报，没业绩、零回报。业绩没完成，不管多大的总经理，绩效奖该为零就为零，甚至直接下课。业绩做得好的区域经理，就可以比业绩差的总经理拿得多，这在美的是很常见的情况。我原来在美的负责人力资源的时候，每年审批年度绩效奖，都会看到有些业绩突出的业务员的收入远远超出那些没完成任务的销售经理；而一些大事业部优秀的区域总监的收入超过小事业部总经理的收入也很常见。大家的业绩贡献不一样，所获得的利益就应该有所不同。

利益只有和客观的业绩挂钩，大家才会拼命做事、出成绩；如果只和责权挂钩，那就会驱使员工削尖脑袋当“官”。只想当“官”、不想做事的组织，谈什么组织能力建设呢？

利益不仅仅包括物质激励，也包括荣誉、地位等精神激励，这个我们在前面第三章讲过，不再重复。当然，如果做得好的话，当“官”本身也可以作为一种利益驱动，但要形成做事出业绩的才能当“官”，当“官”的更要完成高业绩的组织氛围，因为这样又进一步把利益和业绩匹配起来。

5. 财务和经营匹配

美的是一个注重结果导向的组织，这种结果导向在组织上体现为美的财务贯穿经营始终，财务和经营高度匹配。

我们前面说，利益要和业绩匹配，那么业绩结果以什么为准呢?

美的所有业务部门的种种业绩表现，首先都要体现在财务的报表里，体现在财务的数据上，其他的体现方式都排在第二位。

美的财务不是简单的账房先生，更不是“表哥表妹”们形成的部门。除了完成常规的进销存、收入、利润等数据，以及税务、资金等专业性质的工作，美的财务还会在经营的每一个环节深度嵌入，包括产品定价、销售政策制定、采购降本、研发的新品毛利核算、制造费用的分析、不良库存的预警、应收应付的管理等。年度预算和月度经营分析更是财务工作的重头戏。

总之，美的财务可以说是无孔不入。

管理会计、经营会计的长期伴随，给美的组织植入了一种数据导向、注重经营、关注风险、时时改善的作风，也内化成了美的组织能力的一部分。

6. 行为和文化匹配

虽然这是最后一点，却是对组织能力影响极大的一点。

我读过宋志平先生的一篇文章，题目叫“做企业没什么诀窍，就是要把常挂在嘴边的话做好”。题目虽然长，但道理很实在，实际就是说，行为要和倡导的文化相匹配。

我们看所有企业的使命、愿景、价值观，包括各种经营理念、用人理念，无一不是高大上的，无一不是充满正能量的。但值得思考的是，有多少是被高管和员工认同的？又有多少是被践行而不是被践踏的？

我在企业做调研访谈时，有些高管会和我谈到职场生存哲学的问题，“刘老师，不是我不想主动做事，也不是我不敢表达意见，而是我必须得先看老板什么想法，也必须要考虑所有部门老大的感受，因为我要先在这家企业存活下来，这是我在这里的生存哲学”。

这就是很多高管的现实，也是很多企业的现实。

表里不一、双重标准、阳奉阴违，文化说一套、行为做一套。行为和文化的不匹配必将造成组织的内伤，“不治将恐深”，带着这种内伤是无法打造组织能力的。

美的很少对企业文化高谈阔论，也不热衷于搞文化活动，但是美的在经营管理的各项行为中所体现的，正是其所倡导的文化。比如说，美的文化中倡导开放，何享健就会先听下面人的意见，鼓励大家表达不同看法，而且对于说得有道理的，会直接安排人落实。再比如，美的文化很倡导务实，何享健就会给做实事的人以待遇和机会，相反，会反感那些动不动只为他拎包开门的人，更会赶走那些只会夸夸其谈的人。同样地，方洪波在高层内部一再强调“说到做到”的做法，也是践行务实的文化。

企业理念不是真正的文化，行为才是。

内容小结

打造组织能力，形成团队整体的战斗力，是企业做大做强做久的必经之路。但要想走好这条路，并不容易。

美的经过多年的努力，做到了 6 个匹配，从而打造出属于自己的组织能力。

6 个匹配是：组织和业务匹配、人才和发展匹配、权力和责任匹配、利益和业绩匹配、财务和经营匹配、行为和文化匹配。

第二节　组织活力的四个来源

美的是一家静水流深的企业。

因为在公众眼中，美的比较安静，不论是何享健还是方洪波，都很少抛头露面。但是，了解美的的人知道，实际上美的一点都不安静，非常喜欢折腾，也是一个充满活力的组织。

我原来在美的，由于“身在庐山”的缘故，没觉得有什么特别。这些年做了咨询，接触了很多企业，看到有些企业安于现状、活力不足，甚至死气沉沉，才由衷地感慨一家企业要保持组织活力，绝非易事。相比之下，美的在半个多世纪的发展历程中，却能不断激发出旺盛的组织活力，实现高效运营与高速增长。

美的的组织活力来自哪里?

主要来自四个方面：开放、变革、年轻、分享（见图 4-2）。

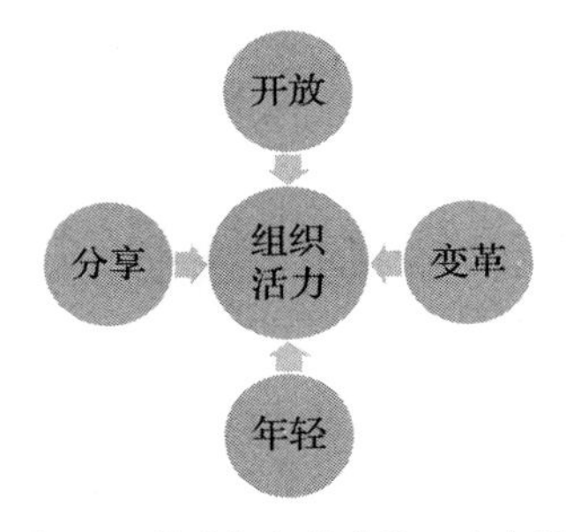

图 4-2 美的组织活力的四个来源

1. 开放：对抗熵增的最有力武器

现在广为人知的熵增定律也是最令人沮丧的定律，因为这个定律表明，任何一个封闭系统，如果无外力维持，将必然趋于混乱和无序，直至消亡。只有不断开放，打破自我封闭，才能减少熵增。

20 世纪 80 年代，中国刚进行改革开放的时候，熵增定律在国内并未流行，不过国门还是打开了，也正是改革开放激发了中国社会的活力。美的当时紧跟着改革开放的步伐，也打开了自己的企业之门，之后越开越大，越来越主动地拥抱外部世界。

美的的开放，主要体现在三方面：思想的开放、用人的开放、合作的开放。

• 思想的开放

美的创始人何享健曾专门谈到改革开放带给他的思想转变："要不是'解放思想'，美的可能会跟很多珠三角的同行一样搞家族式企业，始终难以做大做强。"

正是思想的率先开放，带来了一系列与众不同的动作，很多做法在美的历史上完全可以称为"创举"，甚至在国内企业发展史上也是超前的和少有的。例如，1993 年美的作为中国第一家乡镇企业改组上市，1997 年大胆推行分权的事业部制，2001 年成为中国第一家实现 MBO（管理层收购）的企业，2012 年进行职业经理人接班，2013 年的整体上市是国内非上市公司吸收合并上市公司的首例……我不再过多举例了。

这种思想的开放不仅仅体现在整体的企业运作上，还体现在很多具体的实操上。比如在参展方面，除了参加家电行业的展会以外，美的还会专门组织研发、设计、策划等岗位的人员，去看汽车展、服装展、航展等。一开始有些人不理解，觉得浪费钱、没意义，后来才明白这是公司在逼着大家走出去，不要闭门造车，要尽可能多地从外部吸收不同的灵感和想法，来打开思路。

打开门做生意，是商人。打开门做企业，已经不是普通的商人。主动打开门做不一样的企业，就已经不是普通的企业了。

没有思想的开放，就不会主动打开门，也不会想做不一样的企业。

• 用人的开放

思想的开放，最早带来的就是用人的开放。

何享健多次谈到过为了做到用人的开放，要顶住很大的压力："在用人方面，美的从创业开始就一直坚持开放的文化，不任人唯亲，不搞家族式管理。员工来自五湖四海……只要是符合美的需要的人才，不分国籍，不论出身，不论是不是空降兵，我都会顶住压力给他机会、平台。"

正是因为顶住了用人的压力，美的才实现了用人的开放，才接连不断地出现了第三章中所描述的一批批美的"移民潮"。

美的能形成庞大的职业经理人队伍，也是与用人的开放息息相关的。

• 合作的开放

对没有技术背景、没有资本背景的美的来说，其发展史可以说是一部合作史。合作的开放让美的认识到了自己的差距，也让美的找到了快速发展的路径。

合作有技术合作、资本合作、战略合作、渠道合作、专项合作等多种方式。

技术合作上，例如1993年在电饭煲产品上，先后与三洋、日立进行技术合作；1993年在空调产品上，与美国东芝开利公司正式建立技术合作关系；2020年在谷歌开发者大会上，美的硬件加入谷歌生态系统；2021年，美的产品大范围接入华为鸿蒙系统……

资本合作上，如 2000 年与意大利梅洛尼成立合资公司，进入洗碗机行业；2006 年与韩国清湖 NAIS、韩国 MICRO 成立合资公司，进入净水器行业；2007 年引入摩根士丹利等国际投行；2014 年与小米相互持股；2015 年与日本安川成立两家合资公司；2018 年与日本希克斯成立合资公司……

战略合作上，如 2015 年先后与阿里、科大讯飞签署战略框架合作协议；2017 年与广东移动签署战略合作协议；2018 年与中国铁建、中国中车、三一集团进行战略合作；2020 年，先后与华为、百度、腾讯云、OPPO、国家电网等达成战略合作；2023 年，与晶科能源签署战略合作协议；2024 年，与中远海运升级全球战略合作，与通威股份签署战略合作协议……

渠道合作上，如 2016 年与国美达成“登峰计划”，开展深度合作；2019 年与京东达成合作；2022 年与拼多多达成合作……

专项合作上，如先后与中国科学院大学、清华大学、浙江大学等专业院校机构，长期进行多个技术或产品方面的专项合作项目；在管理提升上，先后与麦肯锡、安永、翰威特、华信惠悦、韬睿惠悦、美世、华夏基石等一众咨询机构，开展组织、流程、干部、企业文化等众多管理咨询项目。

以开放对抗熵增，是最有力的武器。以开放激发组织活力，是美的的首选。

2. 变革：以变制变，唯变不变

美的看上去似乎很安静，然而安静只是表象，美的内部组织的潮水不仅常年保持流动，而且流得快、流得急、流得猛。

俗话说，流水不腐，户枢不蠹。美的正是通过不断地变革，让整个企业总是处于一种动态的前行之中，属于典型的运动中求发展。

通过川流不息，实现活力不止。

美的大大小小的变革大体可以分为三类：组织调整、岗位轮换、人才流动。

- **组织调整**

组织调整是美的最常用也最拿手的变革方式，每半年进行一次组织调整已经是美的不成文的规定。看过《卓越运营》一书的朋友，一定知道我曾经统计过，美的从 1997 年算起，组织调整超过 500 次。

这么频繁的组织调整，实际就是在打造一种活水型组织，而不是温水型组织。温水型组织只会产生温水里的青蛙，活水型组织才会产生争先恐后跳龙门的鲤鱼。

- **岗位轮换**

岗位轮换就是轮岗制。

在制度上，美的对“人、财、法、采”这 4 类岗位有三年之内必须轮岗的强制要求。“人”，指的是人力资源岗位；“财”，指的是财务岗位；“法”，指的是法务、审计、监察岗位；“采”，指的是采购类岗位，包括供应链管理。这是一种制度设计，既防范腐败，又锻炼能力。

实际上，除了这 4 类岗位以外，很多岗位都会进行轮岗，只是没有三年的强制要求而已。比如说营销类岗位，根本不需要规定三年时间，由于每年的组织调整和人员变动，这类岗位早就在三年之内轮岗好几次了。

- **人才流动**

对于人才的流动，何享健曾说过："人才流动，有进有出是正常的。人家有了新的发展机遇，你要放行。对人才，一定要开明、开放。"

美的通过短期的绩效奖金和中长期的股权激励等措施来保留人才，但并不因此限制人才流动。相反，人才流动在美的很常见。

人才流动有内外流动，有集团与事业部的流动，有事业部之间的流动，有事业部下各部门之间的流动，有顺德总部与驻外分部的流动，有国内与海外分公司的流动等各种方式，真正做到了"能上能下、能进能出、能左能右、能内能外"的流动常态。

我在美的做了 17 年，从事业部到集团，再从集团到事业部，从大家电品类到小家电品类，从管理岗到业务岗，不敢说自己在美的是"人才"，但百分之两百敢说，自己在美的是"流动"的。

3. 年轻：不够青春，哪来活力

"问渠那得清如许？为有源头活水来。"

没有源源不断的年轻血液，就谈不上充满活力的组织。企业可以追求做百年企业，但员工不能是百岁老人。我们很难想象，一家以 60 岁以上员工为主的企业会是活力四射的。

不够青春，哪来活力？

2017年美的经管年会上，方洪波在总结讲话中曾诗意地说道："时代翻天覆地，一代又一代人老去，但美的永远年轻！"这不仅是诗意的说法，而且是真实的说法，因为美的的员工真的很年轻啊！

美的员工的平均年龄常年保持在28岁以下；中高层干部的平均年龄为34岁，而新聘干部的平均年龄已经降到了30岁以下；哪怕就是整体年龄偏大的研发部门，研发人员的平均年龄也仅为34岁，其中"90后"占比超过30%；高管队伍如副总裁、CFO、事业部总经理等，也都是以40来岁的"少壮派"为主。

何享健曾说过招人的标准："首先，必须年轻，思路敏捷，有专业知识，必须能够经常否定自己，能把握住新时代的发展潮流。"

我们在前面举过这个案例：方洪波在担任空调事业部国内营销公司总经理时，正是通过让300多名大学生进入销售体系，才彻底扭转了公司的作风和打法，才带来了超预期的增长。美的坚持10年的"航系列"后备干部的培养，也是方洪波为了保持干部队伍的年轻化所做的努力。

我有一位20多年的美的老友，现在仍在美的工作，他和我讲起最近在美的最大的感受，就是每次去开会，发现身边参会的人都是"90后"为主，"85后"都算年纪大的，他这个"75后"在里面简直要算"老人家"了。后来他申请了轮岗，去了一个经常出差、经常线上开会的业务部门，就少了很多直接刺激。我后来取笑他，在美的不是“劣币逐良币”，而是“年轻逐年老”。

年轻化本身就是一种氛围，就是一种敢想敢做、活力十足的氛围，如同初升的太阳一般，自动扫除沉沉暮气。

4. 分享：既分钱，也分权

如果说前面提到的开放、变革、年轻，是组织活力诞生的前提和土壤。那么，分享机制则是组织活力被激发的关键。

不给钱，没人做事；只给钱，让人短视。有多少企业，钱没少分，高管还是不拼命干活。又有多少企业，钱分出去了，员工却没有成就感，甚至背后骂老板。

好的分享机制从人性底层出发，既注重利益分配，也注重价值成就。

美的很好地做到了既分钱，也分权。（第二章和第三章中有分权和分钱的详细描述，这里只做简单概括。）

- **分钱分得好**

我们说美的分钱分得好，主要有两点原因：讲信用、讲科学。

讲信用，是指美的老板在分钱上，不仅舍得分，而且说话算话，最终形成了一种内部契约制。

“年度经营目标责任制”就是最好的证明。不论年初定的目标是高是低，不论今年市场是好是差，不论内部发生什么人事调整，大家都只认最终的财务经营结果，该罚的罚，该发的发，该下课的下课，该翻倍的翻倍。

有一年，集团人力资源部门在进行奖金核算的时候，发现其中一个事业部的年终奖高了数倍，就向何享健汇报。何享健回复说，只要你们没算错，只要年初签了字，奖金照发，集团得应得的利润就好，不要嫌下面人拿钱多。

讲科学，是指美的虽然舍得分，但不是乱分或凭老板主观来分，而是有一套简单实用的薪酬激励方式。

短期来说，除了整体的年度经营目标责任制以外，岗位、级别、薪酬三者实现科学的统一对等。在薪酬设计以外，还有不少专项奖励的设计，比如研发有研发项目奖，营销有销售奖励、高端突破奖励等，制造有效率提升奖励、制费节约奖励等，每年还有降成本奖励，等等，这些会根据当年战略重心和经营计划进行指标、目标、权重的各项设定。

长期来说，美的实施了多层次、多工具的股权激励方案，并坚持了 10 年以上。

- **分权分得好**

凭借事业部制组织管理模式的清晰，《分权手册》的实施，“人财审信文”的 5 项保障，美的在分权上做到了“集权有道、分权有序、授权有章、用权有度”这 16 字方针，并已经实现了在线化操作。

总之，美的通过分权让干部和员工都能知道自己的工作范围和权限所在，不用事事都请示，不用等待冗长的审批，不用每个“衙门口”都照顾到，也不用担心能力被限制，每个人都可以有自己发挥的舞台。

只要能力强、业绩好，就可以获得更大的权限，拥有更大的舞台。这种分权机制带来的成就感，不是钱能买来的。

内容小结

组织活力不是战略所能解决的，更多的是由管理思维和管理方式决定的。

一个充满活力的组织，即使面对困难的外部环境，依然会选择迎难而上，依然会具备“明知山有虎，偏向虎山行”的斗志。

美的多年来形成的旺盛的组织活力来自开放、变革、年轻、分享。

对外开放、对内变革。再以开放和变革，推动组织年轻化。

敢于分享，善于分享。高目标、高激励，既分钱，也分权。重赏之下必有勇夫，更何况是年富力强的勇将们。

第三节 如何穿透四类组织边界

组织能力的提升体现为组织运作的高效，而组织效率的提升又体现为不断穿透组织边界。

穿透组织边界并非简单地打破部门壁垒，而是要形成更灵活、更有弹性的运作方式和组织文化。这一节我们来探讨四类组织边界，以及美的是如何穿透这四类组织边界的。

1. 四类组织边界，不要消除，但要穿透

将要说到的四类组织边界不是我自己生造出来的，而是管理学大师尤里奇以及阿什肯纳斯等人合著的《无边界组织》一书中的说法。

如图 4-3 所示，四类组织边界是指垂直边界、水平边界、外部边界、地理边界。

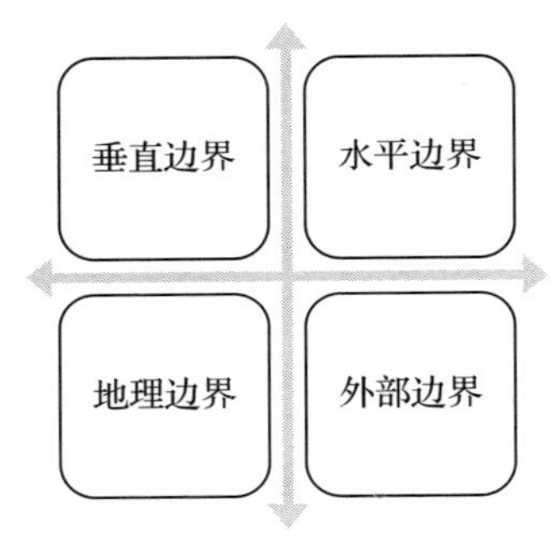

图 4-3　四类组织边界

- ○ 垂直边界，是企业内部的层级，也就是我们常见的组织的等级体系。
- ○ 水平边界，存在于不同部门、不同职能或不同经营单元之间。如果说垂直边界是地板和天花板，那么水平边界就是不同房间之间的墙壁。
- ○ 外部边界，存在于企业与外部世界之间，这个外部世界主要是指客户和供应商，当然也可以再扩大一些，包括

政府机构、媒体机构和其他组织。

- 地理边界，存在于企业在不同区域或不同国家经营的情况下，往往源于区域差异、民族差异、文化差异或全球物流的边界。如果你的企业只是一家本地企业，也只在本地做生意，可能地理边界并不存在，但对很多正在出海的企业来说，地理边界就变得尤为突出。

说完四类组织边界，我们得再澄清一个观点：不要一谈组织边界就觉得如临大敌，必须要除之而后快。尤里奇等人虽然将书名起为“无边界组织”，但他们都认为“一直以来组织都是有边界的，而且这一点将来也不会改变”。如果对此仍有怀疑的话，我们可以拓宽视野，去看一下所有的组织，包括国家、政府、军队、宗教团体、企业等，历史上所有试图消除组织边界的行为，要么形成新的组织边界，要么以失败告终。

因为，没有了边界，人们会不知所措，组织会陷入混乱；没有了边界，也就没有了基本的分工，人们会失去方向感。实际上，没有了边界，组织将不复存在。所以，组织边界的存在有其必要性，不要试图一股脑儿消除所有的边界，这是不现实的。

不过，虽然组织边界不能被完全消除，但是可以被穿透，而且也非常有必要穿透。

只有组织边界能被穿透，组织才是有生命力的。如同一个活体的细胞膜一般，既有自己的边界，以确保足够的强度防止崩溃；又具有穿透性，能够吸收氧气和养分，能够实现对不同物质的选择性通透。同时，细胞膜的弹性使其能够在不同条件下变形和扩展，并且对外界刺激快速响应。

如果组织是僵化的，一定会表现为其边界的僵化，不可穿透；而如果组织是充满活力的，其边界一定是活性的、弹性的，也是可穿透的。

澄清了“组织边界不要消除，但要穿透”这一观点后，下面我们就可以来看看，美的在长年的组织运作中，是如何逐步穿透这四类组织边界的。

2. 穿透垂直边界

不论采用什么样的组织结构，哪怕是矩阵组织、阿米巴组织、去中心化的海星组织，企业内的垂直边界都依然存在，只是存在的范围不同而已，实际上各种组织形态的不断尝试，都是在努力穿透垂直边界。

而穿透垂直边界的目的，是让决策和反应速度加快。

美的穿透垂直边界的做法主要有三种：加大分权、组织扁平化、变革流动。

- **加大分权**

何享健被称为“中国最潇洒的老板”，因为哪怕在交班之前，很多具体事情都不需要由他来决策，而是放权给了众多职业经理人。

现任董事长方洪波在和一些企业家小范围交流时，有人很好奇地问他每天要签多少字，要审批多少流程。他回答说，很多事情都不用到我这里，下面人自己决定就好，一天没有多少字要我签，也没有多少流程要我批。

之所以会出现上面这种情况，是因为美的从事业部制改革开始，近 30 年来坚持逐步加大分权力度，将经营上的所有权限全部下放。同时，在各事业部内部也形成了逐层分权的类似做法。

加大分权是美的穿透垂直边界的第一件法宝，也是最重要的法宝（更多分权的内容在第二章已经有详细介绍，这里就不重复了）。

- **组织扁平化**

一旦组织的层级变多，不论多么努力，垂直边界的穿透难度一定会增加。

面对这种情况，美的是通过组织扁平化来解决的。最典型的做法，也是迄今最大动作的组织扁平化，发生在 2012 年方洪波接手美的之际。当时，美的取消了二级产业集团这一层级，并大幅压缩了集团和各事业部的管理层级。在集团总部，从部门基层员工到董事长只有四级；在事业部，少于 4 人的模块不能设经理级。

美的组织扁平化的做法实际并不仅仅发生在 2012 年，之前和之后都有不同程度的推动，都是为了加大垂直边界的穿透力度，防止官僚化。

- **变革流动**

除了组织扁平化的做法外，美的针对组织每半年做一次变革也是非常有力度的做法。随之而来的各种人员流动也使得组织是有弹性的、有活力的。

常态化的组织变革和经常性的人员流动使得垂直边界无法固化，也不易僵化，不会出现“政令不畅”的情况，也不会出现“上有政策，下有对策”的情况。

3. 穿透水平边界

水平边界主要是由分工产生的副作用。

分工带来了效率，带来了专业性上的突破，但不可避免地会产生水平边界。而穿透水平边界的目的不是消除分工，而是穿透部门墙，打破本位主义，以及最大限度地降低分工产生的副作用。

美的穿透水平边界的做法也主要有三种：利益捆绑、流程优化、组织平台化。

- **利益捆绑**

要想让各部门团结合作，就要让大家利益一致。正所谓要做到“力出一孔”，得保证“利出一孔”。

有人会问，能不能通过倡导格局、强调合作精神来实现？

我的回答是，在个体身上也许可以，但是在组织上很难。

美的对职业经理人等高管的确是有格局上的高要求，但是在组织合作上还是要顺着人性做事。

利益捆绑的做法主要是通过目标考核来实现的。

集团每年会给各事业部下达经营目标，事业部所有部门的年终奖励、所有部门负责人的股权激励，以及第二年的资源倾斜，都首先和事业部的目标完成度挂钩。这样，在事业部内部，不同部门实际上是一个利益共同体，“一荣俱荣，一损俱损”。虽然不同部门还会有自己的一些专业立场，但部门间的水平边界已经被大大地削弱了。

• 流程优化

利益捆绑是必要的，但仅靠利益捆绑是远远不够的。

通过流程拉通跨部门工作，从而穿透组织的水平边界，也是美的采用的重要做法之一。632 项目中的流程再造、T+3 模式的推行、数字化的转型升级，这些重大项目之中都有美的在流程优化上的很多投入。时至今日，流程优化已经成为美的常态化的工作。

对大型企业来说，成为流程型组织是非常好的穿透组织边界的做法。

• 组织平台化

如果说利益捆绑和流程优化还相对集中在事业部内部的话，那么建立平台化组织则是完全为了穿透事业部间的组织边界。

美的从 1997 年事业部制改革之时，先后成立了物流公司、钢材配送公司等，开始有了业务平台组织的雏形。2012 年开始，平台化组织正式登上舞台，陆续形成了包括物流、客服、国际等在内的多个业务平台。2021 年至今，美的又针对国内市场和国际市场的全面打通，多次进行中国营销和国际营销的平台化整体运作（后面第六章第二节还会对业务平台组织进行专门说明）。

组织平台化是在确保分工效率的同时，强化彼此协作，更好地穿透水平边界。

4. 穿透外部边界

外部边界决定了企业与外部世界的互动效率。我们这里重点说美的如何穿透与用户的外部边界。

美的主营业务是家电产品，看似 To C，实际上在以前的很长一段时间里都是 To B。在移动互联时代到来之前，美的产品主要卖给代理商、经销商或大卖场，而并不是直接卖给终端用户，美的与自己的用户实际上并没有直接连接。

美的穿透与用户的外部边界的过程既不是一蹴而就，也不是一帆风顺，而是经过了四个阶段：发力线上营销、加大用户研究、T+3 推动转型、用户直达。

- **发力线上营销**

2010 年，淘宝“双十一”GMV（商品交易总额）还只有 9.36 亿元。那一年，美的营收已经突破千亿元，当年京东整体营收也才刚过百亿元。刘强东主动找上美的，想和美的深度合作，但那时美的并没有太重视。

然而之后两年，移动互联时代的扑面而来，让美的意识到市场真的“变天了”，于是开始将线上销售提上日程。先以生活电器事业部为主体，成立了电商平台，在线上主要销售小家电。之后，不断推动与阿里、小米、京东、百度等互联网企业的深度合作，并建立了自己的官方在线商城，全品类发力线上销售，开始大范围地直接面向终端用户。

- **加大用户研究**

虽说美的以前也做市场调研和竞品研究，但在用户研究上是远远不够的，特别是在线上加大销售以后，要直接面对大量用户的差评，这个时候更暴露了这一不足。

落下的课，该补还得补。为了加大用户研究、搜集用户反馈、提升用户体验、实现用户升级，美的围绕用户和产品，不断进行组织和管理变革。比如，成立中央研究院、用“三个一代”改变产品开发模式、推动建立事业部用户经营体、成立用户体验中心和用户研究中心、加大用户指标的考核力度等。

美的从这个时候开始，才算是真正从中间经销商为主的客户转向了终端消费者为主的用户。

• T+3 推动转型

从客户转向了直接用户，这意味着原来的经销代理模式也要随之改变，美的如果不推动原有的经销商、代理商发生实质性的转变，就要另起炉灶，代价更大。

美的从自身的产销模式下手，通过 T + 3 的大力实施，在完成内部的转型升级后，开始推动经销商、代理商转型为运营商，共同为本地用户提供更好的服务，最终从以产定销转变为以销定产，美的与用户之间的边界进一步被穿透。

• 用户直达

厂家与用户的距离，多近都不嫌近，其最终目标就是做到用户直达。

用户直达，这也是美的 2020 年 12 月 30 日所宣布的四大战略主轴之一。为了实现这一目标，美的在中国市场进行了多次营销体系的变革调整，先后成立了 30 多个运营中心，覆盖各省市全部区域，同时拉通线上线下，以期打通与用户的最后一公里。

走过这四个阶段，美的与用户的外部边界逐步被穿透。

2024 年 1 月 31 日，美的 & 京东年度销售庆典活动对外公布，2023 年美的系全品类产品在京东线上渠道的净销售额突破了 500 亿元，美的成为京东家电首个年销售额超过 500 亿元的合作伙伴。这一标志性的数字，美的在和京东初谈合作时一定没有想到。但能够取得这样的成绩，足以说明美的在穿透与用户的外部边界上越来越成熟。

5. 穿透地理边界

美的战略主轴中，有一个和穿透地理边界直接相关的，就是“全球突破”。

这一战略主轴从之前的“全球经营”升级而来，而这一升级也凸显了美的穿透地理边界的决心和力度。

从中国企业走向全球企业，美的穿透地理边界，经过了五个阶段：海外销售、海外生产、海外研发、海外并购、海外运营。

- **海外销售**

在 20 世纪 80 年代，美的就获得了进出口权，开始将产品销售到海外。

此后，美的海外销售的力度逐年递增，虽说长年是以 OEM 贴牌的方式在提高外销收入，但也恰恰是经过这一阶段，美的不仅积累了做产品的经验，也摸清了该如何与通用电气、惠而浦、伊莱克斯、三星、LG 等国际大公司打交道。

这都为美的后期的海外扩张打下了坚实的基础。

• **海外生产**

2007年，美的在越南投资建厂，这是第一家在海外自建的工厂。之后，通过与开利等海外公司合资建厂的方式，美的陆续在埃及、白俄罗斯、匈牙利、巴西、阿根廷、泰国等多个国家建设海外生产基地，从全球范围来看，美的主要生产基地已经多达43个，其中海外有22个。

海外生产基地的建设是美的进一步出海的重要举措。

• **海外研发**

如果说海外生产基地的建设，还是出于对出口关税、贸易政策、生产综合成本的考量，那么海外研发中心的逐步建设就是直接服务于海外的当地市场、当地用户。

2015年，美的集团在美国建立了第一个海外研发中心，并从那时起逐步构建了“2+4+N”的全球化研发网络，即位于顺德和上海的两个研究中心总部，位于美国、德国、日本及意大利的四个海外研发中心，以及其他众多研发中心。截至2024年8月美的已在10多个国家和地区建立了33个研发中心，其中17个位于海外。

海外研发中心的建设标志着美的在穿透地理边界上迈出了一大步。

• **海外并购**

美的的历史，从收购兼并的角度来说，也是一部并购史。

从1997年收购芜湖丽光空调厂开始，美的陆续收购了东芝万家乐的空调压缩机厂、广州华凌、合肥荣事达、无锡小天鹅等，但这些都是位于国内的公司。

2016年开始，美的进行了一系列大手笔的海外并购，先后收购了日本东芝白色家电业务、意大利中央空调企业Clivet、德国库卡、以色列高创、泰国日立压缩机工厂等。

海外并购是大动作，往往意味着开弓没有回头箭，这是美的走向国际的重要标志。

• 海外运营

买得下来，还要运营得好。

海外并购之后，摆在美的面前的课题就是如何做好海外运营，这也是美的穿透地理边界的最后一公里，是美的实现全球突破，成为跨国公司必然要蹚过的深水区。

美的也已明确表示，到2025年海外销售收入要突破400亿美元（相当于2000亿元人民币以上），国际市占率达到10%，五大战略市场市占率达到15%～20%，其中东南亚区域要做第一，北美则要进入前三。

在海外运营这一阶段，“革命尚未成功”，美的仍在努力。

6. 穿透组织边界的四个重点

看完了美的如何穿透四类组织边界，不知你有何感想。

其中有四个重点，我觉得值得一提。

• 不怕边界，怕走极端

组织有边界是正常的，甚至也是必要的，不要一说组织边界就要全部消除，这是极端的做法，也是不现实的做法。

美的强调协同共赢，但从来没有说过要消除所有的边界，何况也不可能全部消除。

• 先看清，再穿透

穿透边界的前提是要能看清边界。

如果说连职责分工都还没搞清楚，连权限也没有分清楚，一上来就盲目做穿透边界的事，只会让组织和人员更混乱。

美的能逐步穿透四类组织边界，是因为已经在组织上做了大量的基础工作，包括组织结构设计、各部门职责明确、衡量指标、分权事项等，这一点我们要先看清楚。

不能连靶子都没立好，就说要穿这穿那。

• 既有整体设计，也有单点突破

美的穿透组织边界既不是一刀切，也不是坐等看，而是该整体设计的时候就先把整体设计做好，比如说垂直边界和水平边界；该单点突破的时候，就逐步瞄准、各个击破，比如说外部边界和地理边界。这一点非常重要，每一家企业也应当根据自己的实际情况，看穿透哪些边界需要先整体设计，穿透哪些边界又需要边干边看。

• 没有百步穿杨，也不奢望一次穿透

我给企业做咨询的时候，发现很多客户都希望能从标杆企业身上学到压箱底的绝活，然后回过头在自己的行业里独步江湖。

实际上，不论多么优秀的企业，从来就没有什么绝世武功可以一招制敌，也没有什么诀窍可以一劳永逸。我们看前面美的穿透四类组织边界的诸多做法，没有哪一招是百步穿杨，也没有哪一招是一次穿透，而是长年累月地“内练一口气，外练筋骨皮”。如果你发现确实有哪一招非常适合你的企业，请坚持，再坚持，然后多学几招，组合着用，之后再继续坚持吧。

内容小结

组织边界有四类：垂直边界、水平边界、外部边界、地理边界。

组织边界无法消除，但可以被穿透，而且也非常有必要穿透。

美的如何穿透这四类组织边界？

加大分权、组织扁平化、变革流动，穿透垂直边界。

利益捆绑、流程优化、组织平台化，穿透水平边界。

发力线上营销、加大用户研究、T+3 推动转型、用户直达，四个阶段穿透用户的外部边界。

海外销售、海外生产、海外研发、海外并购、海外运营，五个阶段穿透地理边界。

穿透组织边界还有四个重点：不怕边界，怕走极端；先看清，再穿透；既有整体设计，也有单点突破；没有百步穿杨，也不奢望一次穿透。

CHAPTER 5 —— **第五章**

控制之度

第一节　有效内控的 5 条线

美的大张旗鼓提到内控的次数并不多，但美的内控体系却做到了行之有效。不过，与很多设置内控部门的企业不同，我们在美的找不到一个内控部门。

这是因为美的做内控不是试图通过某一个部门集中管理，而是在实际运作中，摸索并建立了一套具有自身特色的内控体系。

这一节我们就来看看美的有效内控的管理思想，以及这套内控体系在实际运作中的 5 条线。

1. 内控，不是为了“控”，而是为了更好地“放”

单纯做好内控并不难，权力一收，一律上报，可以越控越严。难的是做好有效内控。

什么是有效内控？

最简单的理解就是保持活力的风险控制。

能控制风险，只是做到了内控。能同时保持活力，才是有效内控。美的所追求的内控就是有效内控。创始人何享健早在十几年前便专门阐述过内控与收放权的关系：“加强内控绝不是集团要收权，而是推动进一步放权……各事业部的内部控制体系健全了，集团才能进一步放权。”

这就能看出何享健与很多企业老板的不同。很多企业一说要加强内控就拼命收权，恨不能所有事情都经过上面审批，我在一些企业还见过，厂区更换一块草坪，车间报废一台叉车，都要五六个部门审核，最后还要报批到老板那里，说是有供应商风险、资产风险等。这样加强内控之后，企业越管越严、越管越死，真正想做点事的人总是束手束脚，最后动弹不得，只能徒唤奈何，一走了之。这是为了“控”而“控”，打着“安全第一”的旗号，把企业软禁起来。

何享健从一开始推动内控就非常明确：“控”只是手段，不是目的，保持活力、不断发展才是目的。

控，不是为了“控”，而是为了更好地“放”。只有控得住，才能更好地放。只要控得住，那就大胆地放。这才是美的做内控的管理思想。很多企业做内控只有前半截，没有后半截，甚至将控制本身作为目的，本末倒置，最终导致内控是控住了，企业活力却丧失了，非常可惜。有效内控则是要做好平衡，既不能一刀切，也不能一勺烩，既要激发活力，还要控制风险。

那么，美的具体是怎么做的呢？

这就涉及构成美的内控体系的5条线，分别是：财务为主线，审计为底线，人资为战线，制度为界线，IT为导线（见图5-1）。

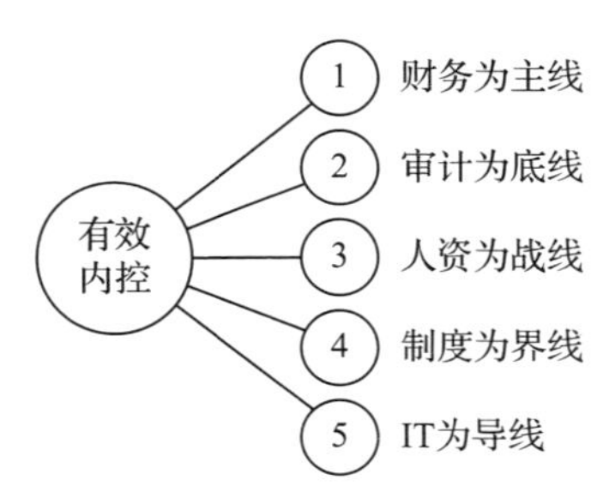

图5-1　美的有效内控的5条线

2. 财务为主线

在美的内控体系中，谁发挥的作用最大？

如果财务说自己第二，其他部门没人敢说自己第一。

以财务为主线是美的内控的一大特色，这从2007年美的引入咨询公司开展内控项目是由财务牵头就可以看得出来。

美的财务线始终是一体化的组织管理，不论是驻外的销售财务，还是车间的成本会计，都属于集团统一派驻，一竿子插到底。所有派驻的财务在专业上和管理上对集团财务负责，在业务上和经营上对事业部总经理负责。正是这种一体化、双线条的管理方式，使得财务能够进行有效管控。

从内控的角度来说，美的财务做到了三个管住：管住账、管住钱、管住异常。

- **管住账**

重点说一下核算和预算的问题。

很多企业的财务难以发挥作用，很大程度上是因为最基础的核算工作没做到位，账都记不清，还谈什么管控呢？我在做管理咨询的过程中，经常会参加一些客户的经营分析会，但会上有些情形让我哭笑不得。财务在通报数据时，业务部门往往会拿出另外一套数据，指责财务的数据有问题，双方争执不下。这种情况往往是财务在核算上出了问题，没法统一财务语言，业务看财务数据不能用，就只好自己弄一套出来。

美的财务，不论是生产的定额损耗、采购的料费分离，还是仓库的盘点差异、促销的分类明细等，都会核算得清清楚楚。当然，这里面也涉及数据口径定义、科目统一、账套管理、核算流程等大量基础工作。

正是基于核算的清晰准确，美的在数据上一律以财务部门的为准。

说完核算，再来说一下预算。

如果说核算是基于已经发生的事项来记账，那么预算就是基于未来可能发生的活动来算账。

美的对预算工作异常重视，从 1996 年就开始推行全面预算管理，2005 年又启动“全面预算管理提升项目”。美的的全面预算是把战略导向和经营目标用财务语言进行了全盘解码。

为了保证预算的有效牵引，美的每年年初都根据预算签订年度经营目标责任制，再根据责任制完成情况实施绩效奖惩。

从核算和预算的动作我们可以看到，美的财务的这盘账不是虚的，而是实的，是能真实反映经营情况，真正进行有效管控的。

- **管住钱**

管住账，很重要。管住钱，更重要。

美的在管住钱上可以概括为“进出一个口，收支两条线”。

先说“进出一个口”。

前面提到过，美的有很多财务派驻岗位，如销售财务、成本会计、账务、税务等，但是在资金结算上，从来没有进行过派驻，始终只有一个出入口，就是集团的资金结算中心。不论是收钱还是付款，不论是走集团账户还是走事业部账户，资金的每一笔安排都必须在集团资金结算中心的归口管理之下。

再来说“收支两条线”。

集团下属各事业部，收入与支出的账户必须分开。收入账户只能收钱，不能取钱。需要给供应商付款，或者有其他支出的时候，统一由集团资金结算中心根据每月预算向支出账户进行划拨支付。

实施收支两条线既能控制收入，也能监督支出，从制度设计上避免了坐支现金。说白了就是，事业部不能滥用职权直接把销售收入花掉。

- **管住异常**

账和钱都真实清楚了，就可以通过财务报表对日常经营进行有效管控。这种管控主要是管住异常。

美的高管通过财务数据变化管住异常的方式主要是两种：每天看报表，每月开例会。

先说“每天看报表”。

何享健曾说：“我不需要管企业的具体事务，但是我每天都要看财务报表。”在2012年美的完成交接班之前，财务管理部每天都要在上午10点之前，将前一天集团、各事业部、子公司的经营报表送到何享健办公室。集团各事业部总经理同样每天看进销存等各类经营数据。

再来说“每月开例会”。

美的每月雷打不动的例会就是月度经营分析会。其他所有内部活动都要给经营分析会让路，例如高管安排出差必须避开这一天。在经营分析会上，重点就是分析异常数据，以及异常数据所反映出的经营风险。

管住账，管住钱，管住异常。通过以上三个管住，美的财务强化了风险预警和管控，从而成为内控的主线。

3. 审计为底线

美的审计在人员数量上没有财务多，但是在管理权限上却比财务大。毕竟，财务都是要接受审计的。

美的审计不干预任何日常经营，但可以对任何异常一查到底，并进行责任追究。形象一点来说，审计是悬在每一个事业部、每一个管理者，甚至每一个员工头上的达摩克利斯剑。审计是底线，轻则罚款下课，重则锒铛入狱。

美的审计在组织设计上和财务一样，都是一体化、双线条的组织管理。集团审计部会在各事业部设置审计中心，小一点的事业部至少要设置专职审计岗位，以强化日常经营活动的审计监督。

审计作为内控的底线，主要要做好“两审一察”：经营审计、管理审计、监察。

• 经营审计

年度经营审计是审计工作的重大任务，因为没有经过审计部门评定的经营业绩不能算作最终的结果。各事业部的年度经营目标责任制完成情况都必须经审计部审计，最后由审计委员会确认。还有一些日常的经营审计就不一一细说了。

• 管理审计

管理审计，内容繁多。

事业部总经理离职有离任审计，投资项目有投资审计，财务运作有财务审计，供应商选择有供应链审计，采购执行有采购审计，营销推广有营销审计……除了针对重大异常外，每个月审计都会有方方面面的主题，一个主题，短则 2 ～ 3 周，长则几个月。

• 监察

监察，本质上不属于审计的范畴，是独立于审计之外的平行工作，但因为美的审计监察通常是一个部门，我就放在一起说了。

不过，还是先澄清一下审计与监察的概念。审计，是对财务预决算、经营活动的经济监督。监察，是对人员违法乱纪、违章违纪的行政监督。

审计，主要对事。监察，主要对人。

美的的审计和监察虽然在一个部门，但它们在职能上是独立的。同时，集团层面设立监察委员会，组织上有监察中心或监察室，对违规违纪行为进行预防、查处，对敏感岗位加强监控。

美的在经营过程中，数据的真实可靠，人的真实可靠，有没有作假，有没有作恶，都需要审计监察部门守住底线。

4. 人资为战线

从内控角度来说，美的人力资源管理的主要对象是职业经理人队伍。

我们前面已经介绍过，美的是典型的分授权机制，在进行分权之后，大部分权力和资源都在职业经理人手上。因此，美的人力资源之所以被称为内控的战线，就是要将职业经理人这支队伍，在思想上和行为上规范起来、统一起来，形成美的所需要的共同战线，同时吸收更多优秀的职业经理人进入这一战线。

统一战线，同一战线。

美的人力资源对于职业经理人的管理主要体现为“两个硬性”：硬性的绩效考核、硬性的职业约束。

- **硬性的绩效考核**

前面说财务预算时提到会根据预算目标签订年度经营目标责任制，这在美的是严肃的、硬性的、不打折扣的，签过的责任制就是军令状。

何享健在内部大会上讲过："跨国企业的普遍做法是，经营单位两个季度未完成指标尚可原谅，第三个季度还未完成，职业经理人就要下课。以后我们也要形成这样一种文化，原则上不完成指标、不完成任务的就要承担责任。"

美的经营的压力，有很大一部分来自硬性绩效考核下职业经理人的危机感。

• 硬性的职业约束

2006 年之后，美的在绩效考核的约束之外，也加大了职业道德方面的约束，如规范运作、诚信和职业操守等，相继出台了《职业经理人基本行为规范》《竞业限制》等制度。同时，要求职业经理人定期进行个人信息申报、个人对外投资情况申报等。2013 年，又出台了《职业经理人六条红线》，对职业经理人进行红线管理。

在何享健不搞家族式管理理念的影响下，美的人力资源对职业经理人同样进行亲属关系管理。职业经理人的亲属不得担任管理岗位，不得在同一公司任职，有些甚至只能离开美的。

职业经理人是美的用人的风向标，是美的统一战线上的各个指挥官。

职业经理人管好了，下面的队伍才好管。

5. 制度为界线

在做管理咨询的过程中，我需要经常查看企业的各种制度文件。如果只从制度文件来看的话，我常常会形成一种错觉，就是很多企业都应该管理得很好，干部管理制度也有，绩效考核制度也有，薪酬制度也有，财务制度也有，供应商管理制度也有……总之，编得很全，写得很细。

但实际情况呢？多数时候，制度是制度，执行是执行，完全两张皮。老板会朝令夕改，干部会随机应变，员工会姑且听之。

美的也是一家非常重制度建设的企业。但这个“重”更多地体现在执法而不是立法上。

我在美的工作了17年，并没有感觉到太多的条条框框，所以做起事来还是蛮简单灵活的，我看周围的同事也是同样的状态。但是，只要是有制度规定的，美的就会严格按照制度执行，即使一开始有些过于严厉。可以后面再去修改，但当前不能不执行。

举个例子，仓管员晚上下班忘了锁仓库门，导致货物丢失，损失几十万元。这种事在美的，按照《责任追究管理办法》，仓管员作为直接责任人会被直接开除，即使原来表现好，也要进行调岗降职，同时处罚1000元以上。这还没完，仓管员的主管也要承担连带管理责任，处罚2000元以上。这样总可以了吧？还没完呢，如果仓库归物流部门管理，那么物流总监要承担部门管理责任，处罚5000元以上。在美的当领导没那么轻松，出了事不能只拿小兵当炮灰。

我在其他企业见过同样的事情，制度规定得也很严厉，但是最后，仓管员只是被找去谈了话，回来后继续干原来的工作，没有任何处罚，只有仓库主管象征性地被罚了50元，还抱怨了半天，说之前某部门造成的损失更大，只是通报批评了一下，为什么自己要被罚 50 元。

两相对比，我们能看到，管理的差距不在立法，而在执法。

定制度，就是在定规则。但潜规则，有时才是真正的规则。而如何执法又是最大的潜规则。

制度是界线，过界就要受罚。企业里的各项制度就是一条条的行为界线。严格执法，就是在保证企业的行为界线清晰，界线清晰才不会失控。

内控不到位，不是因为“无法无天”，常常是因为“有法无天”。

6. IT 为导线

内控失效最初的表现就是信息被屏蔽。

美的为避免分权后出现信息被屏蔽的情况，在执行《分权手册》的同时，执行了另外一份《信息报送规范》（第二章对此已经有详细的介绍），即在下放经营权的同时，扩大了知情权。这要求所有事业部向集团定期报送各方面的经营管理情况。随着企业规模的扩大，再依靠手工报送信息已经远远不能满足要求。而不断提高信息化水平，除了效率的原因以外，也有加强内控的意义。毕竟，经过人手加工过的信息总难免错漏和失真。

只要能做到信息的及时、准确、公开，有效内控就会变得有的放矢。所以，作为信息传递的导线，IT 系统的建设完全可以作为内控的抓手。

如果能确保信息数据的传递没有断点和卡点，确保信息导线畅通无阻，还有什么内部风险是不能提前获知并及时控制的呢？

这也是美的在信息化和数字化上的投入不仅由来已久，而且越来越大的一个重要原因。

美的早在1994年就开始考虑企业的信息化建设。1999年美的下属主要公司全面应用了ERP系统，同年全面实施了Oracle的财务系统。2002年，又启动财务分析系统，将各事业部的ERP系统、出纳系统等方面的数据进行汇总，并快速生成财务报表和经营分析报表。2005年，美的集团启动"全面预算管理提升项目"，改变"预算管理理念先进、手段落后"的现状，使预算体系更规范、更客观、更严谨，并实现预算管理信息化。

实际上，除了ERP和财务体系的IT系统建设以外，美的对其他体系的IT系统也都进行了持续投入。2012年，随着632项目的实施，美的由信息化逐步走向了数字化。

时至今日，美的各级管理人员都可以通过手机端对企业经营状况进行实时监控，及时发现经营风险，并解决经营中存在的问题。

内容小结

有效内控是保持活力的风险控制。因为"控"不是目的，更好地"放"才是。

能做到收放自如，才是内控的最高境界。

美的通过 5 条线，构建了颇具特色的有效内控体系。这 5 条线是：财务为主线，审计为底线，人资为战线，制度为界线，IT 为导线。

第二节　若无问责，何来管控

美的创始人何享健曾说过“只要把激励机制、分权机制和问责机制建立好了，自然会有优秀的人才来帮你管理”。

我们在第二章和第三章中已经讨论过美的激励机制和分权机制。这一节我们一起来看看，美的在激发组织活力的同时，是如何建立问责机制的。

1. 美的问责机制，走过 5 个阶段

美的问责机制的建立，从无到有、从弱到强，截至 2024 年经过了 32 年的发展，走过了 5 个阶段，如图 5-2 所示，分别是初创、强化、扩大、严抓、升级。

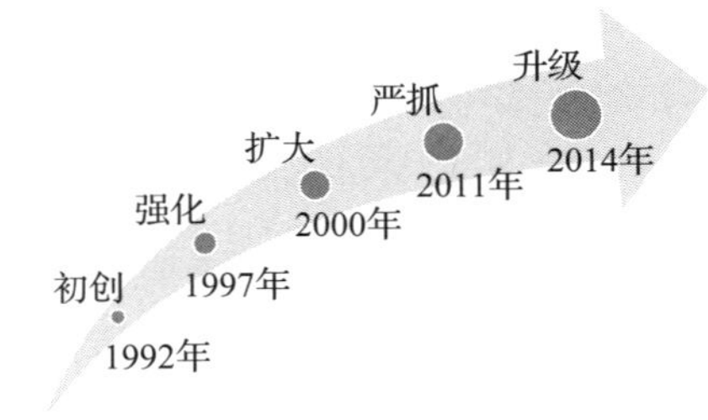

图 5-2　美的问责机制的 5 个阶段

（1）初创，1992～1996年。

在1992年之前，美的一直以乡镇企业的方式“野蛮生长”，那段时间如果谈问责机制，实在为时过早。

之所以将1992年作为美的问责机制创立的起始年，是因为这一年美的开始进行股份制改造。通过股份制改造，美的按照现代企业管理方式，在成立股东大会的基础上，设置了审计委员会和监事会（见图5-3）。

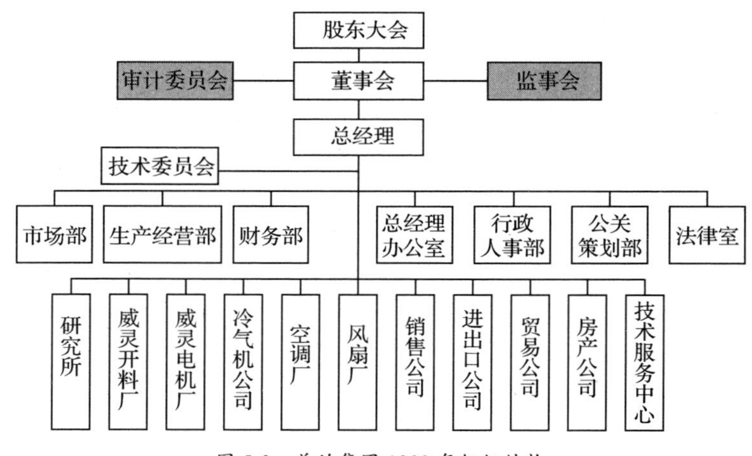

图5-3 美的集团1992年组织结构

这可以说是一个起点。

在规范治理结构的同时，问责机制有了一个开端，但在总经理之下的管理结构中，还没有成立审计或监察部门，所以我们将其称为“初创期”，它是伴随着股份制改造开启的。

（2）强化，1997～1999年。

1997年开始，问责机制得以强化，这一年是美的事业部制的改革元年。

随着5个事业部的组建和经营权的大量下放，如何保证事业部制运作“分而不乱”成为改革的关键。关于这一点，何享健专门提到过，“企业分权离不开四个必要的条件：一是有一支高素质的经理人队伍，能够独当一面；二是企业文化氛围得到认同；三是企业原有的制度比较健全规范；四是监督机制非常强势”。何享健所说的第四个条件监督机制非常强势，就包含了问责机制。

如图5-4所示，在组建事业部的同时，美的也成立了审计部和监察部，这就使问责机制有了组织保证。

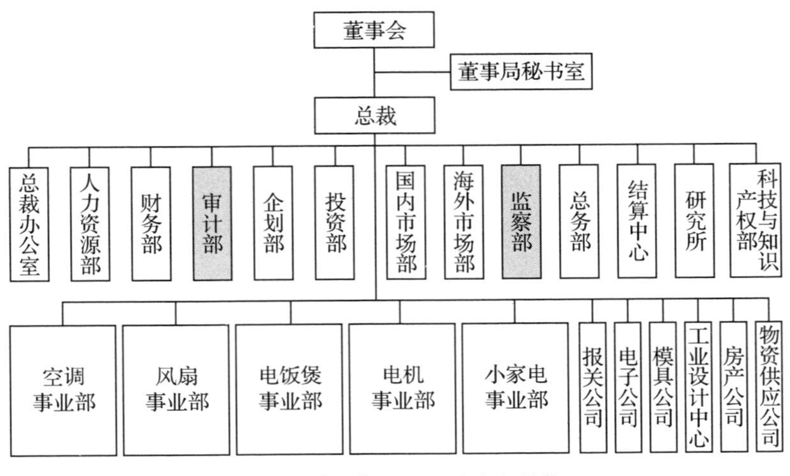

图5-4　美的集团1997年组织结构

1998年，何享健在谈到干部管理时说道：“各级经营管理者要廉洁奉公，要有强烈的自律精神，这一条件应作为选拔、考核干部的重要标准。集团要不断完善各项监察、审计制度，建立良好的约束机制。”

何享健这番话是有当时的管理背景的，事业部制改革不仅是组织变革，更是人事变革，对不受约束甚至损公肥私的干部进行了清理。

伴随着事业部制改革，问责机制在这段时间走过了初创期，进入了强化期。

（3）**扩大，2000 ～ 2010 年。**

2000 年，美的再次进行了事业部重组，形成了空调、家庭电器、厨具、电机、压缩机 5 个大事业部，以及房产公司、电工材料公司等较小的经营主体，事业部制运作逐步走上了正轨。

从 2000 年到 2010 年，美的营收规模从过 100 亿元到过 1000 亿元。问责机制在这 11 年间，先后在制度层面、组织设置、问责事项、问责力度上都得到了进一步的扩大。

在制度层面上，集团于 2000 年出台了《责任追究管理办法》，明确了对于各种违规违纪行为的追究与处理办法，范围包括投资、采购、资财、营销、经营等多个方面，这是问责机制在制度层面走出的关键一步。在集团出台这一制度之后，各事业部陆续颁布了自己内部的问责制度，有的叫作《责任追究条例》，有的沿用了集团同样的制度名称。这之后，每一个新成立的二级产业集团或事业部都会制定并颁布相应的《责任追究管理办法》。

在组织设置上，集团的审计监察体系是一竿子插到底的直管方式，各二级产业集团和下属事业部的审计监察部或是审计监察岗位，都归集团统一任命和管理。

在问责事项上，审计监察既有例行的经营审计、离任审计等，也有突击的采购审计或营销费用审计等各种主题。每半年一次的集团总结计划大会上，也都有一项固定议程，就是由审计监察部通报半年来的问责事项，这也是会前会后大家议论最多的话题。

在问责力度上，何享健最不能容忍的，就是事业部对审计监察的隐瞒和阻挠。何享健多次在大会上非常严肃地提出，"要执行好管理问责制，对决策及投资项目亏本的要追究责任，特别对离任或辞职的也要追究责任，惩罚高风险、不负责任的行为。要强化职业操守、品德和诚信建设"。

（4）**严抓，2011～2013年。**

2011年12月，美的集团下发了《关于开展职务腐败专项治理行动的决定》，同时成立了反腐专项工作组，正式在内部轰轰烈烈地开展反腐行动。

2012年1月中旬，美的向经销商、供应商发出《致美的经销商、供应商的函》，其中详细列举了收受经销商、供应商回扣等8种员工职务腐败行为，明令禁止类似事件的发生，还承诺给予举报者追回经济损失的5%甚至更高的奖励。2012年4月28日，美的内刊用足足四个版面推出"反腐倡廉"专题，披露了集团从1997年至2007年的7宗反腐大案，例如"挪用公款400万坐牢9年"的特大案件。2012年5月，集团又连同顺德区人民检察院举办了一场讲座，主题是关于如何惩治和预防商业贿赂等经济犯罪活动，要求所有中高层干部必须参加，不得请假。

随着严抓严惩力度的加大，美的陆续处理了多名人员，上至总经理，下至基层员工，一经发现，绝不姑息，涉及违法重大情形的，也有多人被移交公安机关。美的不仅将内部反腐作为当年的重点工作之一，还申请加入了广东省委、省政府部署的“三打两建”专项行动。

2013 年，针对内部职业经理人的高管团队，美的先后出台了《职业经理人管理办法》《职业经理人六条红线》《廉洁协议》《职业经理人个人信息申报规范》等制度，对职业经理人进行了更严格的监督和问责。

从 2011 年年底到 2013 年的反腐行动，是美的有史以来力度最大、范围最广的问责追究，我因此将其称为“严抓”阶段。

这场疾风骤雨般的反腐问责，从短期来看，是在向组织机体中的“蛀虫们”宣战，是在净化队伍、净化组织；从长期来看，则是美的 2010 年突破千亿元营收之后，进行战略转型和组织变革的重要组成部分，是对过去粗放经营的沉痛反思和文化重塑。

（5）升级，2014 年至今。

经过近 3 年的反腐倡廉，2014 年集团重新修订了《责任追究管理办法》，问责的人员从内部扩大至外部合作伙伴，问责的内容从常见的采购、定价、招投标等方面扩大至经营管理、品质事故、安全生产、市场管理等方面，问责的利害关系人从配偶和直系亲属扩大为其他关系密切的亲属和朋友，等等。

一系列的范围扩大，实际上是对前期的经验教训进行了完整的总结，从而对问责机制进行了整体的升级。

至此，美的问责机制走过了5个阶段，成为美的机制中非常重要的一环。

那么，其主要内容又包含哪些呢？

我们来看美的问责机制的“12345”。

2. 问责机制的“12345”

美的问责机制的主要内容，如图5-5所示，我将其总结为“12345”：1个底线、2种行为、3类对象、4种方式、5个部门。

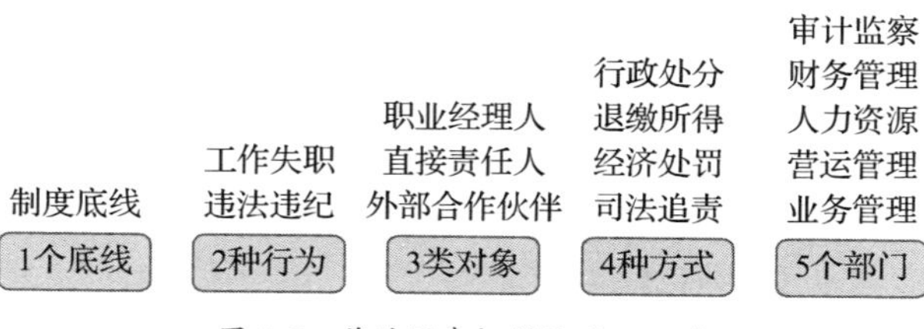

图5-5　美的问责机制的“12345”

• 1个底线

问责是一种权力，但这种权力不是用来揪别人小辫子的，也不是用来给别人穿小鞋的，更不是用来在鸡蛋里面挑骨头的，而是一种底线管理。

这种底线，是以事实为依据的制度底线。

美的审计监察部门每年都会收到很多举报投诉，但不会捕风捉影，也不存在打击报复，而是反复调查事实依据，再决定是否问责。恶意举报或夸大投诉在审计监察部门是难以得逞的。但一旦查实，则一追到底，绝不放过。因此，审计监察部门在美的虽然不受欢迎，但让其他部门又怕又服。

底线管理还体现为，针对给公司造成不良影响的行为的追究。这种不良影响不论是故意的还是无意的，不论是已经造成损失的还是尚未造成损失的，只要给公司带来负面影响，就要进行问责。例如，采购员勾结供应商，但尚未进行采购供货，在美的也必须要问责；总经理上马投资项目，本意自然是想增加规模和利润，但只要决策错误导致投资亏损，总经理就要被问责。

- **2 种行为**

给公司造成不良影响的行为主要为两种：工作失职与违法违纪。

○ 工作失职，是指因故意或过失，不履行或不正确履行职责，从而造成不良后果的行为。前面说的总经理决策错误导致投资亏损，就属于工作失职。

○ 违法违纪，是指明知故犯，违反国家法律或公司制度，造成不良后果的行为。举个例子，美的职业经理人六条红线分别是做假账、以权谋私、未经许可投资竞争或配套产业、滥用职权损害公司利益、泄露商业机密、妨碍监督或包庇违法乱纪行为，其中每一条都属于违法违纪。

- **3 类对象**

问责的对象主要有 3 类，按照美的重视的程度，从高到低依次是：职业经理人、直接责任人、外部合作伙伴。

- ○ 职业经理人，主要指的是各级高管。
- ○ 直接责任人，是指在具体事项上造成不良影响的责任人。
- ○ 外部合作伙伴，是美的在 2014 年后新增加的问责对象，主要是为了切断外部利益输送。

总的来说，美的问责还是以内部的前两类为主。

这里必须多说一句，美的在问责的时候，往往都会实行“领导连坐”，而且是“两级连坐”。也就是说，对直接责任人进行问责的时候，对其上级直接领导和再上一级的间接领导同样要进行责任追究，内部发文时称之为“领导承担管理责任”，可见对干部的管理是美的的重中之重。

- **4 种方式**

问责的处理方式主要有 4 种：行政处分、退缴所得、经济处罚、司法追责。

- ○ 行政处分，包括通报批评、调岗、降级、降职、撤职和辞退。
- ○ 退缴所得，是指对责任人不正当利益的追缴。
- ○ 经济处罚，是从工资、奖金、股权激励等收入中直接扣除。金额少则几百元，多则上百万元。美的历史上有过多次处罚金额超百万元的事例。
- ○ 司法追责，是上升到了国家公检法部门，通过司法程序对触犯法律的责任人及第三方进行责任追究。在前面所说的美的反腐行动中，就有多起案件启动了司法追责。

- **5 个部门**

在美的内部，实施问责的操作部门主要有 5 个，分别是审计监察、财务管理、人力资源、营运管理、业务管理。

- 审计监察，毫无疑问是美的问责机制的核心部门，拥有最大的问责权力。审计对事，监察对人。审计和监察，两条线有所区别，但又密不可分，所以我们还是将它们放在一起。
- 财务管理，主要是针对异常的经营情况进行问责，例如营销的超期库存、逾期应收账款，生产的料工费异常，等等。
- 人力资源，主要是针对人员管理方面，例如劳动法规、绩效考核、人员评定、亲属关系梳理等。
- 营运管理，主要是针对工作推动、流程制度等方面的问责。
- 业务管理，例如质量部门、市场管理部门、安全管理部门等，会对相应的重大质量投诉、市场违规、安全违规等问题进行问责。

最后再强调一下，虽然说是 5 个部门，但问责的核心部门仍是审计监察，其他 4 个作为日常的协助和补充。毕竟，其他 4 个部门也是随时要接受审计监察的。

3. 问责机制的 4 个特点

纵观美的问责机制的建立和完善过程，我们可以清晰看到4个特点：领导决心、紧随变革、干部为重，严守底线（见图5-6）。

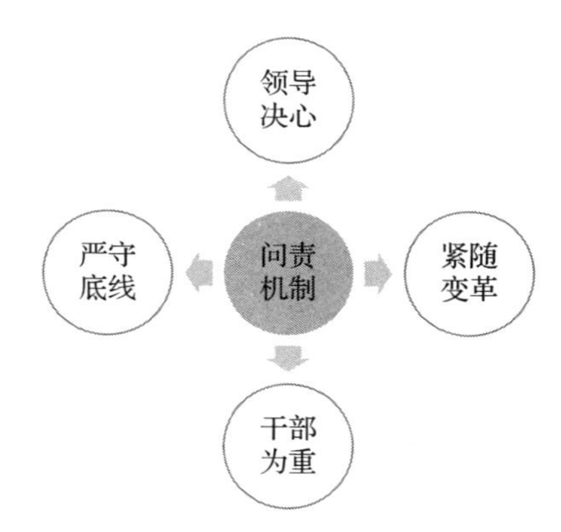

图 5-6　美的问责机制的4个特点

- **领导决心**

正所谓，慈不掌兵，义不掌财。

在问责的过程中，必须要面对的就是人的问题，而且经常是高管级甚至元老级。如果最高领导者没有决心，那么企业极可能从一团和气变成一潭死水，而不可能从万马齐喑变成万马奔腾。

越是在艰难抉择的时候，才越能体现1号位的决心。不论是何享健还是方洪波，在带领美的期间，都异常深刻地理解，“对个别人员的纵容，就是对整个组织的伤害”。

在他们手中，美的滚滚向前的车轮不允许被任何个人利益所牵绊。

何享健，以菩萨心肠，行霹雳手段，毫不犹豫地淘汰失职干部，让问责机制在美的生根发芽，并不断强化。

方洪波，以“老板的思维、过客的意识”，异常冷静且坚决地推动问责机制，使其发扬光大。

• **紧随变革**

仔细研究美的问责机制的5个阶段，会发现每一个阶段都伴随着变革。而每一次重大组织变革之后，也都会重新修订和下发《责任追究管理办法》。

这些都不是巧合，而是必然。也就是说，问责机制是美的变革文化中非常重要的部分。既惩前毖后，又爱憎分明。既净化组织，又推动变革。

• **干部为重**

美的始终认为，管人主要就是管干部。所以，美的问责机制的首要关注对象就是干部。这也是在《责任追究管理办法》之外，还要单独制定《职业经理人管理办法》以及一系列职业经理人制度的原因，也是实行“领导连坐”的原因。

俗话说得好，上梁不正下梁歪，中梁不正倒下来。如果干部能够以身作则，团队自然就会服气，也会有样学样。

• **严守底线**

这里所说的严守底线有两层含义。

一是指美的对制度规范的严格执行，将问责制度作为不容践踏的红线。

二是指美的将问责严格控制在底线上，不随意扩大，不上纲上线，不乱扣帽子，不搞风声鹤唳人人自危，总之不能因为问责机制而损害经营活力。

相信很多员工在美的不会经常感受到审计监察部门的存在，这也是审计监察部门不刷存在感、严守底线的体现。

内容小结

越是走过初创期由小变大的企业，越是业务多元化、人员多元化的企业，就越需要建立有效的问责机制。

美的问责机制的建立走过了初创、强化、扩大、严抓、升级 5 个阶段，前后长达 32 年，其主要内容为 1 个底线、2 种行为、3 类对象、4 种方式、5 个部门。

在这个过程中，美的问责机制体现出非常清晰的 4 个特点：领导决心、紧随变革、干部为重、严守底线。

第三节 如何解决事业部间的协同问题

美的事业部制的运作，从 1997 年到今天，已经走过了近 30 年，在美的高速发展中发挥了巨大的作用。成功的事业部制有利于激发经营活力，有利于各品类专业化运作，有利于内部赛马，有利于培养经营管理人才……

然而，不论存在多少个“有利于”，任何一种组织模式，在带来某些好处的同时，必然也会存在相应的弊端，因为没有哪一种组织模式是完美的，也没有哪一种组织模式可以包打天下。

很多想做组织变革的企业，在谈到美的事业部制管理时，都会问我这样一个问题：事业部制必然会导致一定的协同困难，美的是如何解决事业部间的协同问题的？

实事求是地讲，美的从采用事业部制的第一天起，就一直在面对协同问题，也一直在不断解决协同问题，并因此走过了“从弱协同，到强协同，再到一体化”的三阶段历程（见图 5-7）。

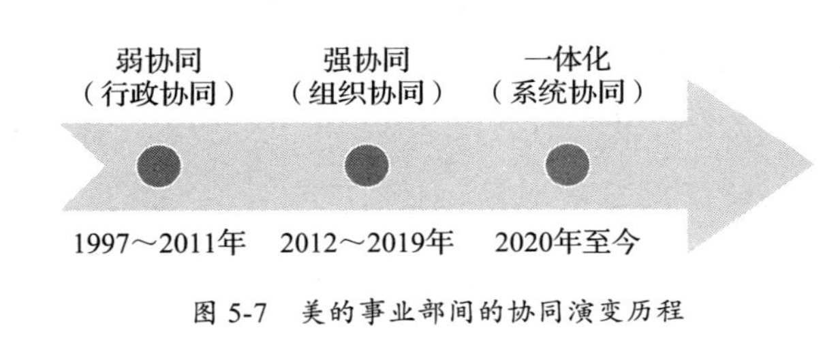

图 5-7 美的事业部间的协同演变历程

1. 弱协同：行政协同

从 1997 年到 2011 年，美的事业部间的协同虽然有逐步加强的趋势，但这一阶段整体来说，基本还是以行政协同为主的一种弱协同。

为什么这么说？

我举三个例子来说明。

第一个例子，是关于工厂建设规划的。

2004 年，集团在顺德北滘镇林港路边拿了一块空地，用于给事业部建工厂。当时有三个事业部都想在那块地上扩建，但是一块地上如何规划三家不同的工厂，就碰到了协同的问题。

比如，大家都想让自己的工厂靠近路边，这样物流最方便，成本最低。再比如，每一家都想要最规则方正的地块，都不想要犄角旮旯的位置，这样厂房规划最简单。还有，当时三个事业部都想预留扩展空间，结果导致整体面积不够。再后来，就连各家的厂门位置开在哪里，都要争吵半天。

单纯靠事业部间的沟通已经无法达成一致。集团主管部门战略投资部牵头组织三家一起开会讨论，但主要还是协调各自的需求，能满足尽量满足，满足不了只好寻找折中方案。

第二个例子，是关于人员调拨共享的。

美的属于劳动密集型的制造业企业，各事业部都需要大量的生产工人，不过需求时间会有所不同。在有的事业部处于生产旺季时，有的事业部反而处于生产淡季，比如空调产品和电暖气产品。早些年处于淡季的工厂工人会被分流，至少是处于开工不足的状态，而处于旺季的工厂又要到外面大量招工。

所以，个别处于旺季的事业部会自发地找到处于淡季的事业部，但因为双方的工资水平和工作要求有差异，需要不断商谈出一个工人借调的规则，最后还要签借调协议。如果一个事业部同意借调的人员数量不够，就还要再去找其他事业部商量。

直到后来，有事业部向集团人力资源部门提出来，由集团牵头做批量的工人借调，但也多是以组织协调为主，并没有做整体的规划统筹。

第三个例子，是关于广交会参展的。

广交会一年两次，每到参展前，如何协调各事业部的展会位置，就成为集团市场管理部最头疼的问题。

每个事业部都想要好位置，都想展出最好的产品，都想突出自己的风格特色，而要想兼顾各方需求，肯定是难上加难。每次都是到了最后一刻，不得不入场布置的时候，各事业部才能达成一致。准确来说，不应该叫“达成一致”，而应该说是彼此妥协。

三个例子都说完了，有人会觉得，既然存在这些协同的问题，为什么不统一管理，甚至由集团直接用行政命令来统筹呢？

这就要说到美的当时要解决的主要矛盾了。

1997 年美的开始做事业部制改革，就是要从之前的直线职能制的集权管理转向事业部制的分权管理。当时最重要的问题，是想方设法激发事业部的经营活力，让事业部当家作主、自主经营、快速增长。这才是当时的主要矛盾，所以才有《分权手册》的诞生，才有经营责任制的全面推行，才有配套激励的各种制度和做法。至于事业部间的协同问题，与激发事业部的经营活力比起来，不是主要矛盾，而是次要矛盾。只要各事业部快速增长带来的收益远远大于协同产生的内耗成本，那就没必要为了协同而损失活力。

这就是美的在这一阶段，采用行政协同，而不是行政命令的底层原因。

弱协同不代表就是差管理，强命令不代表就是好管理，市场经济与计划经济的历史已经证明了这一点。

在以激发活力为首要任务的时候，先保证事业部机制的建立，这个时候采用弱协同，容忍适当的错误、内耗、浪费是必要的。但如果哪一天，协同带来的内耗严重阻碍了企业发展，导致组织的整体效率不是增长而是下降，那就到了从弱协同转向强协同的时候了。

美的在事业部制模式发展了 15 年之后，也是营收规模达到 1000 亿元之后，正式从弱协同转向了强协同。

这一转变，是由方洪波来完成的。

2. 强协同：组织协同

从 2012 年到 2019 年，是美的推动强协同的阶段。这也是方洪波接手之后，带领美的所做的重大转型之一。这一阶段的强协同是以组织整合为起点的管理协同，也是以组织变革为依托的深度协同。

这一转变是如何发生的？

我们一起来看一下。

2010 年美的营收突破了 1000 亿元大关，2011 年又快速增长到 1340.5 亿元。但从外部家电市场来看，美的明显面临增长降速和成本上升的双重压力。从内部管理来看，美的当时 20 多个下属经营单位各自为政、组织膨胀、人员扩张、资源浪费、无效投资增多、沟通成本过高、协同困难等大企业病的症状日益凸显，净利润率不足 3%，且开始下滑。

运行 15 年的事业部制在发挥巨大作用的同时，也形成了积弊。用方洪波自己的话说：“远看美的，是一个美的；走近了仔细看美的，发现有无数个美的。”

方洪波面对内外部问题，以壮士断臂的决心，大刀阔斧地推动了组织变革，明确提出要实现“一个美的、一个体系、一个标准”。

“三个一”的战略要求开启了强协同的转变，而强协同的转变又主要是通过组织协同来实现的。强化组织协同的变革主要有三大动作：整合集团部门、重组各事业部、成立业务平台。

• 整合集团部门

取消了长达 7 年的二级产业集团，将其与一级企业集团合并，实施扁平化运作，并大幅缩减集团总部职能部门。这样起到了两个作用：一是打破了二级产业集团间的壁垒，二是扁平化之后，总部职能部门更贴近事业部。

• 重组各事业部

将近 20 个事业部重组为 11 个事业部（之后又合并为 9 个），分别是家用空调、中央空调、洗衣机、冰箱、厨房电器、生活电器、洗涤电器、热水器、环境电器、压缩机事业部、电机事业部，并对事业部管委会成员重新做调整和任命，打破了高管在事业部间流动的壁垒。

• 成立业务平台

除了缩减与合并，集团还新成立了业务平台，到 2015 年形成了物流、客服、金融、采购、电商、国际、创新共 7 个业务平台。事业部与之相关的业务均须通过 7 个业务平台来运作，而不能再各自随意发挥（关于业务平台，第六章会做重点说明）。

正所谓，不破不立，破而后立。如果说集团部门和事业部的组织变革是以打破壁垒、整合精简为主，那么新成立的 7 个业务平台则是以进一步强化协同为主。

重大的组织变革总是困难的，从弱协同向强协同的转变异常困难。但方洪波说，“一定要走这一步，才能充分发挥内部协同效应，解决很多以前的问题”。

正是在实现组织协同、充分发挥内部协同效应的基础上，美的又先后成功推动了 632、T+3、MBS 等重大项目。这些重大项目在不同事业部的复制推广过程中，也是因为做到了组织上的强协同，才实现了落地方法上的高度一致。

随着这些重大项目的成功，美的开始从强协同逐步走向了一体化。

3. 一体化：系统协同

2020 年，美的重新确立了“全面数字化、全面智能化”的战略，这表明了美的开始通过数字化的系统协同，全面推动一体化的集团运作。

能够走到这一步，是因为美的在前期已经实现了流程一致、数据一致、系统一致，实现了数据驱动的 C2M 客户定制模式转变，实现了 IoT 数据赋能的全链路卓越运营。这些使得美的开始以世界级的集团型企业方式运作。

进入这一阶段，事业部间的协同已经不是主要矛盾，如何实现集团既准确又快速的一体化运作成为主要矛盾。而解决这一问题的主要方法，就是依靠数字化的手段。

2020 年 12 月 30 日，美的进行了业务架构和战略主轴的升级，其中“数智驱动”取代“效率驱动”成为战略主轴之一，进一步明确了通过全面数字化，外部拉通用户、内部打通业务的方向。

2023 年 8 月，方洪波在全球商业创新大会上做了主题为“数字美的”的演讲，提到美的集团已经实行了统一的数字化底座，并成立了两个研究机构，一个是集团 AI 创新中心，另一个是软件工程院。方洪波还明确提到美的数字化已经进入 3.0 阶段。这些都说明，美的运用数字化手段，在实现系统协同和一体化的业务增长的路上越来越深入。

在“数字美的 2025”的规划中，美的从业务数字化、数据业务化、数字技术、AIoT 化以及数字创新五个方面提出新目标：业务数字化，建设 DTC 数字平台，业务在线化要达到 100%；数据业务化，数字驱动运营达到 70%，智能化决策要做到 40%，核心指标体系是现在的 10 倍；数字技术保持行业领先优势，将数字决策技术与业务完全融合，物联网中台达到 10 亿级连接能力；AIoT 化，智能家居做到全球行业首选；发展数字创新业务，孵化 1 ～ 2 家上市公司。

当你走到更高的层面，你会发现原来的问题已经不再是问题。今天的美的也是如此，困扰多年的事业部间协同问题，在美的完成数字化转型并进入系统协同的一体化阶段后，也已经不再是问题。

4. 美的解决协同问题的 3 点启示

俗话说，罗马不是一天建成的，老大难的问题也不是一天能解决的。

美的解决事业部间的协同问题前前后后经历了 20 多年，直到今天也不能说一点问题都没有了，但整体来看已经有了本质上的改变。从美的的经历来看，我觉得至少有三点启示。

（1）**始终抓西瓜，少去管芝麻。**

企业中的问题总是层出不穷，似乎永远也解决不完（这里应该把“似乎”两个字去掉）。既然永远也解决不完，那就只剩下一个选择，先解决什么问题。

美的在面临是激发事业部活力还是解决事业部协同问题时，如果没有能力一次性解决两个问题，那就先解决主要问题，次要问题暂时先放一放。这就是我们常说的，抓住主要矛盾。我更习惯把它说成：始终抓西瓜，少去管芝麻。因为芝麻管得太多，西瓜早晚得丢。

美的在第一阶段主要解决事业部活力的问题，弱协同就弱协同，不影响大方向就行。到了第二阶段，内耗问题成为主要矛盾，那该强协同就强协同。每个阶段的主要矛盾不一样，管理者要做的是找到并始终抓住每个阶段的主要矛盾。

（2）**不要幻想一步到位和一劳永逸。**

有客户老板听我讲过美的的第三阶段，即能够同时兼顾活力与协同，就很想自己的企业也能短时间变成这样。

这种愿望当然能够理解，谁又不想呢？就连美的当年也在不断探索和试验不同的组织结构，就是想要做到兼顾，既不伤害活力，还能减少浪费。但这么多年的实践证明，没有一步到位，也没有一劳永逸，美好的愿望只能是随着企业能力的增长和技术的进步一步步接近。

外部数字化技术的进步也许会加速这一进程，但内部能力的增长实在是没法一蹴而就，就像人身上的肌肉不是一口口吃出来的，而是一点点练出来的。

（3）**穿上跑鞋比等待答案更重要。**

有不少企业高管问过我这样一个问题，美的怎么知道如何变革才是对的？

我理解他们的潜台词是说，要有明确结果的时候，我们才会变革，否则怎么敢保证做了就一定对呢？请告诉我们，美的是怎么得到正确答案的？那个正确答案是什么？

这又带来另一个问题，美的在变革前，真的知道正确答案吗？

我只能说，美的能看到战略大方向，但在真正行动前，并不知道每一次行动的结果会是什么，也不可能知道每一次的正确答案是什么。

那美的是怎么取得好结果的？又是怎么找到正确答案的？

行动，只有行动。

穿上跑鞋比等待答案更重要，因为答案是等不来的。每一个人、每一家企业都有属于自己的正确答案，别人的答案最多只能叫参考答案。所以，我们要做的不是等待自己的正确答案，而是拿着别人的参考答案，开始自己的行动。

内容小结

美的解决事业部间的协同问题，走过了三个阶段的历程。

第一阶段，弱协同：行政协同。

第二阶段，强协同：组织协同。

第三阶段，一体化：系统协同。

美的的经历还有三点启示。

一是，始终抓西瓜，少去管芝麻。

二是，不要幻想一步到位和一劳永逸。

三是，穿上跑鞋比等待答案更重要。

第六章 —— CHAPTER 6

运作之妙

第一节　如何激发员工不断奔跑

总有企业老板和我说："我最希望实现的管理是，员工能产生自驱力，能自动自觉地开展工作和完成目标。"这个愿望真的很美好，哪个老板不想呢？管理大师德鲁克也说过："管理的本质，就是最大限度地激发和释放他人的善意。"

那么，问题来了，如何激发员工的善意？如何让员工产生自驱力？这才是每一家企业都需要面对的具体问题。

美的在半个多世纪的发展中，人才队伍经过了多轮的更替和变化，但始终保持着快速奔跑、不断前行的态势。美的是如何激发员工不断奔跑的？ 50 多年走过来，所形成的行之有效的方法是什么？

我将其总结为以高目标为起点、以高成长为结果的“6高”人才管理机制，即高目标、高层级、高速度、高压力、高回报、高成长。

将高目标作为起点，明确方向和清晰任务，形成目标驱动。再以高层级和高速度的双重带动、以高压力和高回报的双重作用，形成外部驱动。从目标驱动到外部驱动，推动人才不断实现高成长，最终形成人才的内部驱动。

如图 6-1 所示，通过“6 高”实现“目标驱动→外部驱动→内部驱动”。

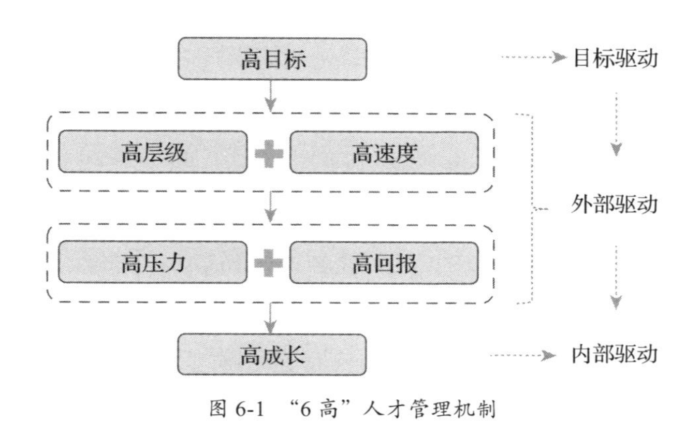

图 6-1 “6 高”人才管理机制

这“6 高”，我们逐个来说。

1. 高目标：挑战激发潜能

管理学家劳伦斯·彼得有一个著名的彼得原理，是说“在一个等级制度中，每个员工都会趋向于上升到他所不能胜任的岗位”。

很多人面对彼得原理都认为，与其让员工在一个无法胜任的岗位上勉力支撑，还不如找一个游刃有余的岗位让其好好发挥。

然而，美的从来不会这样做，相反却是从上至下都在实践彼得原理。每一个在美的工作过的员工都有一种感觉：总觉得自己承担的目标和任务超出了自己的能力范围。

1999 年，我以毕业生身份入职美的 3 个月后就接到了一个任务，是做一份美的、海尔、格力三家企业的竞争分析报告。那时，我才刚从生产车间实习了 1 个多月出来，对于竞争分析方法、行业和对手数据等，既没概念也没信息，完全是懵圈的状态。但就是在这种情况下，和同样是毕业生的两个同事一起，从零起步，到处搜罗资料，四处学习打听，最终在 2 个月内，完成了一份可供管理者参考的报告。完成的那一刻，我们才知道原来自己真的可以做到。

在近 20 年的美的经历中，除了我自己如此，我也经常看到周围的很多同事，每天都在承担着似乎无法完成的任务，挑战着看似无法胜任的目标。就连董事长方洪波也坦言：“每一次老板对我的岗位的安排，我都觉得难以胜任。”从最后的结果来看，大多数美的人经过不懈努力，都是可以做到的。

美的在 100 亿元规模的时候，提出 5 年 500 亿元的目标；在 500 亿元提前完成的时候，又提出 1000 亿元的目标；实现 1000 亿元的目标之后，又提出“再造一个美的”；2018 年在成立 50 周年之际，又提出“双 5000 亿元”的目标。

美的就是这样，“一山望着一山高”，不断挑战高目标，没有最高，只有更高。在前几次目标提出时，大家还有些疑虑，但在原来的纪录不断被刷新之后，信心得以建立，信念得以坚定，就更敢于挑战高目标。

由此可见，正是高目标的驱动不断激发了斗志和潜能。

高目标本身不可怕，不敢设立高目标而活在温水里，才可怕。

没有高目标的设立，就无法激发潜能。没有高目标的挑战，就永远不知道自己可以做到。

2. 高层级：干部带头打样

要想激发员工快速奔跑，干部就要先跑起来，而且要跑得更快。

美的就是这样做的，不是一上来就对员工提要求，而是先对干部提要求。

美的干部层级越高，加班越多，出差时间越长。例如，每年每逢“五一”“十一”黄金周，基层员工可以放假，但是各部门总监、部长、经理都要统一安排出差，走访各地卖场，乃至站柜台帮忙卖货。公司还会电话回访各卖场导购，确认干部是否全天出勤，当天表现如何，等等，干部回来后要轮流做汇报，如果有应付走形式、敷衍了事的，予以重罚甚至撤职。

应该说，美的干部的大部分时间是属于公司而不是属于个人的。利用周末时间闭关开会、晚上连轴转、晚饭时间不固定，等等，这些都是干部的工作常态。以我自己为例，我在负责外销的时候，最长一次连续45天在国外出差，那时已经没有什么倒时差的概念了，因为从北美到南美，再到俄罗斯，时差已经完全乱了，根本不知道该按哪个时间来倒，困了在飞机上能睡就睡，睡不着也逼着自己闭上眼睛休息一下，因为下飞机就要去见客户了。即使这样跑，在美的外销体系的负责人里面，仍是小巫见大巫，比我跑得勤的人多了去了，一年出差200天以上的也大有人在（只算出差，驻外的不算）。

所谓“头雁先飞，群雁齐追”，以“头雁效应”激发“群雁活力”，干部带头打样，员工自然不会懈怠。

3. 高速度：比快而不比慢

随着马拉松运动越来越流行，关于消耗热量、配速、心率、乳酸阈值、PB等跑步词汇开始走进大众视野。虽然衡量跑步的指标众多，但我们会发现，在朋友圈里面，大家最关心的数据仍然是配速。在跑团里面，最自豪的一点，也是自己的配速在不断提高，从而得到跑友们的鼓励甚至赞叹。

美的就是这样一个“跑团”，通过10公里、半马、全马等一个个目标的设立，通过干部作为团长的带动，通过分权机制、激励机制、用人机制的建立，逐渐形成企业整体的“赛马文化”，使得大家都努力提高自己的“配速”，从而让每一个“跑友”越跑越快。

美的有坚持了近30年的科技月评奖，还有每年大大小小的项目评审、各级优秀员工的评比，每年都能看到有青年才俊获奖或晋升……

快的被奖励，慢的被刺激。正如身处跑团一样，跑得快是会产生带动效应的，团队整体的平均配速就会得到提升。

正是在“赛马文化”这种高速度的氛围下，是比快而不是比慢，是良币逐劣币而不是劣币逐良币。

4. 高压力：选拔大过培养

在“赛马文化”的高速度之下，只有跑得快的才能脱颖而出，而跑得慢的就会掉队。所以，虽说美的每年也花上亿元进行各类培训，但总的来说，始终是选拔大过培养，这一点从来都没有变过。

既然是选拔，就必然有淘汰，而且淘汰率还不低。以校招毕业生为例，我记得有好几年，毕业生三年的保有率不足三分之一。其中当然有个人原因离职的，但也有不少是因为顶不住高压力而离开的。因为美的不是放任员工在组织内野蛮生长，而是在主动营造的“万马奔腾”的竞争机制中大浪淘沙。

美的各级干部都是打拼上来的，他们已经做出了足够的表率，所以不会整天苦口婆心地劝你去学习、劝你去努力。一方面他们很忙，没空做那么多思想工作；另一方面能更好地激发你的自驱力的，更多的是你身边的对手。

正是在这种高压力的实战比拼中，愿意跑的、跑得快的才能存活下来。

选拔大过培养，但不代表不培养。

美的每年都培养大量的后备人才，如“航系列”的培训，就培养了后备总经理、后备总监、后备经理。此外还有 TCG 高管大课堂以及各事业部多种多样的人才培训项目。

人才培养所产生的各层次的预备队，既给后浪以希望，又给前浪以压力。

后浪总想追赶，前浪不想被拍，那就大家都跑得再快一点，剩下的就是速度和加速度的比拼了。

5. 高回报：干得好拿得多

关于高回报，我们在第三章中有过专门介绍，不过这里值得再强调一下。虽然高回报在“6 高”人才管理机制中的顺序排第五，但是其重要性几乎可以排第一。毕竟，对利益的追逐和获取是人性中最底层的部分，谁能解决好利益驱动的问题，谁就能在很大程度上解决好员工动力和企业活力的问题。

正如任正非所说：“企业的活力除了来自目标的牵引、来自机会的牵引以外，在很大程度上受利益的驱动……价值分配系统必须合理，使那些真正为企业做出贡献的人才得到合理的回报，企业才能具有持续的活力。”

美的创始人何享健也说过类似的话：“提升竞争能力，保持美的发展活力，从根本上是要完善考核机制和利益分配机制”“事业是大家创造出来的，效益是大家挣的，应该大家去分享……结果好就要给他好的回报”“只要你有一技之长，只要你为美的做出了贡献，美的肯定会给你相应的回报和荣誉”。

何享健和任正非一样，都赞成给予人才好的回报，但也都有一样的前提，就是只针对那些“做出了贡献的人”。这也是美的长年坚守的利益分配机制的核心：结果导向。

美的每年所订立的高目标不是空头支票，而是实现后可以揣在兜里的、吃在嘴里的。这种结果导向的高回报，按照何享健的说法，是要做到“整个薪酬制度和国际接轨，在本地区、行业内要最具吸引力”（注意，没有“之一”）。

我以美的在每年科技月活动上所发放的奖励来说明一下。

- 早在 2000 年，美的就奖励小汽车给科技明星。
- 2006 年，奖励了十辆宝马汽车给十大科技明星。
- 2008 年，首次给个人发出了百万元大奖。
- 截至 2023 年 12 月，科技月已连续举办了 28 届，项目最高奖励金额达 500 万元，个人最高奖励金额超 100 万元，累计奖励已近 5 亿元。

以结果为导向，高绩效就有高回报，干得好就拿得多。高回报除了物质奖励以外，也有很多精神上的回报，例如第一个获得汽车奖励的工程师邓明义，之后当选了全国人大代表。美的在内部也设立了各种各样的荣誉认同，当然最大的认同还是不断获得成长和上升的机会。

6. 高成长：不成长就退场

对员工来说，高回报非常重要，但如果说还有一个比高回报更重要的，那必须是高成长。因为不论是高层级、高速度，还是高压力、高回报，都还是外部驱动，只有让员工实现了高成长，才真正走向了内部驱动。

几乎没有人天生自律，也几乎没有员工进入企业就会自动自觉，绝大多数员工都是在成长中获得成就感，产生自驱力的。而企业就是要通过不断地发展，让认同企业文化与机制的员工快速成长，将企业的发展与员工的成长统一起来并形成良性的相互促进。美的正是通过追求高增长的目标驱动，采取高层级、高速度、高压力、高回报的一系列外部驱动措施，逼着那些没有掉队的员工快速成长。而快速成长的员工在这个过程中，在每一次的成长提升中，都会发现自己收入更多、能力更强、眼界更宽、获得的机会更多、站上的舞台更大，并因此希望获得更高的业绩，对自己提出更高的要求，从而成为更好的自己。走到这一步，企业的外部驱动也就转化成了内部驱动。

不成长，就退场。高成长，登大场。

内驱力不是自动冒出来的，而是风吹雨打之下长出来的。

内容小结

如何激发员工不断奔跑？

如何让员工产生自驱力？

美的形成了一套以高目标为起点、以高成长为结果的“6高”人才管理机制。

- 高目标：挑战激发潜能
- 高层级：干部带头打样
- 高速度：比快而不比慢

- 高压力：选拔大过培养
- 高回报：干得好拿得多
- 高成长：不成长就退场

通过“6高”实现“目标驱动→外部驱动→内部驱动”。

第二节　业务平台，从后台走向前台

如果我问你，美的最有特色的组织模式是什么？

相信你会说：事业部制。

答案当然是对的。不过，很多人不太熟知的是，美的也形成了业务平台化组织，而且越来越有效。这也是一些企业和我探讨的问题，它们在上市之后，规模体量快速发展，少的上百亿元，多的过千亿元，但都同样面临组织庞大之后，如何实现资源共享和业务协同的问题。

其中，建立业务平台化组织是一个非常值得尝试的解决办法。这也是美的走过的一条路，毕竟以事业部制为主的集团型企业一定会碰到这样的问题。

这一节我们就来专门谈一谈，美的自1997年成立事业部之后，是如何形成业务平台化组织的（为了方便阅读，我后面统一把“业务平台化组织”简称为“业务平台”）。

1. 业务平台与职能部门，大不同

在讲美的业务平台的演变之前，我认为还是很有必要先

把“业务平台”定义清楚，因为我在做咨询辅导时碰到好几次，大家虽然用的是同一个词，但不是同一个概念。最容易出现的情况是，把业务平台和职能部门混为一谈。

这里所说的业务平台，指的是直接参与业务价值链运作的平台组织，如营销、研发、采购、生产、物流、服务、设计、策划等，日常工作要直接与产品或客户打交道，更多是业务类工作，要直接对业务结果负责。

而职能部门，指的是不直接参与业务价值链运作的职能管理部门，如战略、投资、财务、HR、审计、法务、企业文化等，日常工作不直接与产品或客户打交道，更多是管理类工作，不直接对业务结果负责。

说到这里，每次都会有人问，如果集团某个职能部门建了一个平台，比如人才平台，各单位都可以通过这个平台进行公开竞聘、人才轮岗、后备培养、工人调拨等，这是不是业务平台？

我要说，这可以算是平台，但不是业务平台，而是职能平台，并不直接对业务结果负责。我们这里要谈的重点，是业务平台，它处于业务价值链的某一环节，是可以直接影响业务结果的。

为了更好地区别，我们再说一下，职能部门与业务平台所发挥的作用有何不同。

职能部门，主要通过政策制定和监督管理，发挥两大作用：管控、服务。

○ 管控，更多从风险和效率角度出发，监督业务运作不违规、不偏航、不懈怠。

- ○ 服务，更多从支持角度出发，帮助业务运作更顺畅。

业务平台，主要通过资源整合和业务协同，发挥三大作用：减少资源浪费、降低组织内耗、提升专业能力。

- ○ 减少资源浪费，通过把分散在不同业务单元的资源集中起来，建立共享机制，使得所有单元都可以使用这些资源，避免资源闲置和重复投入。
- ○ 降低组织内耗，业务平台可以降低不同业务单元间的沟通成本，站在价值最大化的高度，减少组织协同的内耗，提升运作效率和整体价值。
- ○ 提升专业能力，通过集中的业务整合与协同，有利于培养专业能力，如国际化能力、客户服务能力、大宗原材料的期货分析与预判能力等。

简单来说，业务平台如果运作得好，可以最大限度地发挥规模效应，提升组织效率和能力。而且，这种业务平台发育成熟后，还可以实现能力外溢，也就是说，不仅可以整合内部业务，还可以去做外部业务。例如，美的的安得智联公司对外开展了物流仓储等很多业务，它就是从内部的物流业务整合成长起来的。

2. 美的业务平台，走过 5 个阶段

概念澄清后，我们来说美的业务平台的发展。

在 1997 年事业部制之前，美的是不存在业务平台的，因为集权式的直线职能制组织，本身就对各个业务环节进行了

统筹管理。只有在实行分权的事业部制之后，出于资源共享和业务协同的目的，美的才有意识地逐渐成立业务平台。

纵观美的从 1997 年至今的近 30 年来，业务平台的发展走过了 5 个阶段：小业务平台初创、二级产业集团统一管理、营销平台激进尝试、业务平台登上舞台、逐步深入和发展壮大。

（1）**小业务平台初创，1997 ～ 2000 年。**

1997 年，美的进行事业部制改革后，在以事业部为经营主体以外，还先后成立了物流公司、工业设计公司。再加上之前就存在的电工材料公司、钢材配送中心等，在客观上形成了多个小业务平台（见图 6-2），这些平台虽然还不能说发挥了多大的业务协同作用，但可以说是业务平台最早的雏形。

这一状态持续到了 2000 年，这一年美的营收突破了 100 亿元。

（2）**二级产业集团统一管理，2001 ～ 2008 年。**

2001 年，根据证监会对上市公司的要求，美的实行“三分开”的组织调整，将控股母公司、上市公司、非上市公司进行了清晰的划分。

原来挂靠在集团下面的多个小业务单元（也包括了小业务平台），由于都属于非上市部分，便全部划归给作为二级产业集团的威尚集团管理（“威尚”即“未上”的谐音，意指未上市部分）。

从图 6-3 中我们能看到，这样的调整反而形成了对这些小业务平台的统一管理，改变了之前各自挂靠的状态。

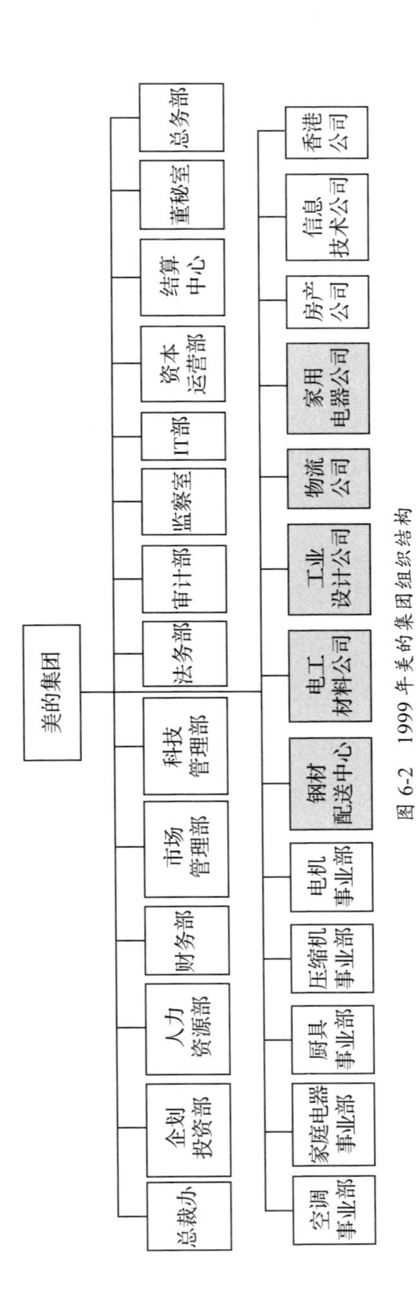

图 6-2 1999 年美的集团组织结构

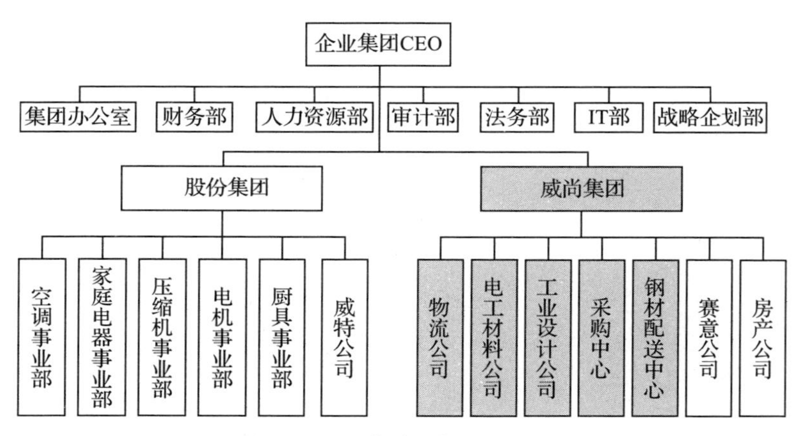

图 6-3 2001 年美的集团组织结构

之后几年，直到 2008 年，二级产业集团有多次变化，比如威尚集团的取消、股份集团的分拆、机电装备集团的成立，而且几个小业务平台也发生了不同的变化，比如将工业设计公司完全独立出去、出售电工材料公司等，但是像物流公司、采购中心（专做大宗原材料采购）等业务平台，仍然由二级产业集团统一管理。

（3）**营销平台激进尝试，2009 ～ 2011 年。**

美的于 2005 年提出 5 年后营收达到 1000 亿元的宏伟目标，接下来的几年时间里，在市场结构、组织结构等多个方面，开始着重进行体系化的集团管理与提升。

在业务平台建设方面，之前仅仅对物流和大宗原材料采购等方面的统筹管理和推动，远远不是千亿企业应有的状态。进行更大程度的整合，以求实现业务平台的规模效应，被提上了议事日程。

经过两年多的讨论和酝酿，美的做出了大动作。

首先是制冷家电集团于 2009 年年初成立了中国营销总部和国际营销总部，将下属事业部的内销和外销分别进行了整合，形成了营销端的平台化组织。紧随其后的是日用家电集团，在 2010 年成立了同样的组织，进行了同样的整合（见图 6-4）。

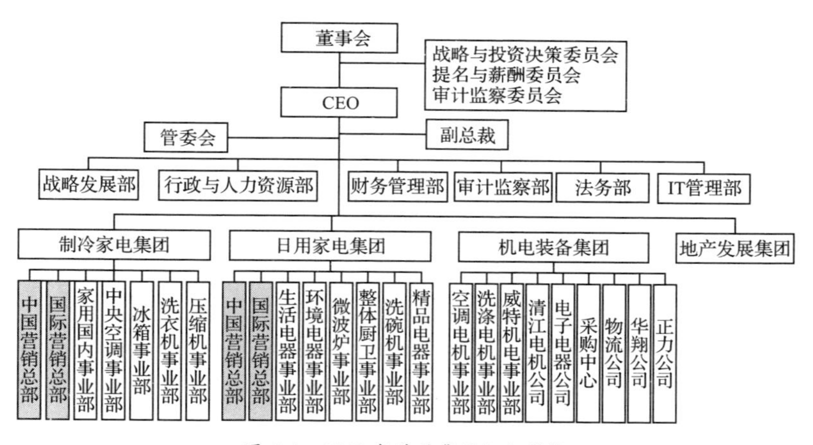

图 6-4　2010 年美的集团组织结构

然而，正如之前讨论时所担心的，这一步走得太激进。毕竟营销端的平台整合，外部涉及市场、客户、渠道等多个方面，内部涉及工厂、研发、采购等多个环节，再加上多事业部、多品类、多产品，整合后带来的复杂度远远超出了预期，使得营销总部难以支撑，运作效率不升反降。

2011 年，美的两个二级产业集团先后取消了中国营销总部和国际营销总部，营销职能重新回到事业部。

虽然这一次营销平台的尝试以失败告终，但这是因为走得太快、过于激进导致的，并不代表业务平台的组织方向是错的。这一次的失败让美的在营销端的整合更加谨慎了，但并没有使美的停止业务平台的建设。我们马上就会看到，美的在第二年就大范围地让业务平台正式登上舞台。

（4）**业务平台登上舞台，2012 ～ 2019 年。**

2012 年，方洪波执掌美的，推动了一场前所未有的变革。关于这场变革，前面部分章节都有提到，后面还会专门展开，这里我们重点说业务平台。

集团在精简结构、进行组织扁平化改革的同时，先后逐步成立了 7 个业务平台，分别是物流平台、客服平台、金融平台、采购平台、电商平台、国际平台、创新平台。各事业部与之相关的业务均须通过 7 个业务平台来运作，而不能再各自随意发挥。这也标志着美的业务平台大范围地正式登上舞台，成为与事业部并驾齐驱的组织单元。

有一点需要特别说明一下，在 7 个业务平台中并没有营销平台（电商平台仅是销售渠道之一），这也是吸取了历史教训，暂时没有对营销组织做大的平台整合。注意，我说的是暂时，因为谨慎归谨慎，并不代表不应该形成营销端的平台化组织。这一步，随着组织能力的提升和数字化的建设，必将迈出。

（5）**逐步深入和发展壮大，2020 年至今。**

2021 年，美的总营收突破 3000 亿元，达到 3434 亿元。

对美的来说，业务平台的运作已经越来越成熟。美的在之前成立的 7 个业务平台的基础上，又进行了多次整合优化，包括针对数字化建设、智能化的灯塔工厂的建设等，先后成立了智能制造研究院、软件工程院、AI 创新中心等（见图 6-5）。

图 6-5 中值得关注的是，我在右上角标出了两个组织，分别是中国区域和美的国际。美的从 2020 年开始，对于占主要营收的 To C 业务（即智能家居事业群），逐步推动了营销端的平台化组织，针对国内市场成立“中国区域”，针对海外市场做大“美的国际”。但这一次的整合并没有采取之前大一统的营销整合方式，而是将“营”和“销”做了分离。我以中国区域为例来说明。

各事业部负责产品的“营”，中国区域负责市场的“销”。具体来说，就是各事业部仍然保有部分营销职能，主要是负责产品策划、价格制定以及销售政策等，也就是“卖什么”由事业部说了算。中国区域，除了总部有部门分别负责线上和线下各类渠道外，还在全国设有 30 多个运营中心，负责当地市场的具体销售，也就是“怎么卖”由中国区域说了算。运营中心里面也有各大品类的负责人，贴近事业部来做业务拉通。

在业绩考核上，各事业部和中国区域都要承担销售指标，各事业部承担本事业部的产品销售指标，中国区域多个运营中心承担该区域的销售指标，这样就进行了双重考核的绑定。当然，这中间有很多需要不断磨合协同的地方，同时需要更多的时间来持续调整优化。

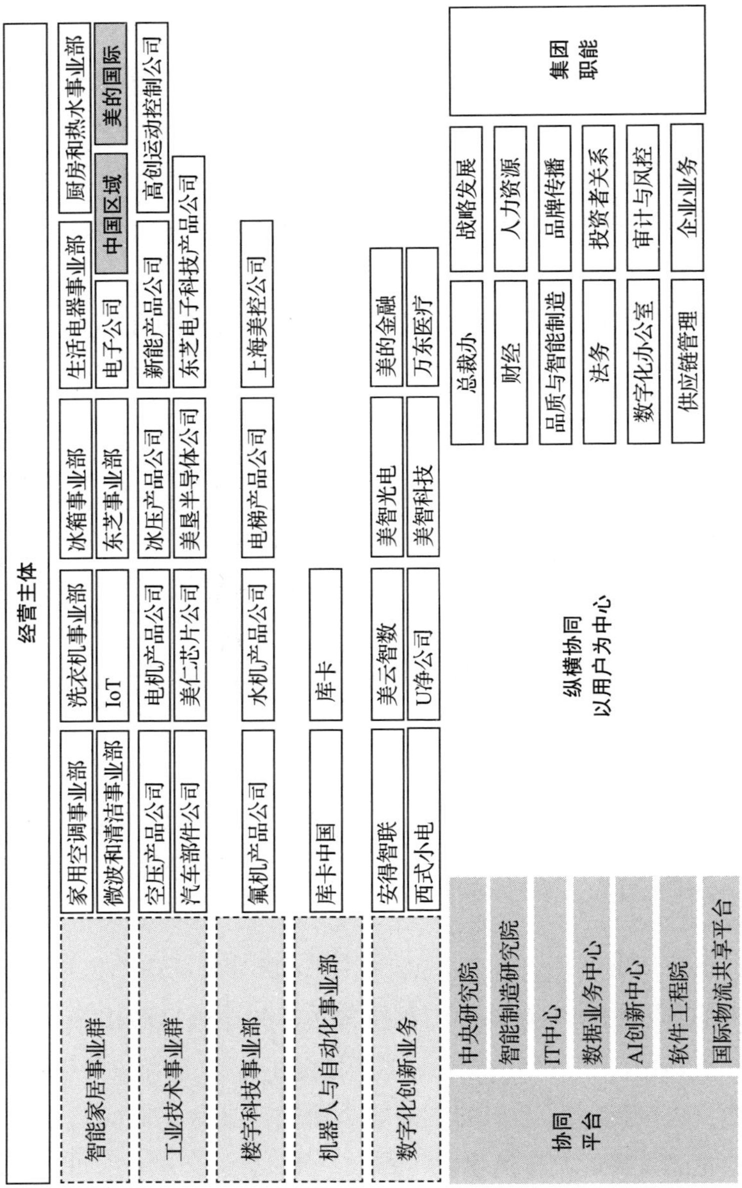

经营主体

智能家居事业群
家用空调事业部
洗衣机事业部
冰箱事业部
生活电器事业部
厨房和热水事业部
微波和清洁事业部
IoT
东芝事业部
电子公司
中国区域
美的国际

工业技术事业群
空压产品公司
电机产品公司
冰压产品公司
新能产品公司
高创运动控制公司
汽车部件公司
美仁芯片公司
美垦半导体公司
东芝电子科技产品公司

楼宇科技事业部
氟机产品公司
水机产品公司
电梯产品公司
上海美控公司

机器人与自动化事业部
库卡中国
库卡

数字化创新业务
安得智联
美云智数
美智光电
美的金融
西式小电
U净公司
美智科技
万东医疗

协同平台
中央研究院
智能制造研究院
IT中心
数据业务中心
AI创新中心
软件工程院
国际物流共享平台

纵横协同
以用户为中心

总裁办
战略发展
财经
人力资源
品质与智能制造
品牌传播
法务
投资者关系
数字化办公室
审计与风控
供应链管理
企业业务
集团职能

图 6-5 美的集团 2022 年组织结构

总的来说，美的在更贴近用户的市场侧整合了终端组织，这就进一步推动了四大战略之一的“用户直达”战略，将用户放在首位，全力实现 DTC（Direct To Customer）的业务模式升级。

3. 业务平台，平衡处理 5 对矛盾

美的业务平台的发展过程有其自身的行业背景和企业特点，但从企业组织管理的角度，我们可以看到它在不断地平衡处理 5 对矛盾。

（1）**“合”与“分”的矛盾。**

业务平台，是将各事业部中相同的业务在组织上进行了整合，但这个“合”是在先有事业部制组织的“分”之后的动作。但是合还是分，主要取决于哪一种做法的效率和效益更高。没有谁能够百分百预判该合还是该分，更重要的是能在过程中不断尝试，并通过经营结果来验证。

分的效果好就坚持分，合的效果好就坚持合，哪一种做法碰到问题了，就可以考虑另外一种做法，而且敢于迈出不同的脚步。

（2）**“主”与“次”的矛盾。**

业务平台的建设与否，还要看它是主要矛盾还是次要矛盾。

美的早期的主要矛盾是建设事业部的分权机制，激发事业部活力，那就把业务平台的问题作为次要矛盾，留待以后发展中逐步解决。

美的营收规模过了 500 亿元、1000 亿元，事业部间的协

同、浪费、效率等问题越来越成为主要矛盾，这个时候就要把业务平台建设作为重要任务，而且是转型的重要任务，因为以前做得少、不熟悉，必然会碰到组织惯性的阻力。

不是看别人做了，我们就要做，而是看清自己当下的情况。分清主次很重要，因为我们无法一次性解决所有问题，而且有些问题还会互相转化。

（3）**“全”与“专”的矛盾。**

分而治之，可以解决产品或市场够“专”的问题。业务平台，则会面临大而“全”的情况。

建设业务平台不能忽视“专”的问题，反而更要处理好平台上“专”的问题。至于是通过平台内组织再细分，还是数字化技术支持，则要视具体情况而定。

（4）**“规”与“活”的矛盾。**

规，有两方面含义：规模、规则。

活，也有两方面含义：活力、灵活。

业务平台必须建立新的规则，才能发挥业务平台的规模效应，但不能因为新规则和大规模而伤害各经营单元的活力与灵活性，这是在建设业务平台时需要平衡处理好的。

（5）**“快”与“慢”的矛盾。**

建设业务平台不是越快越好，但也不是越慢越好。

是快还是慢，主要取决于两方面：业务成熟度、组织成熟度。如果两方面都比较成熟，就快速整合；如果有任何一个方面不够成熟，就不要操之过急，而要不断磨合，直到成熟，否则很容易欲速不达。

内容小结

如果你的企业是初创企业，恭喜你，你还不会碰到业务平台的问题。但如果你的企业是规模企业，而且还是多元化或多主体经营的，那么就要注意了，你很快就会碰到业务平台的建设问题。

美的业务平台的发展，从后台走到前台，经过了5个阶段：小业务平台初创、二级产业集团统一管理、营销平台激进尝试、业务平台登上舞台、逐步深入和发展壮大。

这个过程在不断地平衡处理5对矛盾："合"与"分"、"主"与"次"、"全"与"专"、"规"与"活"、"快"与"慢"。

第三节　为什么大部分离开的人还说好

2016年7月，我离开了工作17年的美的。按照人力资源系统的统计，我在美的工作了6206天（见图6-6）。

我离开的时候，既不伤感，也不后悔，似乎是很自然的结果。因为之前我已经目睹了太多人的离开，自己对这一天也曾设想过，只是不知道具体是哪一天而已。

原来在美的，我基本只是围绕着工作内容，和相关的美的人打交道。离开后反而认识了很多原来不认识的美的人，也被拉进了原美的人的各种微信群，比如"北美洲""汇美社""那些年美的HR"等，都是几百人的大群。当然，还有更多我无缘加入甚至压根儿不知道的群，因为那是不同事业部、不同部门、不同时期、不同职群……

图 6-6 我在美的工作了 6206 天

我知道离开的人里面有人对美的有意见，有人吐槽“非技术人员离职不能返聘”的政策，甚至有人离开时还发生过劳动纠纷。但从我所接触到的那些美的人以及我所在的各种“美的群”的讨论来看，大家虽然因为各种原因离开了美的，但是大部分还是会说美的好。这与我在做咨询过程中看到的一些企业不同，它们离开的员工很多会心生怨恨，甚至在自己的简历中都不愿写上公司的名字。

从美的离开的人，上至董事局成员、高级副总裁，下至毕业生、一线工人，这么多年下来，至少以十万为单位，这是一个极为庞大的数量。美的人员流动率这么高，为什么离开的人大部分还说美的好呢？

我认为主要有以下五个方面的原因。

1. 离开不是被整，而是规律

美的文化，是不整人的文化。

在前面的内容中，我反复提到美的是结果导向。大到集团事业部，是以经营结果为导向；小到部门岗位，是以工作结果为导向。大家做事直截了当，直奔结果。靠攀交情并不能获得更多，能证明自己的只有结果。这就使得企业内人际关系非常简单，经常连逢年过节的礼尚往来都省了，更是很少出现团队内或部门间的钩心斗角、尔虞我诈。特别是在事业部制稳定成熟之后，企业内多的是结果比拼的氛围，少的是人事斗争的土壤，所以基本不会出现因为被整而离开的情况。

需要承认的是，的确有人因为业绩不达标而离开，但这是结果导向的规则所致，并非完全是个人原因。我们对此往往抱有一种惋惜和敬意，毕竟没有谁能做常胜将军，但规则就是规则。

更多的人离开主要是因为组织变革，美的每一次的组织变革都伴随着人员的调整与离开。以变革著称的美的，半年一小变、一年一中变、三年一大变，在一波接一波的组织变革中，自然会有人离开。美的正是通过一次又一次实实在在的变革动作，而且是从高管的调整做起，不断地将美的发展规律传递给每一个人的：唯一不变的就是变，后浪必将取代前浪。

大家都能亲眼看到，并且会越来越深刻地理解：在美的不论做到多高的位置，终点只有一个，那就是离开。这是每一个美的人的宿命。很多人挂在嘴上的一句话就是“我不知道还能在美的做多久”，就连方洪波也公开表达过“我只是美的发展历史上的一个过客”。

这个规律虽然透着一种无可奈何的悲凉，但难道不正是社会发展和市场竞争的残酷现实吗？美的只不过是把外部的规律加速而真实地在企业内部体现出来而已。

2004年，联想大裁员时，一篇内部员工写的文章《公司不是我的家》传遍网络，让很多打工人唏嘘不已。那个时候，我们在美的内部讨论时还说，我们一直都认为“公司不是家”才是正常的情况。因为美的从一开始就没有打造“家文化”，结果导向和变革文化才是美的的底色，离开只是遵循了规律，所以当这一天真正来临的时候，美的人在心理上会更加坦然地接受。

也正是如此，很多人不论是主动离开还是被动离开，并不会对美的本身产生不满，也很少形成私人恩怨，而更多地将其归结为司空见惯的美的发展的客观规律。

2. 体面地离开，而非黯然离场

离开后的评价往往由离开时的状态决定，离开时是否被善待就显得尤为重要。

马云曾说，“员工离职主要有两点原因：钱没给够，心受委屈”。实际上，这也是员工在离开时没有被善待的两个方面。

从早期美的高管的离开来看，何享健都会亲自面谈。哪怕是被他亲手调整下来的人，在离开时虽然心有不甘，但都能理解并接受，而且会对何享健心存感激。我就听到多个离开的总经理亲口说过，“何老总待我不薄”。

这是因为何享健在这两方面不仅做到了，而且做得很好：该肯定的贡献一句也不少，该给的钱一分也不少。如果说让离开变成规律体现了何享健是机制大师的一面，那么能让高管体面地离开就表现出何享健是人性大师的一面。

对于更多中基层员工的离开，美的早期在这两方面的表现会因不同事业部、不同领导的操作而有所不同。我知道的，的确有个别事业部和一些领导过于苛刻，导致离职员工心生不满，但整体来看，还是做得好的居多。这是美的早期事业部文化差异的表现。随着 2012 年“一个美的、一个体系、一个标准”的建立，近 10 年来美的对待员工离职已经实现了统一规范的操作，并且也加入了很多人性化的成分，如散伙饭中的花式祝福、欢送仪式的满满回忆、新老交接会上对离职人员的充分肯定等，都让离开的人感受到了体面和尊严，而不是灰溜溜地黯然离场。

3. 在美的，有所得

美的的结果导向和成长机制让每一个努力付出的人都能有所得。

所得体现在两个方面：收入待遇、能力水平。

- **收入待遇**

1999 年夏天，我入职美的，因为工作所需要买一部手机。

在那个诺基亚占据市场的时代，我犹豫许久，最终由于囊中羞涩，无奈买了一部西门子手机，因为那是千元以下为数不多的选择。在美的工作几年之后，我买了第一台车，后来又在广州定居。

美的极大地改变了我的生活，我始终充满感激。我也不断地看到周围的同事在取得良好业绩后，收入待遇大幅改善，更有不少人是在美的收获家庭的。

如果有人要说，我和我身边的案例只是个案的话，我分别查了一下2013年和2023年美的年报中关于员工人数和薪资水平的变化：员工人数，2013年为10.9万人，2023年为19.8万人，增长81.7%；薪资总额，2013年为82亿元，2023年为316亿元，增长285.4%；平均薪资，2013年为7.5万元，2023年为15.9万元，增长112%（为了避免高管薪资把平均薪资拉高，我剔除了高管薪资的数据）。薪资总额和平均薪资的增长都高于人数的增长，按照美的结果导向的激励机制，优秀员工的收入增长幅度比平均薪资的增长幅度还会大不少。

- **能力水平**

能在美的得到好的收入待遇固然重要，但更重要的，是离开后还能持续得到好的收入待遇。因此，与金钱相比，美的所给予的能力水平的提升更为宝贵，因为这对离开的人来说，直接决定了其外部市场竞争力。

从美的人非常受猎头欢迎，到有些人离开后或创业有成，或在众多企业出任高管，都说明美的在人才成长机制的建设上是有效的，美的对员工是高效赋能的。

以下是部分美的人离开后的任职情况：

○ 李东来，顾家家居总裁；

○ 甄少强，鹏辉能源总裁；

○ 马刚，盈峰环境总裁；

○ 刘亮，东菱威力总裁；

○ 黄胜强，浙江万马总经理；

○ 韩耘，友邦吊顶总经理；

○ 赵伟峰，隆深机器人董事长；

○ 方刚，华录百纳董事长；

○ 李健益，会通股份董事长；

○ 王平，美格智能董事长；

……

篇幅所限，请原谅我无法全列出来。因为我知道，除了很多在企业内独当一面、走上前台的美的人以外，还有更多人离开后在其他企业担任各类副总和总监等中高管职位，成为不同企业重要的中坚力量。我在做咨询的过程中就不断地在客户那里遇见美的人，客户也不断地要求我帮忙，多多推荐美的人。

以上都说明，美的人的能力是被外部市场认可的。

一家既能授之以鱼，也能授之以渔的企业，人们即使离开了也会挂念它的好。

4. 好坏高下，是离开后比较的结果

没有比较，就没有伤害。没有比较，也没有热爱。

美的的好坏优劣，离开的人要比里面的人更有发言权。

原来在美的的时候，我们会说美的这也有问题、那也有问题，似乎快不可救药了。离开以后，大家才不约而同地发现，很多企业的问题更多更大，与美的相比，一些根源性的问题都没有解决。

且不说品牌、资金与美的差距较大，这还不是最重要的。最重要的是，原来在美的不是问题的，在很多企业却成了大问题。比如，复杂的人际关系、缓慢的决策流程、反复低效的协调、狭窄的眼界格局……

一位企业高管曾私下和我说："原来在美的做事，感觉是在跑步；现在在这里做事，感觉往前走一步都很艰难。"也许他的说法有些夸张，但也说明了美的在机制、分权、激励、文化等方面都是走在前面的。

比较之后，高下立判。

在美的，没有归属感。离开后，却有自豪感。前者是变革的规律，后者是比较的结果。

5. 美的无形的支持一直在

离开美的的人，时间有长有短。但不可否认的是，美的一直都在无形中支持着每一个离开的人。这种无形的支持表现为：不论身处什么环境，美的那种保留至今难以褪色的思考方式、工作习惯、行事风格，都对我们现在的工作产生了正面影响。

除此之外，美的强大的品牌声誉是对每一个美的人最有力的背书，当然也包括数量庞大的离职员工。

值得一提的是，美的每一次的动作都会引起离职员工的关注，例如转型变革的成功、对东芝和库卡的收购、数字化的投入、灯塔工厂的入选、营收利润的增长……大家仍然在努力地从美的每一次的进步中汲取最新的方法和力量。

内容小结

2019 年 1 月 11 日，美的为纪念创立 50 周年，在官方公众号上发文提到为离职员工准备了一份特别的感恩礼物（见图 6-7），以感谢大家曾经付出的美的岁月。

图 6-7　美的 50 周年感恩礼物

两个小时内，离职人员就将阅读量冲破 10 万，短短几天内又有 2 万多人用文字记录下自己在美的的故事，来争取那份充满回忆的礼物。

翻看那些留言故事，让人感慨泪目。这些举动、文字和数字足以说明美的大部分离职员工都在心里面感念美的的好。美的也从这一天开始正式向广大的离职员工发布信息，这让很多在外面的美的人倍感欣慰。

我曾经畅想过，什么时候美的能召开一次“离职员工大会”，也不需要什么特别的主题，就是好久不见了，一起见面聊聊天，再认识更多的美的人。期待那一天早日到来，期待那一天能见到更多的老美的人。

进化篇

乔布斯曾说，从不犯错意味着从来没有真正活过。

也有智者说过，成功不是从不犯错误，而是从不断纠正错误中获得。

对组织来说，没有成功，只有成长。只有一次次地大胆试错、及时认错、自我纠错，逐步积累成一次次的成长，才可能实现组织的进化。

当然，总会有那么关键几步，决定组织能否完成真正的进化。

这么看来，走到今天的美的，还是做对的时候更多。

CHAPTER 7 —— **第七章**

进化之路

第一节　为什么总是充满危机感

2022 年 5 月，美的因为裁员风波被推到了风口浪尖。这种事件很容易带动情绪，成为媒体追逐的热点。作为一个曾在美的工作了 17 年的人，我第一次看到这个消息时并没有太惊讶，因为我知道这对以变革著称的美的来说，不是第一次，也绝不会是最后一次。

美的所做的这些动作并不是出于外界所猜测的单纯为“节约人力成本”“节衣缩食过冬”，美的的种种变革举措都是源于强烈的危机感。这种危机感在美的半个多世纪的发展历程中，可以说是如影随形、挥之不去。

那么，为什么美的总是充满危机感呢？

主要是三方面：历史环境使然，领导风格使然，企业文化使然。

1. 历史环境：既漫长又惨烈的家电行业

中国改革开放以来，还没有哪个行业像家电行业这样，从 20 个世纪 80 年代直到今天，在近 50 年时间里始终处于完全的市场竞争状态。

国企、外企、民企等，都曾不断地在家电市场登台亮相，各施手段，自由搏击。我们认知范围内的几乎所有的竞争手段，如价格战、渠道战、广告战、专利战、并购战，甚至终端店员的肉搏战，都在这个行业里一再上演。不少国际大牌，如三洋、松下、三星、LG 等，在这漫长而激烈的竞争中，不得不收缩市场或从中国家电市场退出。随之而来的“内战”更加惨烈，当年很多盛极一时的中国品牌或企业，如春兰、华宝、长虹、科龙、志高、爱多等，到今天都销声匿迹或一蹶不振了。

美的自 1980 年进入家电市场以来，所遭遇的竞争一样都没落下，所面临的对手一个都没错过，所经历的困难一个都没躲开。就说美的起家的第一个家电产品——风扇，在 20 世纪 80 年代的顺德家门口，就已经有十几家风扇企业做得风生水起了。美的在家电市场可谓是“一出生，就竞争；一竞争，就无终”。没有科技的出身、没有足够的资金、没有先发的优势，美的在血流成河的家电市场竞争中，摸爬滚打地从最底层爬了出来。

一路走来，美的经历了 1986 年发不出工资的艰辛、1996 年业绩下滑传言被科龙收购的困境、2005 年大企业病的爆发、2010 年过千亿元时的盛世危机、2012 年营收骤减 300 亿元的内外质疑、2017 年互联网家电的冲击、2020 年新冠疫情的影响……列出来的这些，只是其中很小的一部分。

应该说，家电行业是个大赛道，漫长而惨烈，处在这个赛道里，美的没过过几天“好日子”。从 1980 年美的进入家电行业开始算，至今已经 44 年。44 年来无休无止的市场竞争，就是美的成长的历史环境，这种环境下成长起来的美的，怎会不具备强烈的危机感？

只有经历过危机的人，才会有危机感。只有经历过多次危机的人，才会有强烈的危机感。就好像只有经历过战争的人，才永远不会忘记战争的残酷与威胁，这不是多看几遍《集结号》或《长津湖》就可以有同样体会的。

2. 领导风格：不甘平庸又充满焦虑的一把手

美的创始人何享健曾说：“无论在什么时候，我始终有一个清楚的目标——就是一生就办一个企业，这个企业要有理想、有竞争力，是一个国际化的企业，能帮助人们安居乐业，能为社会做点贡献。”“我的目标、我的愿望就是把美的做好，这是我人生最大的理想、最大的愿望。”

2012 年方洪波接班之后，完成了美的的战略转型，并明确提出要撕掉美的身上家电的标签，蜕变成一家国际化的科技集团。在 2018 年美的集团年会上，方洪波向内部高管说出了自己的心声："我们不能甘于做平庸的大公司。"

从破百亿元到过千亿元，从 To C 到 To B，从本土到全球，都只是要走过的路程。不甘平庸，站上世界舞台，才是美的两代领导者共同的远大目标。

没有目标，就不会看到差距。只有小目标，就只能看到小差距。目标越宏大，就越容易看到大差距。

2005 年，何享健在推动变革调整时曾说过："我们要跟国际化大企业竞争，要走国际化道路，要靠产品、技术创新、管理水平、人才能力来竞争。我们跟别人的差距很大，要走的路很长。"

2014 年 9 月，方洪波从 IFA 展（德国柏林国际电子消费品展览会）回来后，表现得异常焦虑，他表示："参观 IFA 展最大的体会是，中国家电与世界标杆的差距在拉大，并且在未来两三年会进一步拉大。对中国家电而言主要体现在，欧美等主流市场进不去、高端产品做不了、核心技术能力缺失、国际化程度低、OEM 成本优势逐步丧失。

"如果这样，不出 5 年，整个中国家电将被边缘化，我们更将没有资源进行精益制造、研发创新、产品提升等方面的投入，这会进一步导致恶性循环。

"过去两年，我们只是将过去应该做而没有做的补回来，这不足以支撑未来的发展。美的集团甚至整个中国家电行业都面临着战略路径的重新选择。"

类似于这样的内容，我曾在美的内部很多会议上听何享健和方洪波谈起，每次都是谈问题多、谈差距多，每次开完会之后，都能深深地体会到那种焦虑感、那种危机感。这种感觉不是一把手在老生常谈，更不是危言耸听，而是他们非常强烈、非常真实的压力传递。

企业领导者总是充满危机感，企业自然也如此。

3. 企业文化：居安思危、以变制变的文化基因

何享健和方洪波身上的危机感，形成了美的居安思危、以变制变的企业文化。

早在 1999 年，美的规模还没有突破百亿元时，何享健就在大会上提醒全员："一个企业最辉煌的时候，往往也是走向衰落的时候，只有不断地调整和变革才能幸免，因此要时刻保持危机感和紧迫感，保持组织的活力、机制的活力。"方洪波在 2018 年推动变革时说："危机在堆积，我们能做什么？我们唯一能确保的就是变革。要练就否定自我和创新的速度，就要敢试、敢想、敢干！"

一个没有危机感的企业，是不会如此频繁地调整和变革的。如此频繁地调整和变革，又进一步强化了美的的危机感。美的不相信"以不变应万变"，只相信"唯一不变的就是变"，而且要"以变制变、以快打快"。我在网上看到过一位美的股民的留言，他说："持有美的这些年，让我印象最深刻而且也最欣赏的，莫过于美的强烈的危机意识。"

这种企业文化使得美的成为积极的悲观主义者。

为什么这么说？

因为美的总是看到错误、看到问题、看到危机，而且总

把危机想象得比别人严重，在这方面是不折不扣的悲观主义者。但之所以说是积极的悲观主义者，因为美的不回避错误、不逃避问题、不一味嘴硬，敢自我否定，总在通过变革来解决问题、纠正错误和渡过危机——即使有时还会犯错。

想深一层我们就会发现，不断建立文化中的危机感，其目的是将危机感转化为企业经营的压力和动力，这才是美的文化中充满危机感的根源所在。

内容小结

外部不确定，内部不稳定。

目标越远大，差距越巨大。

历史环境、领导风格、企业文化，三者不断叠加，美的因此成为一家骨子里充满危机感的企业。

第二节　跌跌撞撞，跨过七道坎

关于美的的成长，很多人在反复问的一个问题是：美的到底克服了什么样的困难才走到今天？也就是说，美的跨过了哪些沟沟坎坎，才成为如今中国家电行业的头部企业？

以我在美的 17 年的工作经历，再加上近 10 年不断总结美的的管理方法，我发现美的从创立之初，一路走来跌跌撞撞，前前后后至少跨过了七道坎，才有了今天的成就。

这七道坎分别是：战略选择、市场验证、资金保障、人才支撑、机制体系、文化塑造、自我突破（见图 7-1）。

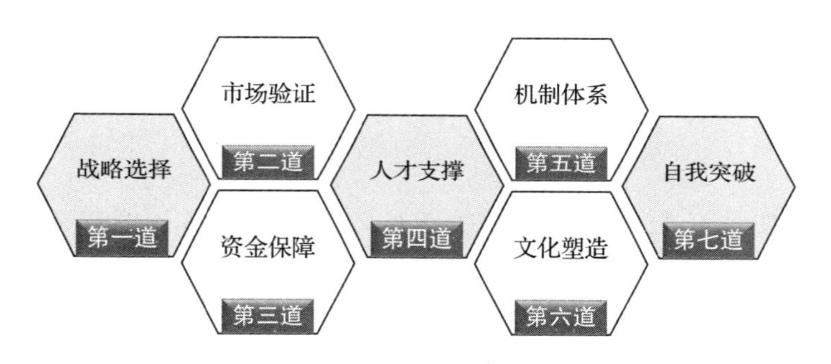

图 7-1　美的成长跨越七道坎

1. 第一道坎：战略选择

做企业要面对的第一个问题，就是战场在哪里。

你是选择一个大战场还是一个小战场，抑或打一枪换一个地方？

每次看到机会或遇到发展瓶颈时，是战略扩张还是战略收缩，抑或战略转移？是走贸工技路线，还是技工贸路线？是做高端，还是低端？是做自有品牌，还是专注代工？……

这一系列问题，还可以问很多。

难怪说，做战略就是做选择，做选择也就意味着做取舍。

没有说哪一种战略就一定正确，也不能说哪一种就必然错误，因为只有走下去，才知道。

美的半个多世纪的历程，也是在不断进行战略选择的过程。

创始人何享健从做塑料瓶盖开始，最初的十余年里，还做过五金制品、塑料配件等，但这些都和家电没有什么关系。直到 1980 年开始做风扇，何享健才正式将美的带入了家电行业的“战场”。这可以说是直接决定美的之后 40 多年的行业属性，也是决定美的主战场的关键选择。

做战略，是在选择做什么，但很多时候也是在选择不做什么。

体现在美的身上，美的选择了家电行业，但严格来说，美的只选择了白色家电行业。对于电视、音响、DVD 等黑色家电，美的从未涉足。对于电脑、手机等 3C 产品市场，美的也并未进入。

不做不代表看不到，而是看到了却不为所动，依然保持战略定力。

何享健的原话是：“我们成功把握较大的依然是白色家电行业。美的要健康、稳定地发展。宁愿走慢两步，也不能走错一步。中国的市场很大，做好了家电产业已经有很大的发展空间，没必要分散资源……20 世纪 90 年代以来，很多人劝我做黑色家电、手机等，我都不同意。别人能赚到的钱，未必就是我们能赚到的。即使现在能赚到，以后也不一定能赚到。”所以美的不仅没有进入炙手可热的手机领域，就连黑色家电领域，多年来也一直不碰。

超出战略选择范围的，不论诱惑多大也不碰。但如果是在战略选择之内的，则是不论困难多大也要上。

○ 1996 年，东芝万家乐投产后连年亏损，日本东芝方失去信心，顺德政府也四处帮忙寻找买家。1998 年，美的出手收购 60% 股权，当时普遍不被看好；

◦ 2001 年，收购三洋磁控管，几乎没人赞成，很多人说没钱赚、很艰难；
◦ 2004 年，收购华凌、荣事达，几经波折和震荡；
◦ 2008 年，收购无锡小天鹅，又是面临诸多整合困难；
◦ 2011 年，营收突破千亿元却猛踩刹车，实施大范围的战略转型，营收规模骤减 300 亿元；
◦ 2016 年，296 亿元大手笔收购库卡，直至完全私有化，长期被外界质疑出价过高，业绩表现不佳；

……

虽然每一次都面临诸多困难和质疑，但现在再看过往的那些战略选择：如果不是当年收购压缩机和磁控管，美的就不会早早形成空调产业链和微波炉产业链，也不能连续 20 多年有数百亿元的销售和上百亿元的利润；如果不是当年收购华凌、荣事达、小天鹅，美的大家电就极可能出现只有空调、独木难支的局面；如果不是当年收购库卡，美的智能制造和做大 To B 的战略就还在苦苦摸索中。

没有哪一次的战略选择不面临困难和质疑。所以，战略选择不仅是美的要跨越的第一道坎，也是发展过程中持续在跨越的坎。

2. 第二道坎：市场验证

不论做出怎样的战略选择，都要经过市场的验证，才能证明有效。

美的在市场验证的第二道坎上是下了大功夫的，主要体现为产品、渠道、品牌、营销组织四个方面。

• **产品**

美的是典型的产品多元化战略，从大家电的家用空调、中央空调、冰箱、洗衣机、暖通产品等，到小家电的风扇、电饭煲、微波炉、电磁炉、洗碗机、饮水机、净水机、油烟机、燃气灶、热水器等，再到关键部件的空调压缩机、冰箱压缩机、电机、变频器、减速机等，在白色家电领域可谓是遍地开花。2016 年之后美的更是在 To B 领域，增加了机器人、电梯、半导体、新能源、医疗设备等。即使是在某一个事业部里，也一样在进行着产品多元化的运作。

产品做多不难，难在都能做成，都被市场验证可行。

这就要提到美的做产品的思路，不论是早期的模仿跟随，还是后期的自主研发，其出发点始终都是市场导向，而不会闭门造车。这也是美的内部长期以营销为龙头的结果。只要是营销需要的产品，哪怕加班加点，哪怕怨声载道，也要全力确保。如果是不被市场认可的产品，就会立刻淘汰，毫不恋战，马上推陈出新。

• **渠道**

美的在渠道上的表现可以说是可圈可点。

从 20 世纪 90 年代末的省级独家代理到区域代理，再到发展直营；2003 年家电连锁大卖场崛起时，同步紧贴大卖场；2005 年之后，区域代理下沉为县级代理，不仅做全国大卖场，也积极入驻地方卖场；面对国美、苏宁的长期“盘剥”，2007

年美的改变过度依靠 KA（大客户）的渠道策略，不到 4 年时间建成 5000 多家专卖店，提高自身渠道话语权；2010 年之后进入互联网时代，美的主动转型，持续大力发展线上渠道，2023 年国内市场线上销售占比超过 50%（含电商下沉）。

以上我只是概括性地描述了美的渠道的变化历程，其过程之丰富多彩，远不是这些文字所能涵盖的。但我们可以下一个结论，美的为了提升自身的渠道竞争力，始终在不断走向精细、下沉、丰富、均衡。

在渠道开拓和管理上，美的从来不会押注去“赌”哪一种渠道，而是寻求多种渠道的均衡发展，这也是美的能有大规模分销能力的一个重要原因。

- **品牌**

外界觉得美的一贯低调，这是因为何享健和方洪波都很少在公众场合露面，但是在品牌传播上，美的则是毫不吝啬地进行投入。比如，早在 1993 年就花 120 万元请明星拍广告、连续 17 年包揽春晚的零点报时广告、与中国泳协进行长达 14 年的官方合作等。

大众熟知的更多是“美的”这一品牌，但随着多次的收购和自创，美的集团的品牌呈现出从 1 到 N 的发展轨迹，并形成了从 To C 到 To B、从高端到低端、从大众到细分的多元化全覆盖的品牌矩阵。

美的 5 大业务板块所拥有的品牌共有 34 个之多，如 To C 的智能家居板块除了美的品牌以外，还有 COLMO、TOSHIBA（东芝）、MK、酷风、WISHUG、小天鹅、eureka（优瑞家）、华凌、Comfee、bugu（布谷）等 10 个品牌，To B 领域拥有 GMCC（美芝）、Welling（威灵）、KUKA（库卡）、MDV、iBUILDING、菱王、HICONICS（合康新能）、Servotronix（高创传动）、Clivet、安得智联、美云智数、美智光电、万东医疗等众多品牌，我就不逐一罗列了。

- **营销组织**

美的的营销组织是变化最快的组织，也是美的里面人员最年轻的组织。美的的营销组织变化快，很多时候是因为外部市场变化快，导致最接近市场的组织不得不变。

营销组织，是单纯承担销售职能，还是承担营销双重职能，抑或承担经营职能，这在美的营销组织的历史上都出现过。因为没有最好，只有最适合，以变制变就成了最合适的做法。

营销组织里面，最大的资源是营销人员。美的每年大量毕业生中，招进营销体系的最多，这也是营销组织人员最年轻的一个原因。抛开激励不说，单从人员构成上看，不断进入的大量年轻人持续带给美的营销组织以活力和激情。营销组织的年轻化与持续创新也是确保美的具备强大营销能力的重要内因。

毫不夸张地说，如果没有产品、渠道、品牌、营销组织上的持续投入和优秀表现，美的不可能跨过市场验证这道坎。

那么，跨过市场验证这道坎，得到了市场的认可，是不是就可以安枕无忧了？

当然不行，因为还有一道坎，会让无数企业轰然倒下去，那就是资金保障。

3. 第三道坎：资金保障

创过业的人，几乎都曾为钱所困。资金保障，也几乎是每一家企业都必须跨过的坎。美的同样躲不过这道坎。

如果去看美的的创业介绍，一开头就会有这样一句话："1968 年，何享健带领 23 位村民，筹集了 5000 元，组建了北滘街办塑料生产组。"实际上，当初是每人出了 50 元，然后再向公社借了 3000 多元，才凑够了 5000 元去买的设备。

可见，何享健在创业之初就开始面对钱的问题。那个年代没有现在这种资本四处追逐项目的气候，没有天使轮、"ABCDE"一轮又一轮的融资环境。当年，靠的是美的创业元老动用关系四处借钱，顺德某银行行长顶住压力贷款给美的，1986 年企业向员工借钱来渡过难关……一桩桩一件件，何享健说起来都是无比动容，甚至潸然泪下。老话说得好，"有钱男子汉，没钱汉子难"。

美的至今发展了 56 年，在前 25 年里何享健无时无刻不在为资金问题所困扰。每次碰到资金保障坎，基本都是靠人情去借钱，才一次又一次扛了过来。直到 1992 年，美的进行股改，1993 年实现上市，脆弱的资金链问题才得以解决。

现在说起上市，几乎所有企业都争先恐后，但在当年完全不是这种观念。

1992 年，绝大多数企业对股份制、上市这些外来名词和做法是陌生、怀疑、敬而远之的。但何享健在周围企业还在观望的时候，凭着朴素的直觉和理念，主动申请进行股改。美的这才有机会成为广东 8 家试点企业之一，成为顺德唯一的股份制改造企业，也成为全国第一家完成股份制改造的乡镇企业。

这样说起来，美的跨过资金保障坎，不仅要靠人情，靠当时的机遇，也要靠领导人的眼光和魄力。

4. 第四道坎：人才支撑

经常有客户老板和我吐槽，说企业里没有人用，要外派、要提拔、要开拓新业务，自己想法很多，但不论哪里要动一动，都找不到合适的人可用。

我说，那是因为没有跨过第四道坎：人才支撑坎。

企业能够度过创业期，走向发展期，多数是因为老板个人能力足够强。但是，如果不能吸引更多的人才进入，如果不能形成持续的人才梯队，老板再厉害，企业也不可能做大做强。

我们在第三章中讲过美的的 7 次“移民潮”，这里不再赘述。但必须要强调的是，美的的高速发展，正是一批又一批人才支撑起来的，正是越来越扎实的人才密度和厚度支撑起来的。

每次说到这里，都会有企业老板反问我一句：“我花大价钱把人找来了，辛辛苦苦把人培养起来了，他一转身就走了，那我不是得不偿失吗？为什么要做这种费力不讨好的事呢？”

在人才这件事上，我们要算大账，不要算小账。

什么意思？

先说算小账。

我把张三招进来，又给高收入，又对他很信任，回头他说走就走，还有良心吗？

我们今年招了100个毕业生，结果第二年留下来不到30个，走了一大半，这样的校招还有意义吗？

张三来了又走，我们也许真留不住。毕业生走了一大半，我们也许还是留不住。一看招聘张三和培养今年毕业生的投入产出，发现是个亏本买卖，还不如不做。这就是在算小账。

算小账的结果，就是现有团队铁板一块，新鲜血液进不来，下面人才上不来。算小账，永远无法打破现有的人才格局。

那怎么才叫算大账？

算大账，可以从两方面来考虑。

一方面，做反思。张三的出走和毕业生的大面积流失确实很痛心，公司在人才使用和保留上一定存在不小的问题，必须改变，这样才能避免重蹈覆辙。

另一方面，看长远。不纠结张三个人的出走，也不纠结今年毕业生的流失，而是首先承认“现在人才的流动就是越来越快”这个现实，然后从长远来看，公司要做的不是叫停，而是加速，也就是说，要让人才培养和复制的速度超过人才流失的速度。

这个算大账的逻辑思路就是美的多年来人才发展的思路。

我当年也觉得美的人才流动太大，有些优秀的人离开，我们都会觉得很可惜。我当年这种想法就是在算小账，局限在看个体和看眼下。

美的要做到持续发展，作为当家人不论是何享健还是方洪波，都没有纠结一城一池的得失，而是想方设法让越来越多的人才进来，让年轻人的培养速度和上升速度越来越快，以抵消人才的流失，同时还打破了团队的板结。

算大账的美的，跨过了第四道坎。

5. 第五道坎：机制体系

我一直认为，优秀企业和一般企业有一个本质的区别：能将创始人的内在驱动，变成企业组织化的而非人格化的机制驱动。

这是我将机制作为第五道坎的原因，因为它标志着企业发生了质的蜕变。

美的不仅跨过了第五道坎，而且成为以机制著称的标杆企业。施炜老师有一句话形容得很精彩，他说："华为靠流程，美的靠机制。"

美的不论是治理机制还是管理机制，其有效性已然经过了 20 多年的检验，也越来越体现出美的机制历久弥坚的力量。《卓越运营》一书的第四章"机制之根"，对此有 1.2 万字的说明，这里就不展开了。

我想强调的是，之所以将"机制"称为"根"，是因为对美的这棵大树来说，不论是近 4000 亿元的营收，还是坚实厚重的人才密度，或者是不断变革的组织活力，都是在这样一种机制上面长出来的。

根深才能叶茂，美的深厚的根基就是它的机制。

我们只要通过一个现象，就能知道机制是否有效，那就是企业领导人交接班的结果。

何享健和方洪波在 2012 年 8 月完成交接班，距今已经超过 10 年，这 10 多年何享健既没有复出过，也没有垂帘听政插手管理，而是交由职业经理人全面操盘。

2012 ～ 2023 年这 11 年来，美的营业总收入从 1027 亿元增长到 3737 亿元，增长 2.6 倍；归母净利从 33 亿元增长到 337 亿元，增长 9.2 倍；市值（都按 8 月 1 日）从 380 亿元增长到 3719 亿元，增长 8.8 倍。

这样的结果当然能证明方洪波的能力，又何尝不能证明美的机制的力量呢？

6. 第六道坎：文化塑造

文化，不论你是否去塑造，它都会形成。因为，有人的地方就有江湖，有江湖的地方就有风气，不论什么样的风气都是一种文化。

只是，野蛮生长和自然形成的文化是不是你的企业所需要的，那就不一定了。而且，大概率来说，如果不是非常用心去塑造的文化，八成不会是你想要的文化，甚至可能是你想改也改不过来的文化。正如那句经典台词所说，“人心散了，队伍就不好带了”，企业最后很可能会倒在一盘散沙的文化之下。

文化潜移默化的影响力之大，足以成为企业成长的第六道坎。

有的企业塑造的是“学校”文化，有的企业塑造的是“家庭”文化，彼得·蒂尔说他的PayPal塑造的是“帮派”文化。

那么，美的塑造的是什么文化？

我想了很久，到底应该用一个什么样的词来形容美的的文化，终于还是被我找到了：美的塑造的是“市场”文化。

这种“市场”文化在美的的管理行为中无处不在。最典型的体现，美的从上至下贯彻严肃的绩效考核、严格的结果导向，就像无情的市场一样。

业绩好，奖金就多、地位就高、机会就大，哪怕是在大会上的发言顺序、晚宴的座席位置，都与各自业绩的大小强相关。这么说吧，收入、待遇、位置、荣誉、地位等，都和业绩结果深度绑定。如果业绩结果不达标，就不要谈任何回报，而且很有可能在变革中被淘汰或整合，所以美的每一个事业部总经理的危机感都非常强，这种危机感也长期地层层向下传递。

美的人因此形成了“做事拿结果”的工作方式，形成了“用业绩证明自己”的思维模式，也形成了“追求结果，不断变革”的做法和打法。

市场就是无情的，市场就是只认结果的，美的成功地把外部市场内部化，从而形成了极具市场特征的企业文化。反过来，这种文化让美的在市场上也是极具竞争力的。

7. 第七道坎：自我突破

做企业不像拿诺贝尔奖，成功一次就可以代表最高成就。做企业像没有尽头的马拉松，像没有最高峰只有更高峰的攀登。所以，即使前面六道坎都跨过了，也始终有一道最难的坎横亘在前方。那就是自我突破的坎。

特别是对企业领导者来说，自我突破往往成为一道难以逾越的坎。因为他们作为企业的 1 号位，在公司内有着最高的权力和地位，而过去的成功又证明了其眼光和能力，时间长了以后，很容易陷入自我成就的陷阱。这个时候，不论外面有什么样的批评，别人有什么样的建议，他们都很难听得进去，特别是长期以来和自己相左的意见，哪怕说得再中肯，也会被置之脑后。所以，有一种说法我觉得很有道理，“越是高阶的管理者，越难以说服，他们只能靠自我突破”。

能不能自我突破，要看敢不敢自我否定，而敢不敢自我否定，要看能不能承认错误。

美的不论是 2009 年退出客车领域，还是 2011 年的战略转型，还有 2022 年对快消性质业务的关停并转等，都是基于敢于认错、敢于自我否定而做出的动作（关于这部分内容，第九章中还会进一步展开）。

方洪波也多次公开表明，“企业和人一样，都会犯错”“在美的，没有什么是不可以否定的”“敢于自我否定是一种自信，自我否定是为了更加强大”。

美的始终在提醒自己，要不断跨过自我突破的坎，而不要掉以轻心，掉进最容易陷落的沟里。

内容小结

从5000元起家到近4000亿元营收，美的一路走来跌跌撞撞，终于成为中国家电行业的头部企业。

56年的历程，有风生水起，更有沟沟坎坎，美的前前后后至少跨过了七道坎：战略选择、市场验证、资金保障、人才支撑、机制体系、文化塑造、自我突破。

曾经跨过，不代表着这七道坎会消失。不仅不会消失，而且还会在未来以更高难度的形式再次出现。要想再次跨越，不仅需要具备更强的组织能力，还需要具备更高的组织智慧。

第三节　组织进化的方向是战略

我在做管理咨询的过程中，看到很多企业在组织变革上往往表现为两种极端：一种是非常稳定、很少进行组织调整；另一种是动辄就变，甚至两三个月就会调整一次，比美的的变革频率还高。

很多企业老板对此也感到疑惑，总要问："组织变革周期应该多长时间合适？"

我当然可以按照美的半年一次的规律给出参考答案。但比这个问题更重要的是，为什么要不断进行组织变革？每次组织变革的目的是什么？

先说结论，组织进化的方向是战略，所以每次组织变革的出发点也应该是战略。

1. 战略决定组织，组织跟随战略

我们经常听说，企业转型变革难度很大，不变是等死，变了是找死。美的在这件事上，既没等死，也没找死，相反还越做越大、越活越好，确实非常难得。

纵观美的组织变革的经历，虽然不能说每一次都成功，但总体上是成功的占大多数，而且关键的几次都成功了，这绝非运气使然。

美国著名企业史学家艾尔弗雷德·D. 钱德勒在《战略与结构》中明确提出："当企业的经营扩大、新的战略制定后，如果没有进行相应的结构调整，组织面临的只能是无效率。要想避免这种无效率，无论企业怎样扩大经营业务，根据业务制定出怎样的决策，组织都必定要做出相应调整与变化。"

这个"钱德勒命题"简单来说就是：战略决定组织，组织跟随战略。

美的频繁地进行组织变革，都是为了实现战略目的，也都是战略导向的结果，而不是头脑发热，更不是一味试错。

战略是因，组织是果。只有从战略出发，我们才能看懂美的眼花缭乱的组织变革。

从战略的根本出发，我们再来梳理一下美的历次的组织变革，总体来看可分为三类。

- 走出战略困局：生死存亡的变革。
- 扫除战略障碍：革除积弊的变革。

• 加速战略发展：布局未来的变革。

我们逐一来看。

2. 走出战略困局：生死存亡的变革

在美的历史上，能称得上生死存亡的变革的有三次。如果不是这三次变革，美的将始终陷在旧有的战略困局里无法自拔，直至销声匿迹。幸亏这三次变革都取得了成功，才让美的逃出生天，创造了完全不同的美的世界。

• 1997 年，事业部制改革

如果我说 1997 年事业部制改革是美的迄今为止最重要的组织变革，没有之一，我想不论是内部还是外部，应该都没有人会反对。

关于这次变革，前面已多次提到，这里重点从战略与组织的层面来看。

1993 年上市以后，美的将募集来的资金投入到风扇、空调、电饭煲等多种产品的生产和销售环节中，希望尽快实现飞跃。美的当时已经很明显走上了白电领域多元化的发展道路，但是组织结构却还是高度集权的大一统模式。

初期规模较小的时候，这种多元化战略与大一统组织的矛盾还不突出。但是上市后的快速增长放大了这一矛盾，直至 1997 年走到无法调和的地步。这种组织不能支撑战略的问题，不是“多努力一点、多卖一点”就能解决的。

何享健正是敏锐地看到了这一点，才力排众议进行了事业部制改革，以多个专业产品的事业部制组织来支撑多元化战略发展，不仅让美的走出了当时的战略困局，更奠定了延续至今的多元化战略的组织模式的基础。

• 2001 年，管理层收购

管理结构之上还有更为重要的治理结构，这是企业最要命的问题。

从战略的角度来看，治理结构直接决定“谁是战略管理主体”的问题。然而，也就是这个问题，成为中国第一代企业家共同的症结。MBO（即管理层收购）也是大多数企业选择的解决路径，可结果几乎是全军覆没：健力宝的李经纬、华晨的仰融、科龙的潘宁、春兰的陶建幸、长虹的倪润峰……这份充满悲情的名单太长，其中饱含的辛酸与曲折足以令世人动容，吴晓波曾用元曲中的哀叹句“天可怜见也”来表达同情。

何享健遭遇的困难和阻挠丝毫不比别人少，但很幸运地没有出现在这份名单上。2001 年，美的成为中国上市公司中顺利完成 MBO 的第一家，何享健被业界称为“中国 MBO 教父”。虽然 MBO 之后管理组织上没有什么变化，当时在内部又非常低调地处理，但将其说成是解决了最重大的战略问题也不为过。

何享健曾总结道：“产权制度改革奠定了美的发展的百年大计，这是一个基石，要不然以后会面临很多后遗症，后患无穷。哪怕一家企业管理再好，产权制度不清晰、不科学的话，你的管理也是建立在沙滩上的，顷刻间就会倒塌，很多企业都印证了这一点。”

• 2012 年，“小集团、大事业部”的组织扁平化变革

2012 年以前，不论是在大家电、小家电还是中间产品上，40 多年来美的都采用规模导向的战略。集团和各事业部的组织都是在规模最大化的战略导向下层层叠加，不仅事业部越来越多，就连集团也分为企业集团和二级产业集团。

2011 年下半年，美的战略大转弯，从规模导向转向利润导向，退出亏损和不相关业务、大幅缩减产品线。美的停止了对外扩张的步伐，开始了对内聚焦的管理。2012 年，方洪波执掌美的之后，继续坚持利润导向的战略转型，并进行了美的有史以来最大规模的组织扁平化变革。

这一次的战略转型说明，美的没有迷失在一味追求规模的惯性思维里，这一次的组织变革也正是利润导向战略下的主动变阵。从多层级、多单元、多部门的“三多”组织，调整成为少层级、少单元、多平台的“两少一多”组织，既提高组织效率，又实现资源共享，从而让美的走出了规模导向的战略困局。

3. 扫除战略障碍：革除积弊的变革

规划得再好的战略都需要组织落地，设计得再好的组织都需要革除积弊。

美的在 1997 ～ 2012 年，即从事业部制改革到转向利润导向的战略转型之前，这 15 年里，很多的组织变革都是在扫除战略障碍。

美的在完成事业部制改革之后，整体的战略都是朝着规

模化、产业化的方向前进。集团负责多元化，事业部负责专业化，将“大规模制造、大规模分销”的战略意图快速落地、不断复制。

2000 年突破 100 亿元、2005 年接近 500 亿元、2010 年突破 1000 亿元，但是在这个规模不断做大的过程中，美的陆续出现了内部人控制、大企业病、管理能力欠缺、组织文化差异、动力激励不足等各种问题，这些都是战略障碍，也是组织发展到一定阶段的积弊。

不从组织变革上下手，就无法革除积弊，也不能扫除障碍，更不可能达成战略目标。

多少企业战略方向都没错，却倒在了路上，很多时候就是因为不能持续不断地主动对自身的组织下手。何享健为了避免犯这样的错误，在内部形成了一条不成文的规定：“唯一不变的就是变，年中要调整一次，到年底也要调整一次。改革的目的是依靠变革、创新，来保证美的稳健经营，保持美的的行业领先地位。”

我举几个具体的例子。

- 2002 年，家庭电器事业部出现内部人控制问题，在底线上突破了美的《分权手册》。虽然面临很大阻力，但美的依然坚决进行组织变革，将家庭电器事业部分拆为风扇、电饭煲、饮水机、微波炉四大事业部。自此美的再未出现过内部人控制问题。
- 2003 年，厨具事业部经过几年发展，品类林立，单一事业部难以驾驭众多产品，弱势品类增长乏力。美的遂将厨具事业部拆分调整，分别成立取暖清洁事业部、洗碗机公司、热水器公司、日用家电公司。

- 2005 年，美的上下出现典型的大企业病，当年及时采取了一系列组织变革动作。例如，对日电集团 5 个事业部以及 3 个独立子公司进行分拆或合并，将制冷集团产品事业部重组，并成立区域销售公司，等等，从而克服了大企业病（关于大企业病，第八章会做专门说明）。

例子还有不少，我就不一一列举了。这些都是组织发展过程中的积弊，也是战略道路上的障碍，只有以过五关斩六将的决心不断进行组织变革，才能确保在认定的战略道路上全力奔跑。

4. 加速战略发展：布局未来的变革

基于战略的组织变革不仅要解决内部管理的问题，更要解决外部发展的问题。

在战略布局与发展方面，美的战略是一种主动出击且频频出击的战略，随之而动的，就是相应战略下快速而频繁的组织变革。

具体的案例如下：

- 在产业链垂直整合战略下，1998 年收购东芝万家乐压缩机，在组织上成立压缩机事业部，之后将整个组织并入制冷集团，进一步确保空调产业链的垂直一体化战略。

- 同样是在产业链垂直整合战略下，2001 年收购三洋磁控管，在组织上成立磁控管公司，之后又成立变压器公司，然后将两个组织双双并入微波炉事业部，进一步确保微波炉产业链的垂直一体化战略。
- 在白色大家电品类的扩张战略下，2004 年收购荣事达和华凌，之后在组织上进行合并，成立冰箱事业部；2008 年收购小天鹅，成立洗衣机事业部。至此，实现了“空冰洗”（空调、冰箱、洗衣机）的白色大家电全品类战略。
- 2012 年在全球经营的国际化战略下，以原制冷国际事业部为基础，在集团组织层面成立国际事业部，专门统筹美的海外品牌推广、销售及海外分公司运作。
- 在“智慧家居 + 智能制造”的“双智”战略下，2014 年成立智慧家居研究院和中央研究院，2016 年收购库卡后成立机器人与自动化事业部。这样“双智”战略都有了组织支撑。
- 在数字化战略下，除了原有的 IT 中心以外，2016 年成立了美云智数公司、IoT 事业部，之后又陆续成立了数字化办公室、数据业务中心、软件工程院等组织，对内加大数字化改造，对外输出美的数字化解决方案。

以上种种都说明，美的始终主动进行着未来的战略布局，而加速战略发展的首要支撑就来自组织保障。上面案例中的多项组织变革，不论是新成立还是做合并，都是基于战略发展在布局未来。

内容小结

组织进化的方向是战略，组织变革的出发点也应该是战略。正所谓，战略决定组织，组织跟随战略。

美的历次频繁的组织变革，不是盲动和乱动，而是由不同阶段的战略决定的。

生死存亡的三次变革，让美的走出了战略困局。

革除积弊的组织变革，令美的扫除了战略障碍。

布局未来的组织变革，使美的加速了战略发展。

CHAPTER 8 —— **第八章**

蜕变之法

第一节　如何长出一颗变革之心

有一次给客户培训时，我被问到一个问题："刘老师，企业经营首先要保证风险可控，正所谓安全第一嘛，这也就导致企业不敢轻易变革。那美的怎么能做到不断变革的？难道美的不怕变革的风险吗？"

我当时回答说，美的当然也怕变革的风险，但更怕不变革导致的组织懈怠。企业领导人在决策时都是两害相权取其轻，只不过在很多企业选择稳健保守的时候，美的选择了主动积极地变革。

现在想来，当时回答得有些笼统，这一节我们来展开说一下，美的是如何长出一颗变革之心的。

1. 创始人有颗求变之心

任何一家企业能取得一定的成就，都离不开创始人的奋斗和影响，美的也不例外。要说美的为什么能长出变革之心，首先是因为创始人何享健有颗求变之心。

那么，何享健的求变之心又是如何形成的呢？

回想我在集团总裁办的工作经历，再结合数年来何享健的各类讲话资料，便能够梳理出基本的脉络，如图 8-1 所示。

图 8-1 何享健求变之心的形成

• **精神支柱**

何享健曾不止一次说过："我的愿望就是把美的做好，这是我人生最大的理想、最大的愿望……企业不断变好是我的精神支柱。"

"把美的做好"是何享健的工作原动力，也成了其勇往直前、几十年如一日的精神支柱。

• **开放心态**

1998 年，何享健在接受《顺德报》采访时很直接地说道："我原来读书少、文化水平低，为了实现目标，自己本身要不断学习、接受新事物，要更新观念、树立现代意识。""对我个人来讲，就是要有开放、创新的观念。"

何享健是这么说的，也是这么做的。比如，只要能把美的做好，何享健不惜从外地引入各类人才，哪怕被一些本地员工抱怨，仍然坚持从“用北滘人”到“用全世界人才”。

• 乐观进取

“乐观向上，不断进取，是我的生活哲学，也被我应用在了企业发展中。”这是何享健早年间面对《羊城晚报》记者时所说的话。

心态越开放，就越能看到别人优秀的做法，也就越想要成为优秀的人，而乐观进取的性格也推动何享健不断提升自己。

• 直面问题

向上的路犹如登山，越是往高处走，就越困难。而越是困难的时候，就越考验领导者的信心和能力。

是迎难而上，还是逃避推脱？是适可而止，还是坚定前行？

何享健有自己非常明确的回答：“我的性格，一是直视现实，二是不屈服于前进过程中的困难。出的问题有多大，如何解决，我的头脑很清楚，这是实践中锻炼出来的胆识。

“当我们遇到困难时，从我个人来讲，我从来都不回避问题，不把问题推到上级，也不推到下级，而是冷静地分析问题产生的原因，并找出解决问题的办法。只要有坚定的信心和科学的态度，没有解决不了的问题。”

• 敢于求变

老方法解决不了新问题。在直面问题、解决问题的时候，旧有的经验往往难以奏效，而只有求新求变，才有出路。

关于敢于求变，何享健说了太多次：“我们只能上不能退，必须不断调整、改革、提高、创新。抓住机遇，才能促进美的的持续发展。”“企业不改革就是死路一条，美的不改革也是死路一条。”

有了“把美的做好”的精神支柱，心态不断开放，也就不断吸收外部能量。乐观进取的性格又推动何享健向上攀升。向上的过程中，他敢于直面问题和解决问题。为了更好地解决问题，求变成为唯一出路。由此可见，创始人的求变之心不是为了变而变，而是源自内在的精神支柱。

那么，又是哪些层面的所见所思，使得何享健推动美的长出一颗变革之心呢？

我们从宏观的中国时代、中观的内外企业、微观的美的自身这三个层面逐一来看。

2. 宏观层面：中国改革开放的时代

从大环境来说，美的的高速发展得益于改革开放。美的创立于 1968 年，但要说真正发展起来，还是在改革开放之后。美的正是抓住了改革开放的机遇，才在白色家电领域不断攻城略地。

改革开放不仅带给美的市场机遇，更重要的是，从思想层面让何享健和美的认识到：只有变革才能带来重大发展。

何享健在美的 40 周年时，专门谈过改革开放是如何推动自己解放思想并改变企业管理模式的：“要不是改革开放、解放思想，美的可能会跟很多珠三角的同行一样搞家族式企业，始终难以做大做强……坚决不搞家族企业，也是我在‘解放思想’上的认识，所以我极力推动美的产权改革，让市场来调节企业的运营行为……美的也是中国所有上市公司中，最早推出股权激励机制的，这也应归功于当时的思想大解放。如果不是改革开放，美的难以完成产权改革，也难以调动有价值的人才的积极性。”

看到改革开放给中国带来的活力，给美的带来的发展，何享健更加坚定：做企业也要不断改革，大胆尝试。

“国家搞改革开放，就是一种创新。不改革旧的体制，不开放用人的观念，就没有美的今天的规模。对我们企业来说，也要求新求变，从产品研发、管理改革到观念的更新，只要是切合企业发展的新思路，我们都应该大胆地去试。”

由此可见，何享健不仅让美的享受到了改革的红利，还不断学习改革的精神和做法。

3. 中观层面：国内外各企业的成败

宏观大环境只能提供机会，而能否抓住机会，从后来者变成超越者，这与企业的学习能力非常相关。

在这方面，何享健和方洪波都非常注重向国内外企业学习。

比如说，何享健在研究通用电器后曾说过：“人家是世界第一，资源、经营能力以及企业文化都很好。我们向这个方向发展、努力，但我们没法和人家比。我们只有向人家学习，学习好的理念、好的文化、好的制度，才能建立起更好的治理结构、更好的组织结构、更好的激励机制。”

鲜为人知的是，美的在学习通用电器之前，早在 20 世纪

80 年代曾在内部正式发过文，要求公司上下学习日本企业。只是在看到美国企业的做法更符合中国实际后，美的才开始转而学习美国企业。

谁的做法更好、更适合自身发展，就向谁学习。这是美的非常务实的学习作风。美的始终保持向国内外企业学习，例如国内的华为、海尔、小米，日韩的松下、东芝、三星、LG，欧美的通用电器、开利、艾默生，等等。

何享健从 1986 年起，每年至少出国 3 ～ 4 次，之后逐年增加，起初还谈业务，之后基本都是考察学习，专门吸收国外最先进的东西。集团和各事业部每年也会组织中高层前往国内外优秀企业学习交流。这些学习并不是走马观花，也不是追赶时髦，而是带着问题和目的去的，回来后往往会进行不同层面的变革调整。

除了学习优秀企业的成功案例，美的也非常重视失败案例的研究。何享健在内部开会时经常讲："我十分关注失败的企业，因为成功企业的经验不一定适合我们，但失败企业的教训肯定对我们有借鉴作用。"方洪波也经常在内部转发外部企业的各类案例，让高管们组织学习。

"生于忧患，死于安乐"是企业的常态，美的通过不断学习国内外企业的成功经验和失败教训，看到"唯一不变的就是变"，看到"发展的必经之路，就是变革。"

4. 微观层面：美的自身发展的关键所在

放眼改革开放的宏观层面，要勇于变革。看过国内外企业成败的中观层面，要不断调整。反观自身发展的微观层面，美的仍然得出同样的结论：要持续变革。

举几个里程碑式的大事件，就很能说明这个问题。

- 如果不是 1986 年主动转向海外市场，美的很可能在国内风扇大战中元气大伤。
- 如果不是 1992 年主动申请股份制改造，1993 年上市，美的也许会多用十年八年，才能走上现代企业道路。
- 如果不是 1997 年大胆的事业部制改革，美的就不会突破瓶颈、走出困局。

关于事业部制改革，何享健后来回忆说："事业部制改革是一次重大调整，是美的近年来发展的转折点。可以说，美的借此创造了一种新的文化，建立了一个新的制度，走向了一个新的起点。"

应该说，从事业部制改革开始，美的更加确立了要通过机制建设来激发人，而建立机制很重要的一点，就是通过不断变革来确保机制不弱化。

用机制来解决人的问题，用变革来强化机制和组织。

何享健在大会上公开宣布："唯一不变的就是变，年中要调整一次，到年底也要调整一次。市场经济就是这样，变革不是你想不想的问题，而是你要生存、要继续发展就必须变革。"

美的也由此最终确定了，至少每半年做一次组织调整的例行动作。

特别需要注意的是，美的非常强调变革本身不是目的，而是关键在于能形成良好的运行机制，能激发人的积极性。

只不过在这个过程中，变革是必须采用的方法和手段。

1997 年事业部制改革之后，美的又于 2001 年完成产权改革；2002 年完成上市与非上市业务的“三分开”，推动“四个调整”；2005 年形成制冷集团和日电集团的组织结构；2006 年进行“五力提升”；2007 年，建设第一个海外生产基地；2010 年营收突破千亿元；2011 年反思发展模式；2012 年何享健正式交班给方洪波，美的进入方洪波时代，并由上至下推动了战略转型……

这中间还伴随各种渠道变革、组织调整、人员变化等，我不再列举了。一桩桩一件件的里程碑事件都一再证明，美的正是通过主动变革，才突破困局，才发展壮大，才走到行业头部位置，才站上国际舞台的。所以，变革是美的解决问题的需要，是面对市场经济的需要，是建立良好机制的需要，是生存发展的需要。

毫不夸张地说，变革已经内化为美的的文化，融入了美的的血液，成为美的不断跳动的心脏。

内容小结

面对变革，谁都惧怕风险。

美的为什么能长出变革之心？

因为创始人何享健有颗求变之心。求变之心，源于与生俱来的精神和性格，也源于后天不断摸索学习的深刻认知。

宏观层面，感恩于中国改革开放的时代。中观层面，看遍国内外企业的成败。微观层面，总结自身发展的关键所在。

从国家到企业，再到自身，从宏观到中观，再到微观，三个层面的实践规律不断坚定美的的变革之心。

最后，我还是要引用何享健的话来作为这一节内容的结尾："一个企业的成功不是偶然的，但也绝不是必然的，更加不存在什么法则、定律。不能说美的现在的模式就是最好的，我们还是要不断地探索，要形成美的自己的管理模式和企业文化。"

第二节　5 种对抗法，克服大企业病

2023 年"五一"前，我应邀去上海一家企业做交流，老板非常健谈。寒暄几句之后，老板直入主题："我们企业规模现在 30 多亿元，员工快 1000 人。前面十几年还好，但这两三年发现大家斗志变弱了，很多事情做起来变慢了，原来一起打拼过来的人，该给的待遇、位置都给了，现在却开始推诿扯皮了。我也不可能把他们都换掉吧，刘老师你说这个局怎么破？"

我也没兜圈子，直言不讳地说道："我不敢肯定你们有没有大企业的命，但我敢肯定你们患上了大企业病。"

老板很疑惑："我们规模不算大，也会得大企业病吗？"

实际上，大企业病不是大企业才有，小企业也会得大企业病，只是大企业更常见而已。不克服大企业病，中小企业无法实现阶段跨越，或苦苦挣扎，或被打回原形。不克服大企业病，大企业更无法突破发展瓶颈，或轰然倒塌，或沉寂没落。

美的在漫长的发展历程中也未曾幸免，也曾多次遭遇大企业病的袭击。

那么，美的是如何克服大企业病的呢？

在回答这个问题之前，我们先来看看几乎把美的击垮的三次大企业病。

1．三次大企业病，几乎把美的击垮

美的历史上，高层公开承认患上“大企业病”的至少有三次，分别在 1996 年、2005 年和 2011 年。这三次大企业病，严重到几乎把美的击垮。

• 1996 年“大企业病”：深入骨髓

关于这一年的历史背景，我们在第一章中已经有过详细描述，这里不重复了。总之，在品种激增、责权失灵的情况下，这一年美的的规模和利润首次出现下滑。

创始人何享健当时分析美的病症：“企业大了，整个体制不适应，也是大企业病，体现了高度集权，但没效率，下面没动力、没压力、没激情。”方洪波也赞同这一看法，他认为：“本质是责任不清晰，权力分配不清楚，有问题不知道谁去承担责任，也没有人负责任，没有人去解决。”

何享健认为美的不仅得了“大企业病”，而且深入骨髓。

• 2005 年“大企业病”：失控边缘

美的集团整体销售收入自 2000 年突破百亿元后，一路高歌猛进，到 2005 年已高达 456 亿元。虽然规模高速增长，但是盈利情况并不理想，即使 2005 年 6 月美的电器将盈利下降的小家电业务剥离之后，全年上市部分的净利率也仅达到 1.29%。即便如此，各个事业部仍在大肆扩张，各自为政。

在 2005 年年底的总结会上，何享健带头反省：“2005 年是经营非常辛苦的一年，大家都感到很苦、很累……我们内部组织膨胀、结构庞大、机构臃肿、费用居高不下。我最近统计过，整个集团管理人员约一万人，一年差不多需 15 亿～ 20 亿元来养这一万人。

“过去的美的是 30 个亿，现在是 500 个亿。主体多、环节多，资源分散，投入重复，个别单位太强势，各自为政，互不认同、很难协调。”

方洪波在制冷集团 2005 年总结会上，也表达出同样的焦虑：“公司处于失控的边缘，从来没有像今天一样感觉到无计可施、心力交瘁。公司在增长，客户在增长，组织在膨胀，人员在增长，为我们带来了大量的管理问题。资金、资源、系统、组织都有陷阱，一不小心就会让整个系统深陷其中不可自拔。”

“大企业病”症状不仅暴露无遗，而且将美的逼到失控边缘。

• 2011 年“大企业病”：盛世危机

2010 年美的进入千亿元俱乐部，不仅总部大楼投入使用，而且举办了盛大的庆典。美的迎来了发展盛世。2011 年规模又大涨 240 亿元，总营收达到 1340.5 亿元。当时，内部有高层预测，美的“十二五”规划中的 2000 亿元目标应该可以提前 1 ～ 2 年实现。

越是繁荣的盛世，越是隐藏着巨大的危机。

这个时候，仍然是何享健率先嗅到了危险的气息。他在美的各大工厂之间不断走访观察，多次发现即使是深夜，工厂依然灯火通明，工人加班加点，忙于生产和出货。

“事实真的像看上去这么好吗?”何享健不断地思考着这个问题。在安排多个部门深入调查之后才惊觉，不仅很多订单不赚钱，而且问题的严重程度远远超过想象：产品 SKU 数量庞大，但半数亏损；人员数量 19.6 万，达到历史最高；制冷集团内，23 个区域销售公司亏损；很多投资项目长期亏损；品质问题突出，质量问题频发……

何享健痛定思痛：“原来大规模、低成本的方式肯定是不行了。我们接了一大堆订单，搞得员工半夜加班加点，质量还出问题，客户不停抱怨，我们自己还亏钱。现在整个经营导向有问题，思维和组织都有很大问题。”

方洪波深刻反思：“一味追求规模的固有思维带来大企业病，整个机制弱化、组织结构庞大复杂、管理失控、管理层退化，内部交易成本越来越高，结果是忙于内部扯皮、推诿、混日子而忘记了客户和价值，效率极其低下，执行力、行动力严重不足。”

盛世似乎还在眼前，但更大的危机却随时可以吞噬美的。

2. 如何克服大企业病

从1996年到2011年，这15年间美的的规模从25亿元到1340.5亿元，营收相差53倍，也就是在这15年间，发生了上述三次大企业病。

从现在的结果我们当然知道，不论过程多么艰险，美的最终还是成功克服了。每一次克服的过程，虽然在时间、规模、背景、具体操作等方面上有较大区别，但是在底层的方法逻辑上却是一致的。总结起来，如图8-2所示，可以归纳为5种对抗法：思维上，以危机对抗自满；组织上，以变革对抗僵化；人员上，以年轻对抗老化；目标上，以增长对抗惰性；责权上，以分权对抗缓慢。

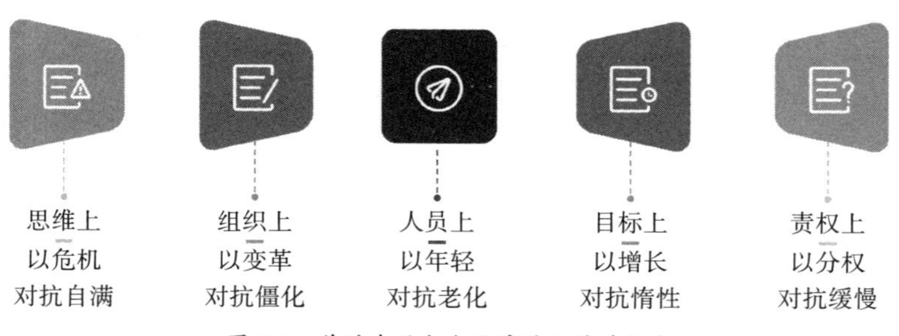

图8-2　美的克服大企业病的5种对抗法

（1）**思维上，以危机对抗自满。**

美的三次大企业病之前，实际上都处于高速发展阶段。内部从高管到员工，难免都有自满心理，即使碰到问题，也不会认为是太大的问题。

外界多形容何享健是“潇洒老板”，却不知何享健的危机意识非常强烈，对企业的问题特别敏感。例如 2011 年战略规划会议上，何享健对高管提出的第一个要求就是这么说的："大家要清楚，个人、组织、团队出问题往往都是在最好的时期、最开心的时候、取得很多成绩的时候。这个时候很容易忘乎所以、满足现状，不检讨自己的问题，不进取，以为原来成功的经验和方法永远适用。包括以前我举很多案例道理，包括年终总结推荐大家看的书。所以，我们要天天不断地讲问题、讲危机，要居安思危。"

面对三次大企业病，何享健既不粉饰太平，也不淡化问题，总是第一个站出来告诉所有人：美的得病了，而且很严重！

对危机始终保持敏感、勇于直面问题，并且公之于众，这对企业家来说，本身就是一种极其难得的品质和胸襟，更是克服大企业病的思维前提。

（2）**组织上，以变革对抗僵化。**

组织变革是美的对付大企业病的必杀技，因为大企业病一定会体现为组织僵化。

美的三次大企业病的组织僵化，都是通过大幅度的组织变革解决的：

○ 1997 年，从集权的直线职能制组织，变革为分权的事业部制组织。

○ 2006 年，日电集团 5 个事业部以及 3 个独立子公司进行分拆或合并，制冷集团产品事业部重组并成立区域销售公司。

○ 2012 年，组织扁平化，取消二级产业集团，同时大幅缩减集团总部职能部门，合并部分产品事业部，建立“小集团、大事业部”的组织模式。

每一次的组织变革不仅打破了组织僵化、遏制了组织膨胀，而且革除了组织陋习与不良文化，将大企业病从组织上消除。

（3）**人员上，以年轻对抗老化。**

大企业病令组织僵化之后，就必然带来人员老化，至少是心态上的老化。

我在做企业咨询的过程中，看到有些企业好不容易做了组织变革，但是思维老化的管理干部仍占据着新组织上的各个要职，继续着老的工作思路和作风。这种换汤不换药的做法，大企业病很快就会卷土重来。

美的对待人员调整的做法很简单：不换思路就换人。不能适应变革的，不能改变思路的，那就别浪费时间。与其让他们倚老卖老，不如让年轻人崭露头角。

何享健在内部会议上多次讲到用年轻人的话题：“我过去讲的多了，要用年轻人。我们每年招这么多大学生，尽管有不少离开、有不少不理想，这情况始终存在，但我认为，年轻人有学历、有拼搏精神。人才要自己培养，最好多招大学生。

“我们不能论资排辈，我们很容易犯这个错误，做这么大的企业，很容易论资排辈：他的年龄怎么样的，做过什么事情，他做过多少年主管，多少年总监……不能讲！要打破论资排辈，谁有能力谁上。”

美的中高层干部的平均年龄为 34 岁，而新聘干部的平均年龄已经降到了30岁以下，员工平均年龄常年保持在28岁以下。老板都希望保持组织活力。但组织活力来自哪里？肯定是来自人，而且更多的是来自年轻人。

只有年轻才能对抗老化。

（4）**目标上，以增长对抗惰性。**

大企业病总在不断增强企业的惰性，让整个组织和人习惯待在“舒适区”里，不愿改变也不易改变。

美的在组织变革和人员调整之后，会马上对新组织和新团队提出极具挑战性的目标，把组织和人赶出“舒适区”，以高速增长打破惯性，以持续增长对抗惰性。

管理学中常讲，定目标要让团队“跳一跳，够得到”。美的定目标的做法却是“使劲跳一跳，才能够得到”“一直使劲跳，才能够得到”，三次克服大企业病的历程就完全印证了这一点：

- 1997年，事业部制改革之后，明确提出冲击百亿元。
- 2005年，美的“十一五规划”提出，2010年突破1000亿元。
- 2011年，进行战略转型，虽然调低了规模目标，但大幅调高了利润、周转以及品质目标。

（5）**责权上，以分权对抗缓慢。**

大企业病很容易给人一种误解，认为一定要规模够大。实际上，“大”不是病，“慢”才是。这个“慢”表现为反应慢、决策慢、行动慢。

大企业病作为一种组织病症，其本质就是“权力病”。因为人往往会本能地保护自身拥有的权力，从而不断造成组织的“慢”。

何享健正是看到这一点，所以一直坚持分权。美的从1997年开始克服大企业病时，最主要的做法就是采取以分权为核心的事业部制，美的的各种灵活快速也主要是分权带来的。不断地进行分权、放权、授权，让“听得见炮火的士兵呼唤炮火”。

关于分权问题，何享健2011年曾经很形象地说过：“每一个企业老板都关心采购，但我从来没管过采购，从20世纪80年代开始我就没管过。在资金使用上，谁家老板不签名啊，我不签，就是授权。我可以，非常放得开。前两年，我从美的电器董事局退出，这么大的市值都放下了，很多人不理解，我给他们讲了为什么这样做，很清楚，结果肯定好。很多人说行不行啊？哪有什么不行！”

内容小结

没有一家企业可以对大企业病完全免疫。

因为大企业病就是熵增定律在企业里的具体表现：在每一个企业家雄心勃勃地想要把企业做大做强的时候，大企业病在做着相反的事情，无时无刻不在把企业拖入低效、衰退直至消亡。

所以在企业发展过程中，大企业病必然不期而遇。

美的能一次又一次克服大企业病，主要是因为锻造了5种对抗法。

○ 思维上，以危机对抗自满。

○ 组织上，以变革对抗僵化。

○ 人员上，以年轻对抗老化。

○ 目标上，以增长对抗惰性。

○ 责权上，以分权对抗缓慢。

可以预见的是，随着美的规模的进一步增长，大企业病依然埋伏在未来的某个角落，只是不知道将以什么样的面目出现，那时将更加考验美的使用这5种对抗法的决心和力度。

第三节 战略转型的“3字诀”

在外界看来，美的总是频繁善变，似乎因多变而复杂。但在内部看来，美的的变革，简单却不容易，困难但不复杂。

我在多年管理咨询的过程中，看到很多企业把变革搞得过于复杂，找了一堆国内外高大上的方法论，总想寻求理论上所谓的“正确性”，总是围着次要问题打转，却不敢触碰一些核心问题，比如人的问题、机制的问题、战略决心的问题等。这样下来怎么变都不成功，也就不难理解了。

前面我们多次从不同的角度提到过美的2011年的战略转型，这一节我们更完整地来讲述，并用“6个3”来概括其变革的方式和内容，简称为转型“3字诀”。我倒不是故意凑成

“3”，只是想用“3 字诀”来说明美的的变革敢于直面核心问题，困难归困难，但并不复杂。

转型“3 字诀”的“6 个 3”，我们一个一个来说。

1. 转型 3 句话

- 发展模式上，减量提质。
- 发展战略上，退一步、进两步。
- 经营思路上，先做减法，再做加法。

美的在 2011 年推动的转型变革可以用上面三句话来概括。这三句话并不是我说的，而是主导变革的董事长方洪波总结的。

2011 年下半年，美的启动战略转型。2012 年正式完成“何方交接”之后，方洪波继续全面推动转型变革。正是在这场深刻的变革中，方洪波用了上面非常简单的 3 句话，对长达 6 年的变革做了精确的总结。

实际上这 3 句话集中表达了同一个含义：以退为进、先退后进。这正是对美的 2010 年达到千亿元营收以来，盲目追求规模的反思。

2. 333 战略

变革之初，方洪波就给内部所有人定了一个长达 9 年的战略目标，即“333 战略”，具体内容如下：

- 3 年时间，做好产品、夯实基础、提升经营质量。
- 3 年时间，从家电三强脱颖而出，成为行业领导者。

• 3 年时间，在全球家电行业占有一席之地，实现全球经营。

如果说前面转型 3 句话是“以退为进”的大策略，那么“333 战略”就清晰描述了未来发展的大方向：每三年上一个台阶，从做好自己，到领先国内，再到全球经营。

3. 3 大战略主轴

2011 年，美的明确了 3 大战略主轴“产品领先、效率驱动、全球经营”。这 3 大战略主轴的明确是与“333 战略”一脉相承的，在明确的大方向下更好地突出了战略重点，即聚焦在“产品”“效率”“全球化”这三大重心上。

产品，是回归企业本质。效率，是苦练经营内功。全球化，是走向国际舞台。

明确了 3 大战略主轴，就不会有战略模糊和战略犹豫，就更容易心无旁骛，就更容易力出一孔。

4. 3 大顶层设计

围绕着“333 战略”和“3 大战略主轴”，美的在经营理念、组织体系、考核方向这 3 大顶层设计上都做了重大改变（见图 8-3）。

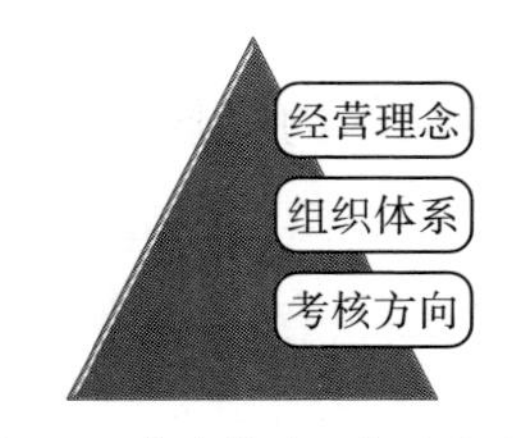

图 8-3　战略转型 3 大顶层设计

- 经营理念上，从跟随策略转变为领先战略，从跟跑变为领跑。

3 大战略主轴之首的“产品领先”，体现在经营理念上，就是在产品设计开发之初，从模仿跟进转变为差异化创新，从注重高性价比转变为注重用户体验做精品，从单纯产品开发转变为强化战略企划、先行研究和消费者研究。

- 组织体系上，压缩组织层级，推行“小集团、大事业部”的扁平化管理模式。

取消了 4 个二级产业集团（其中地产集团剥离后独立运作），把近 20 个事业部合并重组为 11 个事业部（之后又合并为 9 个），组织数量减少近 40%。组织层级上业务部门最多为 3 级，管理部门最多为 2 级，集团普通员工到方洪波仅有 4 级。3 大战略主轴的“效率驱动”，首先在组织效率上得到了体现。

- 考核方向上，从重点考核规模增长，转变为重点考核利润、品质、周转这 3 大类体现经营质量的指标。

5. 变革 3 阶段

美的这场 2011 年启动的变革可以分成 3 个阶段：伤筋动骨→强筋壮骨→脱胎换骨。这与方洪波的转型 3 句话和“333 战略”是一致的。

在“退”和“做减法”的时候，就是处于伤筋动骨的阶段，也是第一个 3 年的阶段；而在“减量”和“减负”之后，开始进入了强筋壮骨阶段，也是第二个 3 年的阶段；一旦能力具备，开始做“加法”，就进入了脱胎换骨阶段，也是第三个 3 年的阶段。

- **第 1 阶段：伤筋动骨**

变革之初的 2011 ～ 2013 年，美的对自己下了狠手，以壮士断臂的勇气在自己身上狠砍了 7 “刀”，分别是砍组织、砍业务、砍资产、砍人员、砍产品、砍工资、砍费用。

  - 砍组织。前面提到，组织数量减少近 40%，推行“小集团、大事业部”的扁平化管理模式。
  - 砍业务。砍掉了非主营业务，砍掉了亏损和低毛利业务，被砍掉的业务规模高达 300 亿元之多。
  - 砍资产。退掉了近 7000 亩[㊀]土地，关闭 10 多个工业园区和工厂，同时将相应的大量固定资产进行了变卖。
  - 砍人员。原来大集团加二级产业集团共有近 2000 人，一年多时间集团总部缩减到仅有 243 人，缩减幅度接近 90%。同时大幅精简干部，干部数量减少了 50% 以上。优化人员总数达 7 万多人。
  - 砍产品。产品 SKU 减少高达 50%。
  - 砍工资。高管降薪 30%，并逐级降薪传递压力。
  - 砍费用。强制大幅压缩各项费用，当时内部叫“勒紧裤腰带过苦日子”。

这 7 “刀”砍下来，不是简单的减脂瘦身，而是真正的伤筋动骨。

- **第 2 阶段：强筋壮骨**

时间进入 2014 年，第一阶段的变革效果逐步显现出来，

㊀ 1 亩≈ 666.67 平方米。

营收、利润率、库存、现金流等指标有所改善。

2014 年，美的正式提出“智慧家居、智能制造”的双智战略。也是在这一年，美的成立了中央研究院，开始搭建四级研发体系。同样是在这一年，代表美的数字化 1.0 的 632 项目完成了主流程主数据的建设工作，开始进入 IT 系统的试点建设阶段。很多变化都在这一年发生。

到了 2015 年，美的追求利润、追求经营质量的变革呈现出了惊人的效果，一个更加强壮的美的诞生了：在营收仅增长 3.3% 的情况下，净利润增长 105.3%，经营活动产生的现金流量净额增长 551.1%，人均销售提高 90.9%，净资产增加 85.7%，具体数据对比见表 8-1。

表 8-1 美的 2011 ～ 2015 年战略转型的财务表现

财务指标	2011 年（转型前）	2015 年（转型后）	同比增减
营业收入（亿元）	1340.5	1384.4	3.3%
净利润（亿元）	66.4	136.3	105.3%
经营活动产生的现金流量净额（亿元）	41.1	267.6	551.1%
人均销售（万元）	68.4	130.6	90.9%
净资产（亿元）	301.8	560.3	85.7%

- **第 3 阶段：脱胎换骨**

在大幅提升经营质量之后，从 2016 年开始美的进入脱胎换骨的第三阶段。

之所以说是“脱胎换骨”，是因为美的已经呈现出比较明显的特征，开始从传统家电制造企业向数字化、智能化的科技集团转变。

2016 年，美的数字化进入了 2.0 阶段，并全面推行 T+3

新产销模式，实施数据驱动的 C2M。同年，研发投入首次突破 60 亿元。

这一年，美的也开启了大手笔的海外并购：2016 年 3 月收购东芝白色家电业务，2016 年 6 月收购意大利 Clivet，2017 年 1 月收购德国库卡，2017 年 2 月收购以色列高创，吹响了全面进军 To B 业务领域的号角。

美的开始不断做“加法”，用互联网、数字化、智能化、科技化的方式，推动着脱胎换骨的改造升级。

6.3 大工程

在这场旷日持久的变革过程中，美的有 3 大工程值得大书特书。那就是“632”“T+3”“MBS”。关于这 3 大工程，我在《卓越运营》一书中已有详细介绍，这里就只做简单概括。

- “632”，被定义为美的数字化 1.0，是美的一体化的 11 个信息系统的简称，是实现“一个美的、一个体系、一个标准”的强有力抓手。美的通过 IT 系统的由散到合、由分到统，在保持事业部活力的同时，实现了集团级业务的标准化和管理的一致性。
- “T+3”，我曾将其比喻为美的为重塑自我而练就的一套“易筋经”，是美的构建的以销定产、全价值链协同的业务模式。
- “MBS”，虽然发端于制造，但已经从制造拓展到研发、供应链、管理等多方面，可以说是美的用精益的方法，按照自身实际打造的一套精益运营体系。

内容小结

变革是困难的，但是不能人为搞复杂。变革可以曲线救国，也可以迂回作战，但是不可以总在外围兜圈子。因为如果不触碰核心，如果不面对本质问题，再多的招数都是没用的。

美的战略转型“3 字诀”：转型 3 句话、333 战略、3 大战略主轴、3 大顶层设计、变革 3 阶段、3 大工程，汇总见表 8-2。

表 8-2　美的战略转型“3 字诀”

转型 3 句话	333 战略	3 大战略主轴	3 大顶层设计	变革 3 阶段	3 大工程
发展模式上，减量提质	3 年时间，做好产品、夯实基础、提升经营质量	产品领先	经营理念	伤筋动骨	632
发展战略上，退一步、进两步	3 年时间，从家电三强脱颖而出，成为行业领导者	效率驱动	组织体系	强筋壮骨	T+3
经营思路上，先做减法，再做加法	3 年时间，在全球家电行业占有一席之地，实现全球经营	全球经营	考核方向	脱胎换骨	MBS

每一步确实都很困难，但是每一步又都简单到清晰可见。

直击核心，所以简单。

第九章 —— CHAPTER 9

成长之鉴

第一节　三个阶段形成组织智慧

2023 年 10 月，我去一家上市企业做分享。中间休息时，企业老板和我交流，有一句话他说得很好："企业上规模了，组织也变大了，必须要从依赖自己的个人智慧，转变为让企业形成组织智慧。"紧接着，他问了我一个问题："美的这么多年来经历了多次转型和提升，整个组织的运作都是非常成功的，美的是如何形成组织智慧的？"

虽然美的自己没提过"组织智慧"这个概念，但一家拥有近 20 万人、营收规模近 4000 亿元的多元化企业集团，能够在多事业部、多业务板块都取得不错的成绩，一定是具备了组织智慧的。

我们说具备了组织智慧，不是指某一款产品的爆发、单一业务的领先，或是局部的成功，而是指整个组织具备了知识共享、快速学习、不断变化、自我迭代的能力。

罗马不是一天建成的，组织智慧也不是一天形成的。

美的组织智慧的形成大体经过了三个阶段：自发成长式、管理保障式、组织复制式（见图 9-1）。

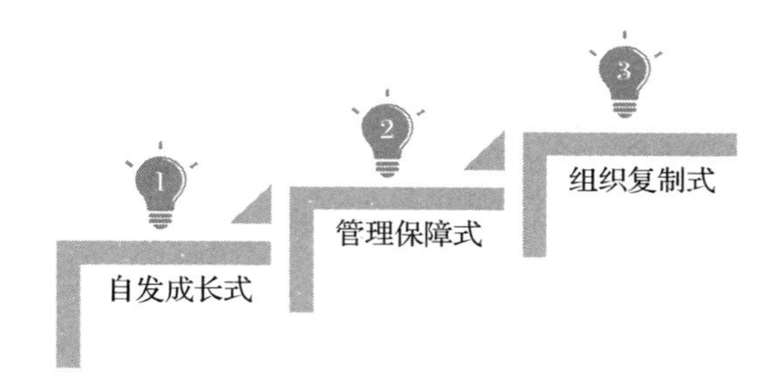

图 9-1　美的组织智慧形成的三个阶段

当然，每一个后面的阶段都包含前面阶段中所采取的方式、方法，并不是说进入第三阶段就抛弃了前面的做法，而是在前面的基础上迭代升级。

这三个阶段，我们逐一来说。

1. 第一阶段：自发成长式

美的于 1968 年创业，1980 年进入家电行业，1993 年上市，1997 年进行事业部制改革。要说美的在 1997 年推行事业部制改革之前，更多是依赖创始人何享健的个人智慧而没有形成组织智慧，也不为过。因为在当时高度集权的直线职能制管理方式下，美的就是非常典型的“人治”，所有的经营重任、管理职权都压在老板一个人身上。

只有到了实行分权管理的事业部制之后，美的整个组织的活力才被激发出来。各个事业部的总经理，包括事业部的管委会成员以及各个部门的带头人，都在为达成自己的目标而动脑筋。这个时候，更多人的智慧开始注入企业中。

事业部内部形成了良好的团队快速学习、结构快速变化、产品快速迭代的组织氛围。这个时候的组织智慧体现为各事业部直接面对市场后百花齐放的智慧。

不过，我们也得实事求是地说一句，从集团层面来看，这一阶段事业部之间的知识管理和共享学习，并不如事业部内部那么主动快速，而是处于一种自发成长式的状态。当然，这也是符合当时的发展阶段的。

事业部间自发成长式的知识迁移有四种做法：人员流动、集团会议、单点学习、组织变革。

- **人员流动**

小事业部从大事业部挖人，新事业部从老事业部挖人，也有人员自己在事业部间进行流动。当人员跨事业部流动时，自然会带去之前的知识、经验。

- **集团会议**

集团层面会召开一些会议，如总结计划大会、人才科技大会、月度经营分析会等，各事业部在会上能够知道彼此的一些做法。但因为频率、时间、场所的局限，偏信息的沟通多，偏知识的交流少。

- **单点学习**

大家同处一个集团，低头不见抬头见，特别是事业部间职能相同的一些部门，比如生产、销售、采购、人力资源等，在碰到问题时，也会跨事业部学习别人的做法。但这种多是临时的和不定期的，而且基本都是一对一的单点学习。

- **组织变革**

相对成建制的知识复制或迁移主要发生在组织变革的时候。新的组织会有不同的方式，新的管理团队也会采取一些不同的做法。

这个阶段最大的组织智慧是激发各事业部快速奔跑的智慧，而跨事业部的知识迁移处于自发成长的状态。不过，随着二级产业集团的建立，美的组织智慧的形成开始进入较为主动的管理保障式。

2. 第二阶段：管理保障式

从 2004 年到 2011 年，二级产业集团逐步形成并日益成熟，跨事业部的管理也得到了强化。在二级产业集团内，事业部间的知识分享和经验交流也因此得到了管理保障。

管理保障式的做法主要有三种：职能强化、赛马评比、管理变革。

- **职能强化**

二级产业集团的管理权限来自两个方面：一方面是一级集团向二级产业集团放权，另一方面是二级产业集团从下面事业部收了一部分权限。这是管理保障式中能做到职能强化的权力前提。

职能强化体现为：各条职能专业线，如战略管理、人力资源、财务管理等，都会定期和不定期地在不同层面召开相关的管理会议或专题分享。相比之前，职能强化提高了各职能管理的频次和要求，使得整个组织的管理得到了相应的提升。

这个阶段，美的先后提出“四个发展”和“五力提升”：“四个发展”是指有效发展、协调发展、健康发展、科学发展；“五力提升”是指系统创新能力、经营管控能力、资源整合能力、资本营运能力、文化融合能力提升。这些都是针对组织能力所做的要求。

- **赛马评比**

在各集团内部，美的开始有组织地将赛马文化发扬光大。

除了每个月例行的经营排名，美的还开展了各类 PK 和评比。例如定期的管理案例 PK 大赛，每次都会有近 50 项管理案例，内容涵盖内销、外销、供应链、研发、生产、采购、人力、财务、审计等，基本上所有部门都要总结归纳出管理亮点，登台讲解，同台 PK。还有精益管理评比、质量活动评比等，每次评比活动之后，都会掀起一波互相走访学习的热潮。

2006 年，美的学院落成，硬件设施方面也有了管理保障。

- **管理变革**

这一阶段美的奔千亿元目标而去，继续高速发展，相应的管理变革一点也没有减少。

在多元化品类越做越多的同时，美的通过不间断地管理变革，对很多并购企业如合肥荣事达、广州华凌、无锡小天鹅、江苏春花、江西贵雅等，持续输出、巩固和提升美的的组织模式和管理经验。在经过多次管理变革的阵痛之后，美的快速适应和迭代扩张的组织能力进一步得到强化。

第二阶段管理保障式的组织智慧已经从第一阶段不自觉的自发状态，演变为主动强化和提升能力的管理状态。

随着管理能力的提升，美的组织智慧开始进入更为高效的第三阶段：组织复制式。

3. 第三阶段：组织复制式

2012 年，美的完成组织的交接班，开始进入方洪波时代。

这一年，美的在方洪波的强力推动下，实施了壮士断臂般的战略转型和组织变革，而正是通过这次重大变革，美的重新出发，整个组织的管理方式和做法实现了巨大的提升。取消二级产业集团的做法不仅没有削弱管理保障，相反还极大地加强了管理一致性，更有利于职能强化。

举个例子吧。

原来组织各事业部做专题分享时，还要多次沟通协调。这次转型变革，直接推动了 TCG 高管分享项目，从总裁、副总裁、事业部总经理到各部门总监，所有中高管每年至少要做一场大范围的主题分享，主题可以自己选，分享必须亲自登台，而且时间不能少于 2 个小时，分享内容会保存并分享在内部平台上，供更多不能到场的员工观看。

这只是一个开始，真正体现组织复制式的做法是之后陆续推动的各个重大项目和管理改善，包括 632、T+3、MBS、灯塔工厂、研发提升、数字化、智能化等。

以前，集团在推动一些长期的管理项目时，常规的做法是：组织各事业部做几场培训，大家回去后根据情况自行推动。而自行推动的结果不仅参差不齐，而且往往会不了了之，像六西格玛、精益生产等项目都出现过这种情况。因为每个事业部当前都有很重的经营任务要完成，长期项目就不容易成功。

但是，这一次组织复制式改变了这种做法。

我以 MBS 项目为例，说明一下为什么叫组织复制式。

第一步，美的为推动 MBS 项目，会在集团层面成立专项项目组来牵头。不过，只做到这一步还不能称之为组织复制式。

第二步，集团 MBS 项目组在完成总经理级别等高管的培训之后，在空调顺德工厂和厨具工厂进行试点。试点在半年内取得了超预期效果。

第三步，要求所有事业部在内部成立 MBS 项目组，直接对接集团 MBS 项目组。

第四步，所有事业部在内部设立 MBS 专员这一岗位，来专项推动内部工作。

第五步，通过从上到下的项目组织，MBS 在当时 9 个事业部、20 多家国内外工厂进行不断复制。为确保复制成功，集团 MBS 项目组还专门成立了 MBS 训练营，一期接一期地培训各单位的精益人才，各单位的 MBS 专员回去之后，也必须在内部再培训相关人员。

通过以上五步，我们看到了，美的用这种项目式的组织运作方式更高效地实现了管理的复制和推广。其他如632、T+3、灯塔工厂、数字化等，都采用了类似的组织复制方式，从而取得了一个又一个的管理改善和提升，真正让组织智慧遍布全身。

内容小结

企业发展到更高阶段，必然要从个人智慧转变为组织智慧。

美的组织智慧的形成经过了三个阶段：自发成长式、管理保障式、组织复制式。

自发成长式，主要有四种做法：人员流动、集团会议、单点学习、组织变革。

管理保障式，主要有三种做法：职能强化、赛马评比、管理变革。

组织复制式，则是在更加强力的推动下，以项目组的方式从上至下，有计划、有组织地完整运作。

第二节　大胆试错与敢于认错

2023年5月19日，在美的集团2022年度股东大会上，方洪波和一众高管的坦诚表现再次凸显了美的的这项特质：

大胆试错与敢于认错。

正所谓，不在错误中反思，就在错误中沉沦。

1. 方洪波的反思

时刻面对现实，是企业和个人都不得不做的事情。只是在严酷的现实面前，是选择闭目塞听以求自我安慰，还是不断反思，哪怕最终做出痛苦抉择。方洪波选择了后者，而且是顶着外部不断的质疑和争议。

2022 年上半年，美的做出了战略收缩的动作，关停并转了大量非核心业务，包括市场一直关注的很多小家电业务。一年之后方洪波在股东大会上正面回应了一年前的这些调整："任何企业发展和人一样，会犯错误，很显然美的也犯了一个错误。

"过去几年碰到新冠疫情，小家电行业迎来所谓的爆发，出现了很多产品创新和模式创新，叠加所谓的新消费浪潮，几个因素一起把美的裹挟着卷了进去。

"当时美的也做了很多尝试，每个事业部都上了一些新东西，但实际上有些不是美的所长，有些即便是，但因为一些制度性的因素，其实也不适合美的。因为这些产品更新迭代快、生命周期短，可以说是昙花一现，一年两年就没了，比如像现在很火的空气炸锅，这样的东西对美的来讲制度性成本太高了，不适合。"

实际上，上面这些自我反思与自我否定，在 2022 年年初就已经进行了，这才有了 2022 年上半年对 To B 和 To C 业务的重新梳理，才有了对 900 多个亏损达 2000 多万元的小家电 SKU 的剔除，也才有了后来的裁员风波。

没有反思，就不会自我否定，也不会自我纠错，更不会走出错误、重获增长。

从最新公布的年报数据来看，美的集团 2023 年实现营业总收入 3737 亿元，同比增长 8.1%；归母净利润 337 亿元，同比增长 14.1%；经营性现金流 579 亿元，同比增长 67.1%。

方洪波的带头反思与业务调整，效果已经体现在了财务报表上，在大环境比较困难的情况下，美的的规模和盈利都保持了不小的增长，现金流更是增长迅速，经营结果证明了调整的效果。

2. 从未停止过的大胆试错

美的采用的是典型的多元化战略，那么在多元化发展的道路上，之前美的有没有犯过其他错误呢？当然有，而且并不算少，我列举一些如下：

- 1999 年，美的曾跟风进入过电子商务领域，但随着 2000 年互联网泡沫的破灭，美的快速关闭了当时的“商路易”公司。
- 2003 年，美的收购了云南客车与云南航天神州汽车，进入客车领域。同年 10 月，再次收购湖南三湘客车。之后几年的经营中，发现跨度过大，难有起色，于 2009 年先后卖掉云南客车、三湘客车，退出客车领域。
- 2013 年，美的陆续退出太阳能热水器、浴霸、剃须刀等不赚钱的非主营领域，也卖掉了包括清江电机在内的一些拓展业务。

- 2022 年，对于母婴产品、宠物产品、网红小家电等快消性质的业务，先后进行关停并转。

以上是美的曾经试过的一些“错”。当然现在我们看到的更多是“对”的业务，否则也不会成就今天的美的。列举以上这些事例只是想说明，美的从未停止过大胆试错的做法。

美的一直都有严格的绩效考核，这也是结果导向的机制与文化。总有人问我，在这种高压的强考核管理下，美的是怎么形成不断试错、大胆试错的氛围的？

这就不得不提到前文中写过的激励机制与分权机制，这里再说一下要点。

美的的激励机制恰恰就是配套强考核管理的。绩效考核在美的可以说是非常彻底的结果导向，虽然有类似于 360 度评估的一些做法，但多是作为参考，真正起作用的还是客观的经营结果。谁的经营结果好，谁的待遇就高，谁的舞台就大。在这种结果导向的考核与激励机制下，小心谨慎不会出人头地，大胆做事才可能脱颖而出。各事业部有做大做强的驱动力，而且“不看老板看市场”“不拼关系拼结果”。

再说分权机制的影响。美的长期采用分权的管理机制，各事业部、各产品公司、各部门、各项目组等都会明确其应有的经营或管理权限，在相应的权限之内是完全可以自由发挥的，实际上这也给了大家很大的容错空间。

在这种激励机制和分权机制下，各个经营体就会不断寻找新机会、不断推出新产品、不断上马新项目、不断拓展新品类，“搏一搏，单车变摩托”。

有激励的动力、无权限的束缚，大胆试错的做法自然从未停止。

3. 犯错不可怕，不敢认错才可怕

“不做不错、少做少错、多做多错”，这种说法我们听了太多遍，也似乎颇有些道理。但是长期比较来看，那些“不做”或“少做”的回避错误的做法，难道不是一种更大的错误吗？确实有企业是在危机到来时轰然倒塌的，但更多的企业难道不是在温水中被煮死的吗？

在大胆试错的过程中，企业必然会面临不断犯错的情况。但犯错不可怕，不敢认错才可怕。自我纠错的前提是敢于认错、及时认错。

方洪波在股东大会上面对着130多位股东和媒体记者，在明知会被全网曝光的情况下，仍然敢于正面承认美的犯了错，而没有转移话题或回避错误，这本身就是一种自信。正如方洪波一贯认为的：“在美的，没有什么是不可以否定的。”“敢于自我否定是一种自信，自我否定是为了更加强大。”

我见过一些老板，公司有几十亿元或上百亿元规模，就觉得自己不能轻易认错，更不能当着下属和外人认错。哪怕事实摆在面前，也要拼命找各种理由维护所谓的面子和权威，更有甚者会沿着错误的道路越走越远。

相比于这些公司的老板，方洪波作为近4000亿元规模

的美的的当家人，却没有为自己辩护，而是放下身段和面子，有一说一，毫不避讳，敢于认错，及时纠错。

内容小结

美的的发展历程，是不断变革的历程，毫不夸张地说，也是大胆试错和不断纠错的历程。犯错不可怕，不敢认错才可怕。走得通就复制做大，走不通就及时认错、及时纠错。

大胆试错，才能有所突破。

敢于认错，才能反思己过。

及时纠错，才能走出困惑。

第三节　最宝贵的能力：自我纠错

常有客户问我美的管理方面的问题，其中有一个问题与众不同，既直接又极端："美的在战略、财务、营销、分权、组织、变革等很多方面的能力表现都不错，但哪种能力是最重要的？如果只保留一种能力，会是什么能力？"

我毫不犹豫地脱口而出："是自我纠错能力，要说美的最重要的能力，我选它。如果哪一天美的落后了或衰败了，那一定不是因为被对手打败，而是因为失去了自我纠错能力。"

我不知道其他美的人会怎么回答这个问题，但以我在美的 17 年的经历来说，自我纠错能力是不二选择，也是我认为美的最宝贵的能力，没有之一。

其他方面的能力并非不重要，但如果不是具备自我纠错能力，美的早就泯然于家电行业常年内卷的红海之中了，也不会成为如今家电行业的头部企业，更不会从家电企业向科技集团转型。

1. 自我纠错，主要来自1号位的自我否定

能力的上限是认知。自我纠错能力的产生，首先来自认知上的自我否定。美的自我纠错能力的产生，主要来自1号位的自我否定精神。

美的创始人何享健多次在企业内部讲到他自我否定的做法："我会不断地思考问题，一有空就不停地想问题，反思自己是否犯错，有些问题人家是怎么解决的，人家是怎么思考的，然后思考我们应该如何去改革、调整、变革。我监督自己，不断地否定自己，听反对意见，去改变自己，从这一点来讲，很多成功企业家是不容易做到的。"

何享健在美的推动了一次又一次前所未有的变革，现在回头来看，都是对以前的自己的否定：

- 1992年进行股改，是对原来乡镇企业做法的否定。
- 1997年进行事业部制改革，是对原来大一统集权做法的否定。
- 2002年进行"四个调整"，是对2001年MBO之后管理结构、经营结构、市场结构、区域结构的否定。
- 2006年进行"五个能力"的提升，是对集团重增长、

轻管理的否定。

- 2010 年年底，营收规模突破千亿、大搞庆典之时，知名媒体人秦朔写了一篇题为《美的盛世危言》的文章，犀利指出美的存在技术、营销等五大方面的问题，给风头正劲的美的迎头泼了一盆冷水。然而，何享健并没有像很多企业老板那样，让外宣部门发严正声明或进行公关，而是组织高管进行内部检讨，并在 2011 年推动战略转型，对盲目追求规模的做法进行否定。

方洪波在 2012 年执掌美的之后，“否定”一词可以说成了他的口头禅，因为每一年、每一次的讲话内容都频繁出现“否定”二字。

- “在美的，没有什么是不可以否定的。”
- “当下的美的没有第二种选择，唯有敢于否定自己，才能凤凰涅槃。”
- “美的要进行自我否定、彻底的否定，敢于自我否定是一种自信，自我否定是为了更加强大。”
- “我们一定要拿出比过去更加坚定果断的勇气，来推动美的集团在非常好的情况下，进一步否定自己，变革创新。”
- “我们必须革命性地否定自己，才能持续成长，应对变化。”
- “保持年轻的唯一方法，就是要敢于自我否定。”

方洪波是这么说的，也是这么做的。十多年来带领美的从追求规模转向追求利润，从事业部各自为战转向“一个美的、一个体系、一个标准”，从传统制造转向智能制造，从传统企业转向数字化企业，从 To C 转向 To B，从家电转向科技……虽然很多转型还在进行中，但自我否定的决心和步伐从未改变。

何享健和方洪波持续不断在企业强调“自我否定”，不是为了标榜自己境界多高，而是为了让所有干部、所有员工都敢于否定自己，都能居安思危，让整个企业具备自我否定的精神与文化，从而形成并强化自我纠错能力。

2. 自我纠错机制：一个导向、两个定期

何享健和方洪波的自我否定精神，是美的产生自我纠错能力的第一推动力。然而，如果不能形成自我纠错机制，美的也难以不断突破和持续发展。美的所形成的自我纠错机制，我将其称为“一个导向、两个定期”。

- **一个导向**

一个导向，即问题导向。

美的内部不论是开集团年度大会还是部门小范围讨论，不论是正式工作汇报还是私下互相交流，大多数都是围绕“问题”进行。一开会张口就是谈问题，如果有人讲了 5 分钟还没说到问题，就会立刻被打断。其他人会忍不住发问：“你直接说，到底是什么问题?”谈问题，是美的人沟通最主要的内容。

能够直面问题是自我纠错的前提。

问题有两种：一种是困难，另一种是错误。如果是困难，解决就是目的，美的俗称“搞定”；如果是错误，改正就是目

的，美的也不纠结。

直面问题、解决困难、知错就改，既不会维护面子上的“正确性”，也不会“死要面子活受罪”。比如在本章第二节谈“大胆试错”时所提到的2003年进入客车领域，美的运作了几年后意识到，这是在多元化扩张上犯的一个错误，虽然一直都有当地政府的各种优惠政策，但2009年美的还是坚决卖掉并退出了。实际上，这不是美的唯一一次纠正错误，2013年它还卖掉了之前收购的清江电机，也先后退出了太阳能热水器、浴霸、剃须刀等领域。

- **两个定期**

两个定期，是定期检讨和定期变革。

先说定期检讨。

定期检讨最典型的就是每个月进行经营分析，通过月度经营分析，在内部定期检讨经营结果和运营指标。而且这种经营分析不仅仅是披露数据，而且将每个月的数据和目标比、和同期比、和外部标杆比、和集团优秀单位比，这样不断对比下来，不是预算没达标，就是同比增长慢，要么没做到市场第一，再就是其他兄弟单位超过了你。

总之，谁都不可能在所有指标上做到最好，总会有这样那样的问题，而且美的用客观的数据指标量化出来给你看，由不得你不承认，这样大家始终聚焦问题，聚焦自我纠错和自我改善。

再说定期变革。

美的每半年进行一次变革，既涉及组织结构，也涉及人员调整。通过定期变革，不仅解决显性问题，而且将一些隐患和惰性进行了清除。这种定期变革的做法持续了近30年，已经形成一种机制和文化。毫不夸张地说，没有定期变革就没有自我纠错能力的形成。

3. 借助外力，提升自我纠错能力

自我纠错能力，其原动力来自一把手的自我否定精神，其形成要靠机制的建立，但如果说要提升，还必须借助外力。毕竟，闭门造车很难自我提升。美的主要有三种借助外力的方式：长期对外合作、引进外部人才、学习失败案例。

- **长期对外合作**

美的长期保持开放的心态和做法，从20世纪八九十年代开始，主动与日本松下和东芝开展了合作，之后从来没有间断过各种对外合作，合作对象包括海外的开利、通用电气、三菱、LG、三星、爱默生、梅洛尼、惠而浦、博世西门子、安川、高盛、摩根士丹利等国际巨头，也包括国内的华为、小米、阿里、百度、腾讯、科大讯飞等跨行业标杆，合作方式也是资本、技术、战略、商务等多种多样。通过长期的各类合作，美的从他人身上看到自身不足，自我纠错，快速成长。

同时，美的经常请麦肯锡、安永、IBM、丹纳赫、华信惠悦、韬睿惠悦、美世、怡安翰威特、华夏基石等国内外各类咨询公司，开展多个方面的管理改善项目，常常是一个项目做完另一个项目又继续，一方面让咨询公司帮忙纠错，另一方面不断用外部视角来提升自我纠错能力。

• 引进外部人才

人很容易看到别人的错误，却很难看到自己的错误。但企业却可以通过引进外部人才，来纠正内部人看不到、不愿改、很难改的错误。这对企业来说就相当于形成了一种自我纠错能力，而不断引进外部人才有利于提升这种能力。

引进外部人才方面，美的不仅行动早，而且力度大，我们在第三章第一节详细介绍过美的 7 次“移民潮”。应该说正是大量外部人才的进入，彻底改造了美的基因，使美的成为一家“移民企业”，也正是一批批外部人才的进入，打破了旧有的惯性和常规，推动美的实现一次次的突破和发展。

• 学习失败案例

不是所有的坑，自己都要走一遍。也不是所有的雷，自己都要趟一遍。如果是这样，成本和代价就太高了。从别人的失败中学习成长，是后来居上、超越前人的有效做法。

2004 年 1 月，TCL 并购法国汤姆逊彩电业务成立 TTE，被认为将改写全球彩电业务格局。但是这一起并购不仅没有朝着 TCL 预想的方向发展，而且让 TCL 背上了沉重的包袱，再加上 2005 年收购阿尔卡特之后，TCL 也是尝尽苦头铩羽而归。这两场跨国并购的失败，除了有对行业预判的失误以外，也与对跨国公司管理过于乐观有关。

当时美的内部讨论过这个案例，得出的结论是：中国企业出海还为时过早，不能盲目乐观。2008 年 GE 家电准备出售，在世界范围内寻找买主，有国际机构找到美的提出联手收购 GE 家电，但被何享健拒绝了。何享健的原话是：“GE

不符合我们的要求，我们是不会出手的。GE 家电本身是很牛的国际化企业，而我们对国外并购还没有多少经验，跟它打交道合作，整合成本太高。我个人认为，目前中国企业根本没有能力整合 GE 家电，老老实实做 GE 的贴牌比较现实。"

送上门的国际大牌确实是难得的机会，但十多年前整合难度是非常大的，即使到今天，跨国并购也非易事。当年拒绝收购 GE 是理智冷静的决策，能抵抗住诱惑说"不"，其中蕴含着他人的血泪教训。实际上，除了 TCL 的收购案例以外，高层传阅的各种企业资料里面，有很多都是失败的案例，比如吴晓波在《大败局》中写的各个案例，美的都认真研究过。

从别人的失败中学习，不是为了看别人的笑话，也不是为了增加茶余饭后的谈资，而是用以反观自身和引以为戒，不停地用别人的失败来问自己："如果我们处在那种情况下，会不会有同样的结局？如何才能避免出现类似的情况？"

内容小结

企业没有终极的成功，只有不断的成长。在这个过程中，每一次的犯错不是成长，纠错才是。所以，自我纠错能力是成长中最宝贵的能力。

在何享健和方洪波自我否定精神的催生下，在一个导向、两个定期的机制下，美的借助外力的锻造，经过 50 多年的不断发展，形成了特有的自我纠错能力，这一最宝贵的能力也将伴随美的迎接未来更多、更大的挑战。

致谢 —— ACKNOWLEDGEMENTS

本书从构思到完成，历经近三年时间。在这三年里，我的主要工作仍是做管理咨询，需要不停地在众多企业之间来来往往。我的写作有不少是在飞机上、高铁上、酒店里或是颠簸的坐车途中进行的，当然中间也有几次包括最后快完稿的时候，我老老实实地“闭关”了好些天。

每一次投入到创作中的时候，我的脑海里都会浮现出很多人和事，我也越来越深刻地感受到，正是这些无法忘怀的人和事刻画了我、塑造了我、成就了我，也才让本书得以不断的丰富和完善。我要向所有帮助过我的人表示由衷的感谢。

首先要感谢我在美的期间，给予我宝贵工作经验和学习机会的领导和同事们，特别是对创始人何享健先生和方洪波董事长表示由衷的敬佩和感激。我每每写到美的历史上重大的决策和变革之时，都会感慨作为美的当家人拥有那种战略的眼光、果敢的魄力、务实的作风是多么难能可贵。我相信包括我在内的很多美的人，都会为曾经在这样一家企业奋斗过而感到骄傲。

我要感谢那些信任我和支持我的优秀机构和企业，如正和岛、领教工坊、湖畔创研中心、希音、奇瑞、OPPO、金田铜业、中伟股份、波司登、复星、海天、今麦郎、思念、东鹏陶瓷、万帮数字能源、亿联网络、喜临门、火星人、津荣天宇、歌力思、青龙管业、致远互联、至纯科技、药明生物、华润万象生活、蓝禾科技、纳思达集团、三晶新能源、汇美实业、华神科技、万和、骆驼集团、林氏木业、帅康电气、赛意集团、金发科技、建华控股、菲利华、润通集团、拓盈新材料、大自然家居、SKG、隆深机器人、欧圣电气、中鼎精密、派特电气、诚一集团、稀物集、金牌陶瓷、中南建筑设计院等。正是与优秀机构和企业的不断互动，一方面让我得以发现、总结和验证美的管理逻辑的有效性，另一方面因地制宜，在实操过程中将美的的管理方法进行改良优化，以适应多种类型企业的实际情况。我知道我还有很多局限和不足，感谢众多企业家朋友的包容和信任。

本书的出版得到了很多前辈和企业家的热忱推荐，在此对经济学家香帅老师、著名管理学家施炜老师、南京大学商学院成志明教授、中国人民大学商学院（荣誉）教学杰出教授齐东平老师、广州大学李葆文教授等，一并表示感谢。

感谢启势商学董事长祖林老师，是他不断推动我与机械工业出版社的深度合作。感谢机械工业出版社的编辑团队，是他们的专业指导使本书得以顺利完成，比如对于全书框架的优化、章节的增减、细节的打磨等多个方面，他们都提出了非常宝贵的建议。

在本书写作的过程中，我还得到了很多朋友的帮助。比如，孙敏老师、谭开强老师、吴喜耀老师、黄剑峰老师，他们对我的每次求助都会在第一时间提供非常丰富的信息。还有杨茜老师、李肇仪老师、严莉老师，为本书提供了很多素材和案例。马娜老师和应月枝老师在本书后期的汇总和修改过程中，做了大量细致的工作。

每一份成果背后，也离不开默默无闻的家人的支持。

每次母亲来电话时，如果知道我正在工作或是写书，都会主动挂断电话等我空闲时打回去，我知道这就是她无声亦无尽的爱。我的第一本书《卓越运营》出版后，父亲主动要了一本放在床头，我猜想他应该看不太懂，毕竟美的所在的家电行业和身为民营企业的做法，与他工作一辈子的国有军工企业相距太远，不过这都无妨，因为书已经变成了我们连接的纽带。

说到这里，我还要特别感谢我的妻子，是她始终如一的支持和鼓励，使我能够专心致志地写作和帮助更多的企业。我的两个女儿也非常配合，每次看到我打开电脑、戴上耳机、关上房门这三个动作后，除了偶尔会进来撒娇，其他时候就不再打扰我了。

最后，感谢每一个给予我支持和鼓励的人，你们的付出和关心是我前行道路上最宝贵的财富。感谢所有阅读本书的读者，我希望本书能为你带来启发和帮助，与你分享我的经验和见解就是我写作的初衷。

REFERENCE —— **参考文献**

[1] 德鲁克．管理：使命、责任、实践（实践篇）[M]. 陈驯，译．北京：机械工业出版社，2019.

[2] 朱尔斯．组织制胜：AI时代的利润增长引擎 [M]. 褚荣伟，闵彦冰，译．北京：人民邮电出版社，2024.

[3] 阿什肯纳斯，尤里奇，吉克，等．无边界组织 [M]. 姜文波，刘丽君，康至军，译．北京：机械工业出版社，2016.

[4] 杨国安．组织能力的杨三角：企业持续成功的秘诀 [M]. 北京：机械工业出版社，2010.

[5] 宫玉振．定力：变局时代管理的底层逻辑 [M]. 北京：中信出版集团，2023.

[6] 陈润．生活可以更美的：何享健的美的人生 [M]. 北京：华文出版社，2010.

[7] 钱德勒．战略与结构：美国工商企业成长的若干篇章 [M].

孟昕，译 . 昆明：云南人民出版社，2002.

[8] 柯林斯，波勒斯 . 基业长青 [M]. 真如，译 . 北京：中信出版社，2006.

[9] 克里斯坦森 . 创新者的窘境 [M]. 2 版 . 胡建桥，译 . 北京：中信出版社，2014.

[10] 储小平，黄嘉欣，汪林，等 . 变革演义三十年：广东民营家族企业组织变革历程 [M]. 北京：社会科学文献出版社，2012.

[11] 李书玲 . 组织设计：寻找实现组织价值的规律 [M]. 北京：机械工业出版社，2016.

[12] 黄治国 . 静水流深：何享健的千亿历程 [M]. 广州：广东经济出版社，2018.

[13] 谭开强 . 美的传奇：从 5000 元到 1000 亿的家电帝国 [M]. 北京：新世界出版社，2009.

[14] 陈莉 . 美的研发转型：技术创新的运营管理实践 [M]. 北京：机械工业出版社，2024.

[15] 周玉威 . 治企方略：企业快速成长和持续成功的系统方法 [M]. 北京：人民邮电出版社，2020.

[16] 刘欣 . 卓越运营：美的简单高效的管理逻辑 [M]. 北京：机械工业出版社，2023.